언약신학으로 풀어내는
부 흥 이 야 기

언약신학으로 풀어내는
부 흥 이 야 기

초판 1쇄 발행 2010년 7월 14일

지은이   유영기
발행인   성주진
펴낸곳   합신대학원출판부
주 소   443-791 수원시 영통구 원천동 산 42-3
전 화   (031)217-0629
홈페이지 www.hapdong.ac.kr
인쇄처   예원프린팅 (031)906-6551
총 판   (주)기독교출판유통 (031)906-9191
값   12,000원

ISBN 978-89-86191-96-7   93230
잘못된 책은 교환해 드립니다

이 도서의 국립중앙도서관 출판시 도서목록(CIP)은 e-CIP 홈페이지
htttt://www.nl.go.kr/cip.php에서 이용하실 수 있습니다.
(CIP 제어번호 : CIP2010002488)

하 나 님 은 부 흥 이 다 음 세 대 로 이 어 지 기 를 바 라 신 다

언약신학으로 풀어내는
부 흥 이 야 기
유영기 지음

차례

감사의 글
시작하는 말

한 가정의 이야기

1장_ 어머니의 기대   23

2장_ 나의 기대   40

아브라함 가정의 이야기

3장_ 조상들 가정의 이야기   58

4장_ 아브라함의 가정   71

5장_ 아브라함 자손들의 가정   99

언약에 근거한 부흥

6장_ 시내산에서 맺은 언약   122

7장_ 새 언약의 약속과 귀환   153

8장_ 새 언약의 성취   186

한국교회 역사 속의 부흥

9장_ 일어난 대부흥   247

10장_ 일어나는 부흥   307

맺는 말   331

주註

감사의 글

    이 책의 저술을 기도로 시작하고 기도로 마치게 해 주신 하나님께 감사드린다. 한국교회에 유익된 저술 활동을 위한 연구비를 지원해 주신 사랑의 교회와 오정현 목사님께 감사드린다. 연구 기간을 연장 청원하면서까지 끙끙거리고 있을 때, 부담 없는 글을 쓰라고 독려하며 본인 역시 여름방학까지 저술을 마쳐야 하는 부담을 안고 연길로 훌쩍 떠나버린 정창균 교수에게 감사드린다. 정 교수의 조언을 들으면서 유학시절 친구에게 또 나 자신에게 수없이 되 뇌이었던 "참새가 참새 알을 품고 오래 있다고 봉황을 낳는 것이 아니어! 오래 품고 있으면 골아버려! 주제넘게 봉황 생각 말고 참새 새끼나 낳는 거여!"라는 말이 생각났다.

    나와 함께 기도로 알들을 품어주신 여러분들 중에 특히 황정길, 윤병, 장영희 목사님과 이미순 전도사님께 감사드린다. 사실은 나 혼자 낳은 알만을 품은 것이 아니라 다른 분들이 낳은 알들까지 품었기에 참새 새끼를 낳을 수 있었다. 봉황 알을 낳아 나에게 그 알들을 품도록 해 주신 여러분들께 참새 새끼를 낳게 된 것을 죄송스럽게 생각하면서 감사드린다. 먼저 한국교회사에 대해서는 문외한인 나에게 '평양 대부흥운동에 대한 성경신학적 고찰'이라는 주제로 논문을 발표하도록 허락해 주신 계명대학교 연신원과 독려해 주신 당시 동창화장 안영호 박사에게 감사드린다. 이분들의 배려가 없었다면 본서는 존재할 수 없었을 것이다.

다음으로 1907년 평양 대부흥운동의 재현을 생각해 보도록 일깨워 준 '순회선교단'과 김용의 선교사에게 감사드린다. 적어도 천 번은 성경을 통독하도록 권장하는 '성경통독운동'을 전개하며 아가페 정신으로 온 세계를 품고 축도하는 '세계축도선교회'와 박순환 선교사에게 감사드린다. 다음 세대의 중요성을 일깨워 준 여러분께도 감사드린다. 부흥을 위하여 이 땅의 백만 어머니들이 함께하는 기도회 비전으로 '어머니기도회운동'에 전심을 다하는 김원광 목사님과 하나님의 한을 품고 목양 제자를 양육하는 '목양교사운동'에 혼신을 다하는 한성택 목사님께 감사드린다. 한국교회사에 문외한인 내가 미천하나마 본서를 마칠 수 있도록 한국교회사 자료들을 제공해 주신 여러 한국교회사 학자들에게, 특히 많은 자료들을 인용할 있도록 귀한 저술을 해 주신 박용규 박사님께 감사드린다. 이 책이 나오기까지 교정과 출판의 모든 것을 담당해 주신 출판부 조주석 목사님과 최문하 자매에게 감사드린다.

마지막으로 꾸물거리는 나로 글을 쓰도록 밀어붙이면서 원고를 읽어 주며 기도와 함께 건설적인 비판을 아끼지 아니한 나의 소중한 반쪽 봉순 씨에게 진심으로 감사한다. 아빠의 원고를 읽고 조금 부드럽게 표현하면 좋겠다고 간청한 큰 딸과 막 태어난 손녀에게 왕눈이(Queen's eyes) 라는 별명을 지어주었음에도 불구하며 딸을 향하여 사랑스러운 눈빛과 부드러운 음성으로 '왕눈이'라고 불러대는 둘째 딸에게 감사한다. '하인'이라는 이름에서 '하진'이라는 이름으로 바뀌는 과정을 소개했음에도 불구하고 빼라고 하지 않은 아들과 묵묵히 기도로 시아버지를 밀어주는 며느리에게 감사한다.

정든 교단을 떠나려 준비하는 이 마당에 나 자신에 대한 한스러움보다는 설레는 가슴에 다음 세대에 대한 기대를 품고 떠날 수 있도록 다음 세대에 대한 하나님의 기대가 크심을 일깨워 주신 여러분들에게 이 책을 헌정한다.

2010년 2월
유영기

나는 부흥이라는 단어를 좋아해 왔다. 아니 사모해 왔다. 목회 중에도 섬기는 교회의 부흥을 원했고 기도하는 중에도 부흥을 달라고 간구하는 때가 많았다. 때로는 주제 넘는다고 할지 모르나 한국교회에 부흥을 달라고 간절히 기도도 해 보았다. 그러나 막상 부흥에 대하여 묻는다면 나는 소신 있게 말할 자신이 없었다. 그런데 지금 다음 세대로 이어가야 할 부흥에 대하여 언약신학의 관점에서 책을 쓰려고 한다. 나의 글을 읽고 이게 무슨 부흥에 관한 책이냐고 말한다면 할 말은 없다. 나는 부흥에 대한 정의나 부흥에 대한 모든 것을 쓰려는 것은 아니다. 부흥에 대하여 가장 필요한 요소가 무엇인가에 대해서 쓰려고 하는 것도 아니다. 그러나 부흥에 대하여 꼭 쓰고 싶은 마음과 쓰고 싶은 것이 있어서 시작한다는 정도는 말할 수 있다.

그래도 도대체 그것이 무엇이냐고 묻는다면 하나님은 나보다 내 자녀, 좀 넓게 말한다면, 내가 살고 있는 이 세대보다 다음 세대가 더 나은 세대가 되기를 원하신다는 것을 깨달았기 때문이다. 하나님이 원하시는 다음 세대는 어떤 세대일까? 그것은 예수 그리스도로 말미암아 성취된 하나님의 언약 속에 있는 약속들이 그리스도의 재림 때까지 세대를 이어가면서 끊임없이 점점 구체화되어가는 세대를 가리킨다. 또한 하박국 선지자가 소망한 대로 "물이 바다를 덮음같이 여호와의 영광을 인정하는 것이 세상에 가득하게" 되는 것이 더 많은 자들에게 적용되어가는 그런 세대일 것이다.^{합 2:14} 이런 세대 안에 살면서 하나님의 영광을 인정하는 자는 믿음의 삶을 살아가게 된다. 그런 놀라운 부흥의 역사는 하나님께서 단독적으로 또한 필연적으로 하시는 일인데 왜 인간인 내가 그런 부흥을 소원하며 고찰하려고 하는가라고 자문할 수 있겠다. 이에 대한 대답 역시 하박국 선지자의 말을 소개하는 것으로 대신하려고 한다.

하박국은 부흥을 원하는 자의 삶 속에 공존하는 두 가지 서로 다른 정황들을 말한다. 첫째는 하나님이 다스리지 않는 것처럼 보이는 세상 속에 살고 있었다. 하박국 선지자는 이 정황 속에서 하나님께 부르짖어도 듣지 아니하시며 또한 강포를 인하여 외쳐도 하나님이 구원치 아니하신다는 말로 시작한다.^{합 1:1} 그는 계속하여 하나님께서 "악인이 자기보다 의로운 사람을 삼키는 일"을 잠잠히 방관할 수 있느냐고 호소한다.^{합 1:13} 하박국은 악인들이 의인들을 살육하는 정황을 마치 낚시꾼이 낚시질하다가 양이 차지 않자 그물질하다가 그것도 양이 차지 않아 더 큰 초망으로 고기를 싹쓸이하면서 기뻐하고 즐거워하는 것으로 묘사하였다.^{합 1:14~17} 하박국의 간구에도 불구하고 이런 정황은 변하지 않았다. 그러나 하박국 선지자는 정반대의 정황을 꿈꾸며 그것이 이루어지기를 열망하고 간구한다.

하박국 선지자가 현재의 절망적인 정황에서 열망하는 정황으로의 반전을 확신하고 간구하는 근거는 무엇 때문인가? 그것은 "의인은 그 믿음으로 말미암아 살리라"는 하나님의 말씀 때문이다.^{합 2:4} 여기 '그 믿음'이란 무엇을 의미하는지에 대하여는 두 가지 해석이 있다. 하나는 '그 믿음'은 히브리 원문 그대로라면 '그의 믿음(신실함)'으로 하나님의 신실함을 의미한다는 해석이고, 또 하나는 순전히 하나님을 믿는 믿음을 말한다는 해석이다. 여기에서 말하는 '그 믿음'은 이것이냐 저것이냐가 아니라 하나님의 신실하심을 믿는 그런 믿음을 의미한다고 생각한다. "그 믿음으로 산다"는 것은 삶의 정황이 어떠할지라도 약속한 것을 지키시는 신실하신 하나님을 믿고 적극적이고 긍정적이고 소망적인 삶을 사는 것을 말한다. 여기서 '의인'은 하나님의 의로우심을 믿는 자이다. 아니 이미 하나님의 의로우심을 경험한 자이다. 하나님의 의로우심은 하나님께서 약속하신 것을 지키시는 분이라는 말과 같다.

하나님의 약속을 믿는 자는 그 약속이 속히 이루어지기를 기도할 수밖에 없다. 이것이 성경이 보여주는 원리이다. 다윗은 하나님의 약속을 받고 "만군의 여호와여 이스라엘의 하나님이여 주의 종에게 알게 하여 이르시기를 내가 너를 위하여 집을 세우리라 하신 고로 주의 종이 이 기도로 구할 마음이 생겼나이다 주 여호와여 오직 주는 하나님이시며 말씀이 참되시나이다 주께서 이 좋은 것으로 종에게 허락하셨사오니 이제 청컨대 종의 집에 복을 주사 주 앞에 영원히 있게 하옵소서 주 여호와께서 말씀하셨으니 주의 은혜로 종의 집이 영원히 복을 받게 하옵소서"라고 기도하였다.^{삼하 7:27~29} 다니엘 역시 "예루살렘의 황무함이 칠십년 만에 마치리라"는 그 연한을 깨닫고^{단 9:2} "금식하며 베옷을 입고 재를 무릅쓰고 주 하나님께 기도하며 간구하기를 결심하였다"고 말한다.^{단 9:3}

마찬가지로 하나님의 말씀을 받은 하박국은 "주는 주의 일을 이 수년 내에 부흥케 하옵소서 진노 중에라도 긍휼을 잊지 마옵소서"라고 소망 중에 기도하였다.^{합 3:2} 하박국이 당한 현실적 정황은 하나님이 살아계시지 않아서가 아니라 범죄로 인한 하나님의 진노 때문인 것을 깨달았다. 그러나 하박국은 하나님의 긍휼은 하나님의 진노보다 크시다는 것을 굳게 믿고 사는 자이었다. 그것은 조상 대대로 내려오는 과정 속에서 체득된 하나님의 약속에 대한 믿음이었다. 하나님께서는 결국 하나님의 신실하심을 믿는 믿음으로 사는 자를 결코 실망시키지 않고 약속을 이루시는 하나님이시다. 하박국은 그 하나님을 믿었다. 그러기에 하박국은 다윗처럼 다니엘처럼 이미 언급한 대로 부흥을 위해 기도하는 것이다. 신실하신 하나님을 믿는 그의 믿음은 "비록 무화과나무가 무성치 못하며 포도나무에 열매가 없으며 감람나무에 소출이 없으며 밭에 식물이 없으며 우리에 양이 없으며 외양간에 소가 없을지라도 나는 여호와로 인하여 즐거워하며 나의 구원의 하나님을 인하여 기뻐할 것이다"고 고백한다.^{합 3:18} 하박국은 바로 이어서 마치 사슴이 맹수를 피할 수 있는 발이 있어 산 정상에 올라가 맹수를 피하는 것같이 "주 여호와는 나의 힘이시라 나의 발을 사슴과 같게 하사 나로 높은 곳에 다니게 하시리라"는 노래로 하나님을 찬양한다.^{합 3:19}

오늘 우리의 현실은 하박국이 당한 그런 정황이 아닐지 모른다. 그러나 나는 오늘 우리는 하박국처럼 부흥을 간구할 때라고 생각한다. 내가 이러한 마음을 가지게 된 직접적인 동기는 "1907년 평양부흥운동에 대한 성경신학적 고찰"이라는 논문을 쓰고 나서다. 벌써 몇 해 전 '1907년 평양부흥운동' 백주년을 맞이하는 2007년을 앞두고 평양부흥운동을 성경신학적인 관점에서 고찰해 달라는 부탁을 받았을 때 사실은 그 요청을 거절하고 싶었다. 우선 교회사를 전공하는 사람도 아닌 내가, 비록 성경신학적 고찰이라는 단서를 달았지만, 한국교회 부흥역사에 중심에 서 있는 이 부흥운동에 대한 고찰은 어불성설이라는 생각이 들었기 때문이다.

그러나 그것보다 더 근본적인 이유는 이 부흥운동의 백주년을 맞이하는 시점에 1907년 평양부흥운동을 재현시키는 운동을 전개하여야 한다는 주장들에 대한 거부감 때문이었다. 그러나 하여튼 우여곡절 끝에 논문을 쓰게 되었다. 나는 논문을 마치고 난 후 이 운동은 꼭 재현되어야 한다는 마음으로 바꾸었다. 하나님께서 그것을 원하신다는 것을 확신하게 되었기 때문이다. 물론 재현시키자는 말은 복원시키는 것과 같은 단순한 재현은 아니다. 내가 말하고자 하는 재현은 하나님이 다음 세대 부흥을 원하시고 준비하시고 때가 되면 행하여 이루시는 새로운 재현을 말한다.

평양 대부흥운동을 성경신학적으로 고찰하다보니 성경 속에서 하나님께서 한 세대에게 약속하신 축복이 그 다음 세대로 이어질 뿐 아니라 그 축복이 더욱 구체화되고 그 범위가 확대되어 나가는 것을 볼 수 있었다. 나는 이러한 현상 역시 하나님께서 행하시는 부흥이라는 것을 깨달았다. 또한 하나님께서 이전 세대에서 그 다음 세대로 그 약속의 축복을 이어가는 부흥이나 그 부흥을 위하여 준비하시는 과정이 너무 놀랍다는 것을 깨닫게 되었다. 내가 평양 대부흥운동의 재현을 열망하는 것은 이 운동이 일어나게 된 배경이나 이 운동이 다음 세대에 미치는 영향을 보면서 성경에서 보여 주는 하나님이 일으키는 부흥과 비교할 수 있었기 때문이다. 이와 같은 나의 깨달음을 함께 나누고 싶은 마음에서 이 글을 쓰는 것이다.

하나님께서 평양 대부흥운동을 준비하셨고 일으키셨을 뿐 아니라 하나님 나라 확장에 사용하셨고 지금까지 놀랍게 사용하고 계신다는 것을 성경의 사건들에 비추어 깨달았을 때 "아! 평양 대부흥운동이 이런 운동이었구나!" 하는 생각과 함께 하나님이 원하시는 재현을 꿈꾸게 되었다. 그렇다고 거창한 것을 기대하면 실망이 클 것이라고 말하고 싶다. 가슴은 벅차지만 어떤 글이 나올지는 나도 모른다. 성령님의 도우심을 기도하면서 시작하고 기도로 마치려 한다. 나의 가슴 벅찬 또 다른 이유는 평양 대부흥운동을 위하여 신속하게 움직이신 성령님의 특별한 모습을 그려볼 수 있었기 때문이다.

이러한 확신은 1904년에 일어난 영국 웨일스의 부흥운동이 신속하게 한국교회에 알려지는 과정을 보았기 때문이었다. 영국 웨일스(Wales) 부흥에 대한 소식이 인도 크하시(Khassi)에 일 년 후인 1905년에 전해졌다. 그 소식이 전해지면서 바로 그곳에 부흥이 일어났다. 영국에서 일어난 일이 일 년 정도 기간 안에 인도에 전해진다는 것은 가능하다. 왜냐하면 당시 인도는 영국의 식민지이었기 때문이다. 그러나 한국교회가 영국과 인도에서 일어난 부흥운동이 그렇게 단 시간 내에 현장을 답사하여 부흥의 주역들을 만나고 온 자로부터 아주 소상하게 전해들을 수 있었다는 것은 암만해도 우연이 아니라고 생각된다.

그 부흥의 소식을 전해준 미국 북장로교 선교부에 속한 목사 존스톤(Johnston)은 평양 대부흥운동을 위하여 하나님께서 미리 준비하신 선지자라고 생각이 들 정도이다. 인간적인 측면에서 말한다면 평양부흥운동에서 놀라운 회개의 역사를 가능케 한 통성기도도 그에 의하여 한국교회에 소개되었다. 평양 대부흥운동의 밑거름이 된 길선주 장로가 시작한 새벽기도 역시 그의 예언적 예고에 대한 감동이 밑거름이 되었다. 오늘의 시점에서 평양부흥운동의 결과를 웨일스 및 크하시의 운동의 결과와 서로 비교해 보면, 평양부흥운동은 한국교회뿐 아니라 하나님의 구원역사 특히, 세계

선교에 절대로 없어서는 안 될 운동이었음을 알 수 있다. 이와 같은 사실을 부인할 사람은 많지 않을 것이다. 그러나 당시에는 평양 대부흥운동이 한 세기를 지나면서 세계교회나 선교역사에 영국 웨일스 부흥이나 인도 크하시 부흥보다 더 놀라운 영향을 미칠 것이라고는 상상하지 못했을 것이다.

이제 이 운동의 백주년은 지나간 과거가 되었다. 그러나 오늘 한국교회는, 지금부터 백 년 전 20세기 초에 당시 선교사들과 한국교회 지도자들이 언제 일어날지는 몰라도 성령의 놀라운 부흥이 평양 땅에 아니 이 조선 땅에 일어나기를 열망하며 사경회와 기도회를 개최하며 대 부흥을 열망했던 것처럼, 1907년 평양 대부흥운동의 재현을 열망하여야 하겠다. 만일 이 땅에 평양 대부흥운동과 같은 영적각성운동이 재현된다면, 한국교회는 21세기가 지나가는 동안 계속적으로 세계교회를 귀하게 섬기는 교회가 될 것이다. 한걸음 더 나아가, 만일 오늘의 한국교회가 1907년 평양 대부흥운동의 재현을 열망했듯이, 하나님께서 그런 영적각성운동을 이 땅에 허락하신다면, 미래 22세기 한국교회는 아니 세계교회는 21세기에 일어났던 한국교회 대부흥운동의 결과를 회고하면서, 그런 성령의 놀라운 역사가 22세기에도 재현될 것을 열망하게 될 것이다.

이 책에서 가장 중요한 부분을 차지할 평양 대부흥운동에 대한 나의 성경신학적 고찰은 인류 역사를 죄인들을 구원하시는 하나님의 구속역사 관점에서 성경의 구속역사를 바라보고 해석하는 해석방법에 근거할 것이다. 성경은 하나님께서 예수 그리스도의 십자가 사건이 인류의 최대의 사건이 되도록 삼위일체 하나님께서 창세전에 영원한 구원 계획을 작정하셨다. 구약은 하나님께서 이 일을 이루시기 위하여 인간에게 그 구원을 약속하고 준비하심에 대한 기록이다. 복음서는 그 약속하신 것을 예수 그리스도로 말미암아 성취하심에 대한 기록이다. 사도행전에서 요한계시록까지는 예수 그리스도께서 성취하신 구원을 성령께서 죄인들에게 적용하여 가심을 말하고 있다.

이런 성경신학적 입장에서 인류 역사를 볼 때 인류 역사의 최대의 사건은 하나님이 죄인들을 구원하시기 위해 육신의 몸을 입고 말구유에 나심일 것이다. 한걸음 더 나아가 그 하나님이 죄인들을 대신하여 십자가에 죽으심은 인류 역사 최대 사건의 최고 절정임이 틀림없다. 또한 사도행전의 오순절 성령 강림은 예수 그리스도께서 십자가에서 완성하신 이 구속을 죄인들에게 적용하는 사역을 성령께서 공식적으로 시작하심을 보여준다. 그러므로 성령 강림의 오순절 사건은 하나님의 구원 역사가 모든 나라와 족속에게 적용되는 부흥의 새로운 장을 여는 사건임을 알 수 있다.

오순절 성령 강림 사건 이후 복음을 온 세상에 전파하는 자들은 오순절 성령 강림과 같은 놀라운 성령의 역사가 재현되기를 열망하였다. 그들은 자신들의 복음 전파 사역 속에 나타나는 성령의 강력한 임재 역사를 오순절 성령 강림 사건의 재현이라고 부르기도 하였다. 이에 대한 좋은 예가 바로 평양 대부흥운동이다. 1910년 에든버러 세계선교대회에서 평양 대부흥운동을 "진정한 오순절 성령 사건"(a genuine Pentecost)이라고 보고하였다. 이와 같은 보고는 이 운동이 한국교회 역사 가운데 중요한 사건으로 인식되었음을 알 수 있다. 방위량(W. Blair)과 헌트(B. Hunt) 선교사는 1907년 평양 대부흥운동과 그 영향을 고찰하는 책의 제목을 "한국의 오순절과 그 따르는 고난들"(The Korean Pentecost & The Sufferings Which Followed)이라고 하였다.

나는 평양 대부흥운동을 성경신학적으로 고찰함에 있어 한국의 오순절이라고 부르는 평양 대부흥운동과 사도행전에 기록된 오순절 성령 강림 사건을 비교 고찰하는 데 초점을 두려고 한다.

본서는 언약과 부흥이라는 주제로 하여 3부로 구성된다. 1부에서는 나의 삶의 정황 속에 깨닫게 된 다음 세대에 대한 기대와 하나님께서 아담에게 주신 축복된 약속이 요셉에 이르기까지의 과정을 다루려고 한다. 2부에서는 먼저 출애굽기를 중심한 옛 언약과 예레미야서를 중심한 새 언약 약속을 비교하고 포로 귀환과 옛 언약 갱신을 고찰하려고 한다. 다음으로는 새 언약의 성취와 새 언약 일꾼의 사역을 중점적으로 다룰 계획이다. 3부는 1907년 평양 대부흥운동에 대한 성경신학적 고찰과 그 부흥의 재현을 열망하며 하나님이 일으키시는 부흥에 대한 기대 속에 다음 세대에 일어날 부흥을 위해 이 세대 안에서 역사하시는 하나님의 준비하심을 고찰함으로 본서를 마무리하겠다.

본론으로 들어가기 전에 오해가 없도록 양해를 구해야 할 것이 있다. 첫째로 다음 세대에 관한 소중한 교훈을 담고 있는 사사기에 대한 부분을 생략한 것에 대하여 오해가 없기를 바란다. 이 부분의 생략은 다음 세대에게로 이어지는 하나님의 부흥의 새로운 진전 과정을 이전 세대와 비교 고찰하고자 하는 본서의 목적에 초점을 맞추기 위한 것으로 이해해 주기를 바란다. 사사기의 다음 세대는 부흥의 역사라기보다는 타락의 역사이다. 또한 타락에서 원상으로 회복하는 역사이다. 둘째로 오순절 성령 강림은 새 언약 성취와 관련하여 반드시 자세히 고찰하여야 할 부분이다. 그럼에도 불구하고 한 장으로 구분하지 않은 이유는 이미 위에서 밝힌 대로 본서에서 다루고자 하는 가장 중요한 부분은 평양 대부흥운동의 성경신학적 고찰이기 때문이다. 이 성경신학적 고찰은 평양 대부흥운동과 오순절 성령 강림의 비교가 핵심을 이루는 요소이다. 이런 이유로 오순절 성령 강림에 대한 장을 달리 구분하여 다루지 않았다.

한 가정의 이야기

"우리의 삶에도 찾아오는 다음 세대를 맞이하는 데 필요
한 징검다리가 될 해산의 고통을 겪을 각오를 하며 다음
세대를 기다리는 설렘으로 가득하기를 소망한다."

1_ 어머니의 기대

교수사역을 시작하면서 설레는 마음으로 강의실을 처음 들어서던 때가 엊그제 같은데 벌써 떠나야 하는 시간이 코앞에 다가서고 있다. 이제는 자리를 내주고 떠나야 할 때가 되었다. 이 책이 출간될 즈음이면 이미 정든 교단에서 물러선 후가 될지 모르겠다. 하나님께서 허락하신 소중한 시간을 전심을 다하여 하나님을 사랑하고 또한 이웃을, 특히 제자들과 성도들을, 나 자신처럼 사랑하였느냐고 묻는다면 할 말이 없다. 그러나 교단을 떠나려 준비하는 이 마당에 나 자신에 대한 한스러움보다는 다음 세대에 대한 기대가 크기에 소망 중에 떠나게 하시는 하나님께 감사드린다. 그 주된 이유는 다음 세대에 대한 하나님의 기대가 크다는 것을 깨달았기 때문이다.

이 깨달음을 창세기에 기록된 아브라함 가정의 이야기를 중심으로 그의 이전 세대와 이후 세대의 이야기를 통해 추적하려고 한다. 하나님께서 일으키시는 부흥이라는 주제로 창세기 이야기를 살펴보기에 앞서 먼저 나의 삶과 밀접히 관련된 이야기로부터 시작하는 것이 좋을 듯싶다. 왜냐하면 신앙이란 그것이 아무리 신앙의 대상에 대한 것이라 할지라도 실존적으로 생각하면 그것이 나와 아무 관계도 없는 객관적인 것일 때에는 사람에게 냉랭하게 느껴질 뿐 결코 공감을 불러일으킬 수 없기 때문이다. 그래서 어느 가정의 이야기, 더 구체적으로는 우리 가족의 이야기로부터 시작하려고 한다.

나는 지금까지 살아오는 삶의 여정 가운데 이러저러한 경험들을 통하여 다음 세대의 중요성을 깨닫게 되었다. 이러한 깨달음은 다시 성경 속에서도 확인할 수 있었다. 이는 하나님께서도 다음 세대에 대한 기대가 크시다는 뜻이다. 이제 그러한 깨달음을 차근차근 이야기해 보려고 한다.

나에게는 친할아버지와 할머니의 기억은 없다. 두 분 다 내가 태어나기 전에 세상을 떠나셨다. 다만 외할아버지 기억은 어렴풋하지만 두 번째 외할머니의 기억은 또렷이 남아있다. 외할아버지는 내가 어릴 때 세상을 떠나셨다. 그 후에도 외할머니는 그런대로 오래 동안 생존해 계셨다. 외할머니의 기억이 또렷한 이유는 그분을 통하여 우리 집안에 기독교가 소개되었기 때문이다. 외할머니의 전도를 받아 어머니가 예수님을 믿게 되었고 외할머니는 자주 우리 집에 오셨는데 아주 깍듯이 외할머니를 친어머니처럼 모셔서 나는 오래도록 친 외할머니로 알았다.

친할아버지와 할머니는 내가 태어나기 전에 돌아가셨지만 어머니를 통하여 할아버지와 할머니 이야기, 특히 아버지의 어렸을 적 이야기를 들었다. 나의 아버지는 지독하게 가난한 가운데 어린 시절을 보냈다. 할아버지는 서당이나 초등학교도 다닐 수 없었다. 물론 할머니도 마찬가지이셨다. 그러나 배움이 없었던 할머니일지라도 아들에 대한 집념이 대단하여 14살 난 아들을 초등학교를 입학시켰고 할아버지 몰래 중학교까지 보내어 마치게 하셨다. 나는 어머니를 통하여 할머니의 다음 세대에 대한 소망이 어떠한 것을 들었고 또한 자식들을 위한 나의 아버지와 어머니의 희생과 헌신을 보면서 조선의 부모님들이 보인 자식에 대한 소망이 어떠한 것인가를 깨닫게 되었다. 부모님이 내게 전해주신 유산은 백반에 담긴 조상들의 뜻을 먼저 말한 뒤에 소개하겠다.

백반(白飯)에 담긴 뜻

백반(白飯)은 우리가 날마다 먹는 밥상의 다른 이름이다. 언제부터인지는 몰라도 아주 오래 전부터 불려오는 밥상의 이름이다. 그런데 나는 불과 얼마 전에야 이 백반이라는 이름이 지니는 그 의미심장한 뜻을 듣게 되었다. 이 용어 속에 자손에 대한 우리 조상들의 살 깊은 사랑과 자손들의 미래에 대한 기대가 어떠했음이 깃들어 있는 것이었다. 나는 김제 만경평야 끝자락 그것도 변두리에 속하는 금판리(金坂里)라고 부르는 파란 들판에서 태어났다. 그런데 그곳을 금판리라고 부르는 연유는 벼농사로 파란 들판이던 온 들녘이 여름을 지나 가을로 접어들면서 황금 들판으로 바뀌기 때문이었다. 계절에도 다음 세대를 위해 이전 세대가 자리를 내주는 것을 보이는 동네에서 태어나 초등학교 시절을 그곳에서 보냈다. 초등학교에 들어간 후 학교나 주일학교를 다니면서 꼭 먹어보고 싶은 것이 있었다. 그것은 음식점 문에 적혀있는 백반이었다. 소고기백반, 돼지고기 백반은 감히 먹어볼 생각조차 할 수 없었다. 그러나 기회가 되면 저 김치 백반, 된장찌개 백반 아니면 저 두부찌개 백반이라도 꼭 한 번 먹어보고 싶었다. 그런 기회가 초등학교 시절에는 내게 한 번도 주어지지 않았다. 도대체 백반이라는 음식이 어떤 것일까 하는 궁금증을 안고 초등학교를 졸업했다.

시골 초등학교를 마치고 중학교는 도시로 갔다. 중학교가 도청 소재지에 있어서 가는 곳마다 이런 저런 백반들 이름이 붙어 있는 음식점들을 볼 수 있었다. 하지만 중학교 삼학년이 되었어도 그때까지 백반을 먹어볼 기회가 없었다. 음식점을 지나갈 때마다 궁금증은 날로 더해만 갔다. 드디어 마음에 비장한 결심을 하게 되었다. 먹지는 못할지라도 도대체 백반이 무슨 음식인가를 알아보아야겠다고 한 것이다. 좌우간 우여곡절 끝에 그 궁금했던 음식점들 문에 적혀진 백반들이 내가 수도 없이 먹었던 음식이라는 것을 알게 되었다. 그 후에는 백반 간판을 보아도 먹고 싶다는 생각이 들지 않았다. 물론 지금도 혼자 음식점에 가면 주로 백반을 먹는다.

그렇게 나는 수십 년을 살아왔다. 그런데 얼마 전에 친구 목사로부터 백반에 얽힌 새로운 교훈을 듣게 되었다. 그가 나와 함께 음식점 앞을 지나가다가, 왜 백반이 백반이냐고 물었다. 내가 대답을 하지 않으면, 본인이 묻고 본인이 대답하기를 잘하는 목사이기에 그의 얼굴만 빤히 쳐다보았다. 나는 그 목사에게서 백반이라는 이름에 얽힌 내가 지금까지 알지 못하던 소중하고 감동적인 말을 들었다. 우리 조상들의 다음 세대에 대한 배려와 사랑이 백반 속에 깃들어 있다는 것을 알게 되었다.

나는 아들로는 막내이다. 막내에게 주어지는 특권이 있다. 아버지가 잡수시는 밥상에서 함께 식사할 수 있는 특권이었다. 그것이 특권인 것은 아버지 밥상에는 대체로 다른 밥상에서는 볼 수 없는 맛있는 음식이 적어도 한두 가지는 더 놓이고 아버지가 먹다 남은 것은 내가 독차지 할 수 있었기 때문이다. 그러나 문제는 아무리 맛있는 음식을 먹고 싶어도 인내심을 가지고 아버지가 남겨 줄 때까지 기다려야 한다는 고통의 순간이 있다는 점이다. 그러나 그 정도의 고통은 충분히 참아낼 가치가 있었다. 아니 참고 기다려야 했다. 왜냐하면 만일 아버지가 그 맛있는 음식에 젓가락이 가기도 전에 내 젓가락이 먼저 가든지 아니면 자주 가면 버르장머리 없는 놈이라고 혼쭐이 났기 때문이다. 그러나 정작 내가 인내심을 가지고 기다릴 수 있었던 것은 항상 아버지는 그 맛있는 음식을 싹쓸이 하시지 않았다는 데 있었다. 아버지가 된 나도 그 아버지의 그 아들처럼 내 아들에게 그렇게 하였다. 그것이 아버지의 도리라고 생각했다. 나는 아버지로서 할 일을 다 한다고 자부했다.

그런데 친구 목사의 말을 듣고 난 후에는 내가 그 아버지의 그 아들처럼 행동했는지는 몰라도 자손에 대한 우리 선조들의 애틋하고 살 깊은 사랑과 기대의 지혜로운 삶에는 미치지 못하였다는 것을 깨닫게 되었다. 그 친구 목사는 숭실대학교 박물관장님에게서 들은 밥상이 백반으로도 불리게 된 이유를 나에게 들려주었다. 밥상을 백반이라고 부르는 것은 우선 밥상에 백 가지 반찬들이 놓여있다는 의미에서 백반이라고 불렀다고 한다. 고금을 막론하고 우리 선조 중에 심지어 임금님까지라도 궁궐이나 가정집에서 단 한 번이라도 백 가지 반찬들을 차려놓은 밥상에서 식사한 적이 있었을까? 아니라고 생각이 든다. 나는 많은 반찬들이 차려진 밥상에서 정말로 배불리 먹어본 경험이 있다. 여수에서다. 일흔 두 가지 반찬들로 즐비하게 차려진 밥상을 싼 가격으로 손님들을 유혹하는 음식점에서 식사한 경험이다. 그러나 단 한 번도 백 가지 반찬들이 즐비하게 놓인 밥상을 본 적도 그런 밥상에서 먹어 본 적도 없다. 그렇다면 왜 백반이라고 하였을까? 그것은 어머니의 정성어린 사랑의 마음을 보여주는 표현이라고 생각된다. 그 속에는 남편에 대한 어머니들의 공경과 사랑이, 자식들에 대한 사랑과 기대가 함께 어우러져 있었을 것이다. 이렇게 정성스레 준비된 밥상을 받은 우리 조상들은 어떻게 음식을 잡수셨을까?

아버지가 나에게 베풀었던 그런 식대로 하는 것이 본래 백반의 의미가 아니라는 것을 알게 되었다. 우리 조상의 아버지들은 잘 차려진 반찬 중에서 맛있고 건강에 좋은 반찬은 자식을 위해 남겨두고 먼저 그렇지 않은 반찬부터 먹었다는 것이다. 아버지가 그렇게 한 것은 지금처럼 하나 밖에 없는 자식이기에 좀 버르장머리가 없더라도 괜찮다는 식으로 애지중지 키우기 때문이 아닐 것이다. 자식들을 자신들만을 위하는 자식으로 키워 결국 사회의 암적인 존재로 전락하고 마는 그런 자식을 만들기 위한 것은 더 더욱 아닌 것이 틀림없다. 바로 여기에 자식에 대한 아버지의 진정한 사랑과 기대가 서려 있었다고 생각되었다. 나보다 내 자식이 잘되기를 바라는 아버지들의 마음, 자식을 위해 기꺼이 자신을 희생하고자 하는 아버지들의 마음을 읽을 수 있었다. 그런 아버지들이 그런 자식들로 이루어지는 그 다음 세대를 가슴 설렘으로 내다보며 기다리는 것은 지극히 당연한 일이 아닐까? 우리 조상들의 백반 정신이 우리 세대를 만들어내는 주춧돌이 되었다고 생각한다. 만일 우리 조상들의 백반 정신이 다음 세대를 향한 우리의 정신이 된다면, 분명 다음 세대는 우리 세대보다 더 밝고 나은 세대가 될 것이다. 다음 세대에 대한 이 설렘과 이 기다림을 갖고서 이 세대를 살았으면 하는 마음 간절하다.

자녀에게 효도하는 부모

나는 학교에서 점심을 마친 후 동료 교수들과 학교 뒷산을 한 바퀴 도는 것이 일상이 되었다. 얼마 전에 동료 교수들과 점심 후 뒷산을 돌면서 윤병 목사가 나에게 물었던 것처럼 동료 교수들에게, 왜 백반이 백반이냐고 물었다. 그들은 내가 묻는 이유를 알지 못하기 때문인지 대답은 하지 않고 묵묵부답을 한 채 나의 대답만을 기다렸다. 나는 뜸을 들인 후 다음 세대에 대한 기대와 소망이 담긴 우리 조상들의 백반 이야기를 윤 목사에게 들은 대로 전하였다. 나의 설명을 들은 동료 교수 중 『성경이 읽어지네』 저자인 이애실 사모의 부군 되시는 이순근 교수가 백반 정신과 비견되는 '자녀에게 효도하는 부모'가 있다고 하였다

이 교수의 말에 대한 나의 즉각적인 내적 반응은 부정적이었다. 효도에 대한 나의 관념은 국어 대사전의 정의대로 '효도는 부모를 잘 섬기는 도리'라는 고정 관념이 내 속에 있었기 때문이다. 나의 무의식 속에 부모가 자녀에게 잘하는 것은 효도(섬기는 도리)가 아니라는 생각 때문이었을 것이다. 그러나 사고의 전환(소위 패러다임 쉬프트)만 할 수 있다면 효도를 달리 정의할 수 있다는 생각을 하게 되었다. 만일 우리가 효도를 한 세대에 속한 자들이나 개인이 다른 세대에 속한 자들이나 개인을 존중하고 사랑하는 마음으로 섬기는 도리라고 달리 정의한다면, 부모가 자녀에게 베푸는 사랑과 배려 역시도 부모가 자녀를 섬기는 도리로서 효도라고 말할 수 있겠다는 생각이 들었다. 그렇다면 자녀에게 효도하는 그런 부모는 어떤 분일까? 이 교수가 알려준 부모는 한 사람이 아니었다. 마치 우리 조상들의 백반 정신처럼 자녀에게 효도하는 정신으로 살아온 민족이 있다는 것이다.

유대 민족이 바로 그런 민족이라고 알려 주었다. 이 교수의 말을 들으면서 문득 한 장면이 떠올랐다. 그것은 내가 예루살렘에 살면서 종종 목격했던 장면이었다. 나는 종종 예수님께서 십자가를 지고 걸었다는 십자가의 길을 따라 가다가 로마교회와 동방정교회가 예수님의 무덤이 있었던 곳이라고 주장하는 성묘(Holy Sepulchre)에 가곤했다. 성묘를 찾아가는 때는 거의 빠짐없이 유대인들이 서쪽 벽이라고 부르는 통곡의 벽에도 갔다. 나는 거기에서 특이한 장면들을 목격하곤 했다.

그중에 한 장면이 기억난다. 남자들만 들어가는 광장에 나이가 든 어른(아버지)이 다 큰 아이(아들)를 어깨에 올려놓고 춤을 추듯이 만족스런 모습으로 광장을 이리 저리로 왕래한다. 아버지의 어깨를 올라 탄 아들은 준비해 온 사탕을 그곳에 모인 사람들을 향하여 던진다. 사람들은 우르르 몰려들어 그 아이가 던진 사탕을 주어서 입안에 넣고 우물거리면서 즐거워한다. 맨 처음 보았을 때 비싸게 보이지도 않은 사탕을 열심히 주어서 먹는 모습이 이상스럽게만 생각되었다. 이것은 유대인들이 자신의 아들이 성인이 되었다는 의미에서 행하는 성인식으로 '바르 미츠바'(bar mitzvah)라고 부른다. 정통 유대인들 중에는 이 예식을 통곡의 벽에 와서 행하는 사람들이 있다.

'마르 미즈바'는 직역하면 '계명의 아들'이라는 의미로 아들이 열세 살이 될 때 행하는 성인 예식이다. 이때부터 그는 성인으로서 율법의 계명을 지켜야 할 의무를 가진다. 또한 그때부터 그는 율법을 해석할 자격을 가진다. 이 예식에서 설탕을 던져주는 이유는 우선 "주의 말씀의 맛이 내게 어찌 단지요 내 입에 꿀보다 (더 다나이다)"시 119:103는 시편 저자의 고백처럼 아들에게도 그대로 경험되기 바라는 아버지의 마음에서다. 또한 자신의 아들이 율법을 꿀같이 달게 사람들에게 해석하기를 바라는 마음에 서다. 유대인 성인식에서 아들이 힘에 부치더라도 자신을 그렇게 기르시고 잘 가르쳐 주신 아버지를 자신의 어깨에 무등을 태워 감사의 뜻을 표하는 효도를 해야 마땅할 것이라고 언뜻 생각할만하다. 하지만 유대인들은 정반 대로 행하고 있다. 바로 이 장면에서도 나는 유대인들은 아버지로서 아들 에게 효도하는 모습을 보여주고 있다고 억지를 부려보고 싶다.

위의 장면과 함께 나는 유대인들은 왜 부모에게 효도하지 않고 자녀에 게 할까 하는 생각을 해 보았다. 나의 결론은 유대인들의 효도 방식이 하나님께 주신 인간 본능에 비추어 볼 때 좀 더 쉽고 효과적인 방법이라는 것이었다. 쉽고 효과적인 방법이라고 주장하는 전제는 효도를 부모가 되었 건 자식이 되었건 간에 한 번만 효도(사랑하고 섬기는 도리)를 하면 된다는 점에서다. 그렇다면 부모를 사랑하며 섬기는 도리와 자식을 사랑하며 섬기 는 도리 중에 어느 것이 더 쉽겠느냐라고 묻는다면 그 대답은 자명하다. 그것은 누가 무어라고 하더라도 부모가 자녀를 사랑하고 섬기는 것이 자녀가 부모를 섬기는 것보다 더 쉬울 것이다. 부모와 자식 간의 사랑은 내리사랑이라는 말이 있듯이 말이다.

우리는 부모님들에게 효도하지 못한 것을 죄송스럽게 생각하고 효도 할 기회를 잃고 난 뒤에 이럴 줄 알았으면 살아계실 때 좀 더 효도했어야 하는데 하는 후회와 통한을 품고 사는 경우가 많다. 그러나 자식들에 대해 서는 절대적인 것은 아니지만 나도 부모로서 자식에게 할 만큼은 했다는 것이 자식에 대한 부모님들의 일반적인 생각이다. 오히려 나는 자식들을 위하여 모든 것을 희생하였는데 이럴 줄 알았으면 그렇게 할 필요가 없었 는데 하는 원망 가운데 여생을 보내는 경우도 종종 보게 된다. 만일 우리가 자신들의 자식에 대한 섬김을 유대인들처럼 부모님들의 섬김을 받은 자로 그 빚을 갚는 심정으로 한다면, 부모님에게 효도하지 못한 통한의 후회나 자식들이 효도하지 않는 것을 보면서 자식에 대한 원망 가운데서 남은 생을 살지 않을 것이다. 오히려 부모님들이 나에게 베풀어 주신 사랑만큼 그 사랑을 자식들에게 베풀지 못하였다고 생각한다면, 자식들에게 미안한 생각과 자식이 잘 살아가는 것을 보면서 감사한 마음으로 살 수 있을 것이다.

바로 여기에 하나님께서 우리에게 주신 인간 본능의 심오함이 있다고 생각된다. 하나님께서 주신 본성은 나의 세대보다 나로 말미암아 태어난 나의 다음 세대가 하나님 보시기에 더 기뻐 받으실 만한 세대가 되기를 바라는 마음이 아닐까 한다. 만일 우리가 유대인처럼 자녀에게 효도하는 사고의 전환이 일어난다면 이전 세대에 속한 부모는 언제나 다음 세대에 속한 자녀들에게 부모로서 효도(사랑과 섬김)를 다하지 못한 미안함과 다음 세대에 대한 큰 기대 속에 살아갈 수 있을 것이다. 이러한 사고의 전환이 그립다.

감히 나는 나의 어머니가 어쩌면 그런 분이 아니었는가 하는 생각에 잠겨본다. 낮에는 힘에 겹도록 일하시다가 저녁이면 자녀들의 양발 구멍을 꿰매시다가 잠이 들면 '아이고, 아이고' 신음소리를 내시곤 하였다. 그러면 내일 아침에는 어머니께서 못 일어나시겠지 생각하였다. 그러나 아침이 되면 어머니는 새벽같이 일찍 일어나 새벽기도회를 다녀오신 다음 언제 그랬느냐는 듯이 멀쩡하게 종전처럼 일하셨다. 그런 어머니는 연세가 환갑도 되기 전에 허리가 90도로 꺾이고 열 자녀를 위해 수고하시다가 배에 복수가 차서 세상을 떠나셨다. 이 세상을 작별하는 그 순간에도 자녀들의 미래를 위하여 기도하시던 어머니, 자녀들이 입었던 옷가지를 가지고 만든 방석으로 예배당을 가득 채우고 주님 품에 안긴 나의 어머니이시다. 나의 어머니는 자녀들의 효도도 받아보지 못하고 자녀들을 섬기며 일생을 사셨다. 그러기에 나의 어머니는 분명 자녀들에게 효도하다가 가신 어머니라고 강변하고 싶다. 아들 집에 가시면 혹시 며느리의 심기를 상하게 하여 아들에게 피해를 주지나 않을까 하여 며느리 앞에서 조심해 하던 분이시다. 어머니는 분명 아들에게는 물론 며느리에게도 효도하고 가신 시어머니이시다. 나 역시도 지금까지 섬겨온 신학교를 이제 떠나야 할 때가 얼마 남지 않았다. 무엇을 남겨두고 떠날 수 있을까 하는 생각에 잠겨본다. 얼마 남지 않은 시간이나마 제자들에게 적은 효도라도 하고서 교정을 나섰으면 한다.

너는 누구 자식이냐

나는 목사인 신분을 망각하고 생각 없이 즉흥적으로 행동할 때가 종종 있다. 그렇게 행동하다가 정신이 들면, "너 목사가 아니냐?"라는 말보다 "너 누구 자식이냐?"고 내 자신에게 묻곤 한다. 누구나 그러겠지만 나에게도 어머니에 대한 기억은 너무 많다. "너 누구 자식이냐?"고 나 자신에게 말할 때는 내가 마치 하늘이 무너지는 일이라도 당한 것처럼 당황하고 허둥댈 때이다. 나의 어머니는 말이 별로 없었던 분이다. 집을 떠나 객지에서 공부하다가 방학 때 집에 와도 "왔느냐"가 어머니가 하시는 말씀의 전부였다. 어머니와 고모가 같이 있을 때 그 분들에게 인사하면 고모는 말하기 전에 붙들고 울기부터 한다. 그럴 경우 다른 사람은 누가 어머니이고 누가 고모인지 분간하기 어려울 정도이다. 내가 허둥대다가 정신이 반짝 들 때는 거의 반사적으로 특별히 어린 시절의 한 날이 기억난다.

그 날은 아버지가 공산 치하 시절에 보안대원에게 끌려가던 날이다. 형들이 논에 물을 대는 수로를 막고 고기를 잡고 있을 때였다. 따발총을 어깨에 들쳐 멘 사람들이 아버지의 이름을 대며 묻는 것이었다. 그 사람들의 뒤를 따라서 집으로 왔다. 그들은 아버지를 붙잡고 집 밖으로 나왔다. 그때 어머니도 곧바로 그 뒤를 따라 나왔다. 그런데 어머니는 울지도 않을 뿐더러 그 사람들을 붙들고 애원하지도 않았다. 마치 옆집 아저씨가 붙잡혀 가도 그렇게는 안할 정도로 물끄러미 쳐다만 보고 계셨다. 지금 뒤돌아 생각해 보면 어머니는 만일 아버지가 살아 돌아오신다면 정말 크게 혼날 행동을 하신 것이다.

내가 잊을 수 없는 것은 어머니의 그 다음 행동이었다. 아버지를 떠나보내신 후 어머니는 집 안으로 다시 들어와 뒤뜰에 있는 장독대로 가서 무릎을 꿇고 한참 동안 기도를 하셨다. 무슨 기도를 드리셨는지 나는 그 내용은 모른다. 아마 그 때까지 아버지가 주님의 품으로 돌아오게 해 달라고 하신 어머니의 기도가 응답되지 않았기 때문에 살려달라는 기도보다 예수 믿고 천국가게 해 달라는 기도가 먼저였지 않았겠는가 하는 생각이 든다. 기도를 마친 어머니는 내가 보기에 아무 일도 없었다는 듯이 행동하셨다. 좌우간 아버지는 하루 저녁을 지낸 다음 동네 사람들의 어깨에 메워져 돌아오셨다. 그런 경험이 있기에 나는 종종 "너 목사가 아니냐?"는 말보다 "너 누구 자식이냐?"는 말을 되 뇌이곤 한다.

어머니는 내가 신학교 1학년 때 주님의 품에 안기셨다. 내가 신학교에 합격했다는 말을 들으시고 "네가 신학교에 입학하였다는 소식을 들었을 때, 내가 시집갈 때보다 더 기뻤다"고 하시며 좋아하시던 모습이 눈에 선하다. 옛날에는 연애를 한 것도 아니요 그렇다고 선을 보면서 신랑의 얼굴을 한 번 제대로 보고 결혼하는 것도 아닌데 신부가 결혼식에 무슨 기쁨이 충만할 수 있을까? 어머니의 기쁨은 결혼식 자체가 기뻐서 가지는 기쁨이 아니라 결혼 이후 미래에 대한 소망 가운데 가지는 기쁨이라고 생각된다. 내가 신학교에 가는 것이 결혼할 때보다 기뻤다는 어머니의 고백은 내가 신학교에 가는 것이 어머니의 최고의 바람이요 소망이었는데 그것이 이루어졌다는 심정의 발로였으리라.

어머니는 시집와서 아들 넷을 낳고 그 다음에 딸을 낳고 그 다음에 나를 낳으셨다. 아들로는 내가 막내다. 누님을 낳은 후에 어머니는 예수님을 믿기 시작하셨다. 예수님에 대한 어머니의 첫 사랑의 표현은 "다시 아들을 하나 더 낳게 해 주시면 그 아들을 주의 종으로 바치겠다."는 고백이었다. 내가 세상에 태어난 것은 어머니의 기도에 대한 하나님의 응답이라고 생각한다. 때때로 그런 어머니를 주신 하나님께 감사드린다. 그런 어머니를 생각하며 울기도 한다. 그럴 때는 하나님과 주님께 죄송스런 마음이 있다. 하나님과 주님의 사랑에 감격하여 울어야 할 내가 아닌가 하는 마음에서다.

아버지를 생각할 적마다 떠오르는 단어는 자신보다 이웃을 우선하는 삶이다. 물론 어머니도 마찬가지였다. 아버지는 어머니의 기도 응답으로 늦게 주님의 품으로 돌아오셨다. 어머니가 기도하는 것을 보시고 "미친 것 미친 짓 하네" 하시면서 핀잔하신 일들이 생각난다. 그러나 결국 어머니의 기도가 판정승으로 끝이 났다. 아버지는 믿기 시작하시면서부터 정말 열심을 다하셨다. 새벽기도부터 시작하셨다. 신앙생활 시작하신지 일 년 지나서는 마을에 예배당 건축하는 일을 앞장서서 도우셨다. 아버지 역시 지금은 주님의 품에 안기셨다.

아버지는 어머니와 달리 내가 신학교에 지원하는 것을 반대하셨다. 아버지가 반대한 이유는 세 가지였다. 첫째 내가 성질이 급하다는 것이다. 둘째는 성질이 급해서 말이 빠르고 거기에다가 말을 잘하지도 못한다는 것이다. 셋째는 목사가 되어 짓는 죄가 집사나 장로가 되어 짓는 죄보다 무겁다는 것이었다. 아버지가 지적하신 이유를 인정하면서 셋째 이유에 대하여 나는 비록 목사가 될지라도 집사처럼 장로처럼 섬기는 자로 일생을 주님의 몸 된 교회를 섬기겠다고 다짐하며 마음속으로 생각했다. 부족하지만 지금도 내가 아버지에게 마음으로 대답한 그 말이 기억하며 나 자신을 돌아본다. 아버지와 어머니가 내게 남기신 유산을 자녀들이나 손녀손자들에게도 유산으로 전해주려고 그들을 위하여 기도할 적마다 "하나님의 사랑을 깨닫고 하나님을 사랑하고 그 사랑을 전하고 이웃 사랑을 실천하는 일생이 되게 해 달라"는 기도 내용을 거의 빠짐이 없이 한다.

너의 멘토는 어떤 분이냐

때때로 나는 당신의 멘토가 누구라고 생각하느냐는 물음을 받는다. 즉각적으로 내 마음에 떠오르는 분은 정암 박윤선이다. 내가 그분을 만난 것은 고등학교 2학년 2학기 첫 주일 날이었다. 정암은 내게 살아계신 하나님과의 만남을 가능케 하신 분이다. 내가 그런 정암을 생각할 적마다 그분과의 만남을 가능하게 하신 하나님께 감사드린다. 정암은 영적으로 새로운 차원의 세계로 나를 인도하여 주셨다. 그뿐 아니라 목사로서 아니 성도로서 어떻게 그리스도의 몸 된 교회와 하나님의 나라를 위하여 살아야 할 것을 가르쳐 주시고 실천을 통하여 보여 주신 나의 영적 아버지시다.

나는 정암의 설교를 통하여 이런 이야기를 들었다. 어느 주교가 감독으로 임명받을 때 그것을 피하기 위하여 거짓으로 미친 사람처럼 행동하였다는 것이다. 그는 아타나시우스 감독이었다. 그는 감독 되는 것이 두려워 감독으로 선임되자 도망갔다고 하였다. 정암의 설교에서 적어도 두 번 이상 이런 내용의 이야기를 들은 것 같다. 그의 설교를 들을 때마다 크게 감동이 되었다. 어린 심정에 정말 그렇게 살고 싶었고 그렇게 살겠다고 다짐도 해 보았다. 그럴 때마다 떠오르는 것이 있었다. 때때로 국가와 민족을 위하여 십자가를 지겠다는 말을 들으면서 "누가 자기보고 십자가를 지라고 했나"라는 말이었다. 어린 나는 부탁하지도 않았는데 자신이 "국가와 민족을 위하여 십자가를 지겠다"는 그런 말을 들을 때 그런 자를 향하여 "병이 들어도 심각하게 들었구나!" 하는 생각이 들곤 했다.

세월이 지나다 보니 나 역시 자리 파악 못하는 중병에 걸렸던 것 같다. 80년대에 일어났던 일이다. 어느 주일 날 다른 교회 저녁예배 설교 부탁을 받고 일찌감치 출발하여 설명한 대로 교회당에 도착했다. 너무 일찍 도착해서인지 큰 예배당에 몇 사람만 와 있었다. 기도로 설교를 준비하면서 기다렸다. 시간이 지나 예배가 시작될 시간이 되었는데도 아무도 나에게 다가오는 사람이 없었다. 나는 나를 초청한 목사님은 다른 교회 초청을 받아 간 줄로 생각했다.

그런데 강사님이 안 오신다고 하면서 사회 하실 분이 강대상으로 올라가는 것이었다. 그것을 본 나 역시 마침 사회자 강대상과 설교자 강대상이 구분된 예배당이어서 설교 강대상 쪽으로 올라가 설교자가 앉는 의자에

앉았다. 그런데도 아무도 나를 말리지 않았다. 내가 자리 파악을 잘못했다는 것을 알아차린 것은 대표 기도가 시작된 후였다. 내려오려고 교인들을 힐끔 쳐다보니 모두 머리를 숙이고 기도하는데 맨 뒤에 있는 관리 집사님으로 보이는 분은 아예 눈을 감지 않고 나를 유심히 주시하고 있었다. 내가 강대상에 올라갈 때부터 의심의 눈초리로 나를 주시하고 있었던 것 같았다. 강대상이 너무 높은데다 허둥지둥 급히 내려오다가 엉덩방아를 한 번 찧었다. 그때서야 맨 앞에 앉았던 한두 성도가 감았던 두 눈을 뜨고 허둥대며 내려오는 나를 쳐다보았다. 얼굴이 확 달아올랐다. 얼굴을 숙이고 내려와 맨 뒤에서 나를 주시하고 있었던 분에게 물었다. 내가 가야할 교회는 그곳에서 500m 정도 떨어진 곳이라는 것을 알게 되었다.

초청한 교회 이름이 제일교회이어서 무조건 예배당이 크기에 들어갔다가 그런 실수를 범했다고 생각하며 '제일 크지도 않으면서 무슨 제일교회는 제일교회냐'고 속으로 약간 투정을 냈다. 자기가 잘못해 놓고 남을 탓하는 나를 보았다. 그러나 지금은 그 제일교회가 그 지역에서 제일 큰 교회로 성장해서 어느 누구도 나처럼 말할 사람은 없을 것이다. 초청 받은 교회에 당도하니 그 교회에서는 눈이 빠지게 나를 기다리고 있었다. 설교를 시작하면서 실수를 말하고 용서를 구했더니 모두 와~ 하고 웃었다. 주보만 보아도 면할 수 있는 실수를 저지르고 만 것이다. 나의 실수는 어쩌면 한국기독교 역사상 전무후무한 실수라고 생각된다.

내가 앉을 자리인지 아닌지 아는 것은 어려운 것이 아니라 '주보만 봤어도 됐을 텐데' 그것도 못하고 실수를 범한 나는 '엉덩방아를 찧어도 싸다!'고 생각했다. 지금도 그 때를 생각하면 부끄러우면서 '너는 자리 파악도 못하는 인간이야, 껍적대지 마!'라고 내 자신에게 엄포를 놓는다.

하나님께서 정암을 통하여 그렇게 감동도 주시고 엉덩방아를 찧게 하여 경고하셨는데도 불구하고 요사이 나에게 중병이 들었다는 신호가 내 안에서 들려오고 있다. 영적 병원으로 가야 할 것 같다. 그곳에서도 못 고치면 갈 곳은 딱 한 군데 있는데 우리 모두 너무 잘 아는 곳이라 말하지 않겠다. 정암은 매 설교마다 이 설교가 마지막 설교라는 각오로 목숨 걸고 전하셨는데 그 내용이 나의 유산이 되어 다음 세대에 전해 주어야 할 사명이 있다. 그럼에도 엘리야의 영감을 갑절이나 달라고 하며 스승의 뒤를 끝까지 따라갔던 엘리사가 부럽다. 하나님께서 정암에게 주신 영감을 송구스럽지만 나에게도 주시기를 소망한다.

2_ 나의 기대

내가 말하는 이 세대란 나의 세대를 말하고, 다음 세대는 아들딸과 손자손녀의 세대를 의미한다. 나에게는 두 딸과 막내 아들이 있다. 다 결혼하여 큰 딸만 대전에 살고 두 자식은 해외에 살고 있다. 어느 부모치고 자식 사랑하지 않는 부모가 있겠는가? 나 역시 자식들을 사랑한다. 그러나 다른 부모들에 비해 무정한 아버지라고 해도 할 말은 없다. 꼭 그렇다는 말은 아니지만 일주일이 가고 한 달이 지나가도 보고 싶다거나 궁금하지가 않다. 한 달 이상 전화 한 통화 없어도 무소식이 희소식이라는 말대로 그냥 지낼 수 있을 것 같다. 그저 잘 있겠거니 하고 지나갈 것만 같다. 그럼에도 불구하고 자녀들에 대한 나의 기대는 어느 부모에 못지않게 많다고 생각한다.

큰 딸이 비엔나에서 음악 공부하던 시절이었다. 그 때 집은 사당동이고 섬기는 교회는 수서에 있었다. 새벽기도를 마치면 아이들을 학교에 보내야 하기 때문에 빨리 집으로 돌아와야 했다. 대개는 나와 아내 그리고 말죽거리 김 집사님이 함께 하였다. 차가 출발하자마자 말죽거리 집사님부터 기도가 시작된다. 그 집사님의 기도가 마칠 무렵이면 말죽거리에 도착한다. 집사님을 내려드리고 아내의 기도가 시작된다. 아내의 기도가 마치면 마지막으로 내가 기도한다. 나는 눈을 뜨고 운전하면서 기도한다. 대개 집에 도착할 즈음이면 기도를 마친다.

하나님, 한 자리를

나는 새벽기도 후 차속에서 기도한 한 날을 결코 잊을 수가 없다. 그날은 새벽기도 후 돌아오면서 내 입에서 "하나님! 만일 천국에 오케스트라가 있다면 딸을 위해 한 자리 부탁드립니다"는 기도가 나왔던 날이다. 이상스럽게 들릴지 모르나 내가 기도해 놓고 내가 엄청 은혜를 받았다. 나는 눈물을 주체할 수 없어 운전하기가 힘들 정도였다. 천국 오케스트라 단원이 되려면 적어도 두 가지는 갖추어야 한다는 생각이 들었다. 그것은 믿음과 실력이 빵빵해야 한다는 것이다. 만일 천국 오케스트라의 단원이 되려고 오디션을 받는데 하나님께서 "너는 실력은 부족하지만 믿음이 빵빵하니 뽑겠다."고 하시지 않을 것이다. 또는 "너는 믿음은 없지만 실력이 빵빵하니 뽑겠다."고 하시지도 않을 것이다. 믿음과 실력 바로 이것이 내가 딸에게서 바라던 바였다. 집에 도착하자마자 비엔나에 있는 딸에게 전화하기 위해 전화통을 들었다.

딸의 안부도 묻지도 않고 집에 돌아오면서 기도했던 "천국의 한 자리"

이야기를 꺼냈다. 딸의 의외의 대답이 전화통을 타고 흘러 나왔다. "아빠! 나 그 기도 10살 때부터 드렸어!" 물론 딸이 갑작스런 내 말을 잘못 듣고 한 대답이라고 생각했다. 그러나 되묻지는 안 했다. 딸의 입에서 "그렇다면 그게 아니고"라는 실망스런 대답이 나올까 두려워서였다. 어떻게 돌대가리인 내가 전혀 생각지도 않은 그런 기도를 할 수 있었겠는가? 하물며 어떻게 10살짜리가 그런 기도를 할 수 있었겠는가? 이 기도는 나의 작품이 아니라 하나님의 작품이라는 생각이 들었다. 나의 이 기도는 딸에 대한 나의 기대가 아니라 딸에 대한 하나님의 기대라는 생각을 갖게 만들었다. 나의 이 기도는 우리 안에 소원을 두고 행하시는 하나님께서 하신 일인 것을 확신하게 되었다. 이런 과정 속에서 딸에 대한 나의 기대보다 딸에 대한 하나님의 기대가 더 크다는 것을 깨닫게 되었다.

아빠, 한 자리가 아니야

그 후 나에게 엉뚱한 생각이 들었다. 딸에 대한 비현실적인 기대가 커지는 가운데 생긴 것이다. 엉뚱한 기대 속에 딸에게 말도 되지 않는 전화를 했다. "야! 너 언제 국제 콩쿠르에 나가니?" 나의 갑작스런 질문에 딸은 어안이 벙벙해 하는 것 같았다. 딸은 조금 뜸을 들인 후 힘이 하나 없이 "아빠! 나는 아니에요!"라고 답했다. 그 말은 들은 나는 "왜 아니냐! 나가! 차이스콥스킨지 뭔지 모스크바에서 열리는 대회 있지, 그 콩쿠르 한번 나가봐!" 딸과의 대화는 더 이상 진전도 없이 거기에서 끝이 났다. 며칠 후 이번에는 딸에게서 전화가 왔다. 딸의 첫마디는 "아빠, 안심해"이었다. 그 순간 나의 가슴은 뛰기 시작했다. "아! 드디어 내 딸이 국제 콩쿠르에 나가게 되는 모양이구나!" 그런데 그 생각은 내가 김치 국물부터 먼저 마시는 격이 되고 말았다. 딸은 말을 이었다. "모스크바 그 대회에는 내가 전공하는 플루트는 없데"라고 한 것이다.

그 말을 듣는 순간 내 입에서 용수철처럼 튀어 나오는 말이 있었다. "국제 콩쿠르가 거기만 있어! 다른 콩쿠르 나가!" 딸은 아무 대꾸도 하지 않았다. 잠시 무거운 침묵이 흘렀다. 딸이 무슨 중대 선언을 할 양으로 심호흡하고 있는 것이 느껴졌다. 드디어 중대 선언이 딸에게서 나왔다. "나 이제 플루트 그만 둘래"이었다. 결국 우리의 대화는 나의 판정패로 끝나고 말았다. 한 해가 지난 후에 딸은 비엔나에서 오고 나는 한국에서 가서 오래간만에 영국 더럼이라는 곳에 식구들이 한 자리에 모였다. 딸은 일 년 전 내가 국제 콩쿠르에 나가라고 말했을 당시 자신의 힘들었던 상황들을 설명했다.

당시 딸의 고민은 국제 콩쿠르에 도전할 것인가가 아니었다. 국제 콩쿠르는커녕 비엔나에서 공부를 마치는 데 필요한 절대 음감도, 테크닉 도, 심지어 정확한 박자감조차도 턱도 없이 부족하다는 것을 느끼고 있었 다. 그런데 그것도 모르고 아버지가 국제 콩쿠르에 언제 출전하느냐고 물었으니 나의 기대 속에 던진 그 말은 딸에게 격려와 소망을 심어주기보 다는 도리어 스트레스를 주고 가슴에 비수를 꽂는 말이 되고 말았다. 딸에 대한 나의 비현실적인 기대가 크면 클수록 딸에게 주는 것은 격려와 소망 이 아니라 스트레스를 가중시킨다는 것을 알았다.

나는 딸의 학비는 책임질 수 있으나 딸의 절대음감이나 테크닉 문제를 해결해 줄 수는 없다. 그러기에 나의 기대가 크면 클수록 딸은 스트레스를 더 크게 받게 된다는 것을 알았다. 그러나 딸이 자신에 대한 하나님의 기대가 크심을 알면 알수록 그것이 딸에게 격려가 되고 용기가 나고 소망이 생긴다는 것도 알게 되었다. 하나님은 딸의 어떤 문제도 해결할 수 있는 하나님이시다. 하나님의 기대에는 비현실적인 기대는 없다. 국제 콩쿠르에 나가라고 했을 때 음악공부를 그만 두겠다고 했던 딸이 과연 천국 오케스트라의 단원이 될 자격이 되겠는가? 그럼에도 불구하고 딸에게 "천국의 한 자리"에 대하여 다시 말했을 때, 딸은 웃으면서 "아빠, 한 자리가 아니어요? 상임 연주자 자리야!"라고 대꾸했다. 물론 웃고자 하는 말이었다. 그러나 국제 콩쿠르라는 말에 알레르기 반응 보인 딸이 천국 오케스트라 단원이 된다는 것에 대해서는 전혀 그런 반응이 없었다는 것을 말하고 싶어서이다.

사실 딸은 국제 콩쿠르 문턱에도 가보지 못했다. 그러나 감사하게도 하나님께서 비엔나의 공부는 무사히 마치게 하셨다. 나는 딸이 공부를 마치고 귀국해서 나에게 한 말 "아빠, 성령님이 나의 선생님이셨어"라는 고백을 결코 잊을 수 없다. 딸은 이제는 두 아이의 엄마가 되었다. "천국의 한 자리"를 꿈꾸고 살고 있는지 아닌지는 모른다. 아마 그런 꿈에서 깬 지가 오래되었을 것이다. 그러나 하나님의 기적 가운데서 일본의 플루트 연주자에게서 선물로 받은 금 플루트를 입으로, 손으로, 아니 마음으로 감사하며 불고 있다. 하나님 주신 자신의 몸을 악기 삼아 하나님을 찬양하며 살아가고 있다.

사실 딸은 내가 이런 이야기하는 것을 원치 않는다. 딸의 우선권이 거기에 있지 않기 때문이다. 그 이유는 첫째 육신의 아버지의 딸로서보다 하늘 아버지의 딸로 사는 것이 더 중요하다는 것을 깨달았기 때문이다. 딸이 비엔나에서 돌아오자 곧바로 결혼했다. 딸의 관심은 남편에게로 기울어지는 것을 보았다. 나나 아내는 우리가 어떻게 해서 가르쳤는데 하는 생각에 2~3년 후에 결혼해도 늦지 않다고 조언해 주었는데도 상관치 않고 훌쩍 결혼해 버렸다. 딸이 남편과 오순도순 사는 모습을 보면서 빨리 결혼시킨 것도 잘했다는 생각이 든다. 딸 부부가 나름대로 교회를 섬기는 모습 역시 대견스러워 보인다. 손녀를 낳은 후 13개월 후에 외손자를 보게 되었다. 딸은 더욱 플루트는 아예 뒷전으로 하고 아이들 기르는 데 전심을 쏟는 것이었다.

손녀와 손자는 어느 교회 선교원의 원생들이 되었다. 선교원에서 배운 찬양 그것도 어른들이 부르는 찬송가를 부르고 시편 1편, 23편을 척척 외우는 것이 대견스럽고 자랑스러웠다. 그런데 그 오래된 선교원이 문을 닫고 말았다. 딸은 자기 아이들뿐 아니라 다른 아이들이 그렇게 좋은 선교원에서 신앙 교육을 받지 못하는 것이 안타까워 다른 아이들 부모님들과 함께 이 교회 저 교회 접촉도 해보고 이분 저분 만나 하소연도 해보고 최선을 다했지만 끝내 그 선교원은 문을 닫고야 말았다. 그런 귀한 선생님들이 아이들의 신앙 교육을 맡아 해 줄 수 있다면 자기가 애지중지하는 플루트라도 팔아서 해 볼까 하는 생각조차 해보았다는 것이다. 사실 이제는 딸이 플루트를 불든지 말든지 설령 그것을 판다해도 내가 상관할 바 아니다. 속상해 하지도 않을 것이다. 딸에게 기대했던 모든 것이 사라졌기 때문에 그러느냐고 묻는다면 나는 절대로 아니라고 대답할 것이다. 정작 진정한 이유는 다른 데 있기 때문이다.

그 진정한 이유는 딸에 대한 나의 기대보다 손녀와 손자에 대한 기대가 점점 커지기 때문이다. 손녀손자에 대한 사랑도 아들딸을 대하듯 하는 무정한 할아버지라고 해도 할 말은 없다. 그 증거로 한번은 동료 교수가

"교수님은 왜 손자손녀 사진을 안 보여 줍니까? 다른 교수님들은 손자손녀 사진을 코딩하여 가지고 다니면서 혼자서 보고 미소 짓고 또 은근히 자랑하면서 보여주고 싶어 하는데." 사실 내 지갑 속에는 아무 사진도 없다. 다른 교수님들이 손자손녀 목소리를 듣지 못하면 허전하고 하루만 보지 못해도 잠이 안 온다고 할 때 나는 그냥 침묵한다. 나에게는 그런 감정이 없기 때문이다. 그럼에도 불구하고 분명히 말할 수 있는 것은 딸과 아들에 대한 기대보다 손녀손자에 대한 기대가 크다는 것이다.

　큰 손녀 딸은 엉덩이로 방바닥을 밀고 다니다가 기는 과정도 거치지 않고 걸었다. 할아버지인 나로서는 너무 신기하고 대견했다. 내 손녀딸이 천에 하나 만에 하나 정도의 아이라는 생각이 들어서였다. 그런데 가끔 그런 아이들이 다른 집에도 있다는 말에 나의 큰 기대가 무너지는 것 같아 서운한 마음도 들었다. 손자는 외할아버지가 좋다고 하여 그 이유를 물었더니 할아버지가 용돈을 주기 때문이란다. 외가 친척 모임에서 손녀 손자에게 합창을 부탁했다. 손녀는 부끄러워 망설이는데 손자가 누나에게 "외할아버지가 용돈을 줄지 모르니 부르자"고 누나를 졸라 합창을 했다. 그것을 보고 들은 친척들은 주머니를 풀었고 그 녀석들은 용돈을 덥석 받았다. 우리 손녀손자가 많은 것을 얻어 다른 사람들의 필요를 채워주는 자가 되기를 소망해 본다. 어제는 딸이 손자손녀에 대한 이런 메일을 보내 왔다.

너, 하나님 아냐

"어제 놀이시설이 있는 곳에 가서 예진이와 지수가 노는데, 한 남자

아이도 그곳에서 놀고 있었어요. 잘 노는 것 같아 그냥 보고만 있는데 갑작이 지수가 그 아이에게 "너 하나님 아냐"고 묻는 것을 보고 놀라서 계속 이야기를 듣고 있었지요. 예진이까지 합세하여 "참 하나님을 알아야 한다"고 말하는 거예요. 얼마나 대견스러운지……. 과연 선교원이 아닌 다른 유치원을 보냈다면 지수와 예진이가 그렇게 할 수 있었을까요? 지수도 이제 두려우면 기도할 줄 알아요. 정말 감사해요. 나를 부르는 것이 아니라 이제 하나님을 찾는 것을 조금씩 실천해요.

사실 저, 플루트 했다는 것에 큰 비중을 두지 않고, 하나님이 쓰시겠다고 하는 일에 기꺼이 순종하는 것이 더 소중하다고 생각해요. 저는 하나님 앞에 가서 악단에 서게 해달라고 하지 않을 거예요. 저는 이미 자격 미달이에요. 우리 교회 암 말기 자매가 있는데, 죽을힘을 다해 교회에 와서 주일예배 때 플루트로 찬양 드려요. 얼마나 힘들어하는지 몰라요. 하지만 소리는 정말 훌륭해요. 살아가는 이유는 하나님을 플루트로 예배드리는 것이라고 간증해요. 지금은 그 자매가 기적적으로 많이 좋아졌어요. 저의 사명은 그때그때 순종하는 것인가 봐요."^^*

딸과 사위보다 손녀손자에 대한 기대가 더 크기에 자녀교육 특히 신앙교육에 최선을 다하는 딸 부부에게 감사한다. 딸은 손자손녀가 버르장머리 없이 군다싶으면 옆에서 쳐다보기 안쓰럽고 무서울 정도로 자식들을 다그친다. 그럴 때면 사위는 아내를 거들거나 막지를 않는다. 일단 아내의 닦달이 거두어지면 먼저 자식들에게 다가가 그들을 감싸 안는다. 그러기에 구김살 없이 밝게 커가고 있는 손자손녀에 대한 기대는 점점 커져만 간다. 어제 딸의 메일을 받고 손녀손자를 하나님 앞이나 사람들 앞에 귀하게 성장시켜가는 딸에게 감사한 마음과 반면에 우리 부부는 자녀들을 그렇게 가르치지 못한 미안함을 전하기 위해 전화를 했다.

딸은 어린 시절에 동생은 선교원 보내면서 자기는 보내주지 않은 것에 대한 섭섭함이 있었다고 대답했다. 그러나 자기는 자식들에게 한 것이 별반 없다고 했다. 하나님께서 선교원을 통해 그들을 그렇게 신앙 교육시켰다고 선교원에 대한 감사와 선교원의 문이 닫힌 것을 못내 안타까워했다. 물론 손자손녀는 다른 교회에서 하는 유치원에 다닌다. 그런데도 손녀딸은 전에 다닌 선교원 비디오를 보여 달라고 하며 비디오를 보면서 눈물을 글썽인다고 한다. 나는 사랑하는 딸에게 "이전 세대에 속한 이 할아버지가 다음 세대에게 새로움을 가져다 줄 손녀손자를 너무 자랑스럽게 여기고 사랑한다."는 말을 손녀손자에게 전해달라는 말과 함께 통화를 끝냈다.

왕눈이에 대한 기대

둘째 딸은 결혼하여 남편과 함께 잠시 남아공 요하네스버그에 살고 있다. 사위의 아버지는 인도 태생 의사이고 어머니는 영국 태생이다. 두 분이 의료 선교사와 영어 선교사로 나이지리아에 갔다가 거기서 만났고 결혼은 영국에서 했다. 딸과 사위는 대학에서 만나 사귀는 중에 사위는 대학을 마치고 가나에 자비량 선교사로 2년 동안 봉사하고 돌아와서 딸과 결혼했다. 사위를 처음 만나본 것은 결혼식 3일 전이었다. 딸을 진심으로 사랑하는 사위를 보고 또한 자기 아들의 결혼을 자랑스럽게 여기며 우리를 진심으로 환영해 주는 딸의 시부모님들을 만나고 나니 마음에 안심이 되었다. 하나님께서 축복하시는 결혼이라는 생각이 들었다. 하루 저녁이라도 자기들 집에서 지내야 한다고 우기는 바람에 딸의 시부모 댁에서 하루 저녁을 지내기로 하였다. 다음 날 아침 기도 가운데, 시편 23편이 생각나면서 "주여! 내 잔이 넘치나이다."라는 감사의 고백이 나왔다. 이틀 후 딸의 결혼식장에 들어가니 영국 국기, 인도 국기 그리고 우리나라 국기가 걸려 있었다. 세 나라 국기를 보는 순간 결혼식보다 딸 내외를 통하여 이 세상에 태어날 아이 생각이 앞섰다. 어느 쪽을 닮는 아이가 태어날 것인가를 생각하니 미리부터 세 나라 피가 섞인 아이의 미래에 대한 상상이 내 머리를 가득 채웠다.

우리 집안 전통상 곧바로 아이를 가질 줄 알았는데 딸 부부는 뜸을 들이는 것 같아 은근히 걱정이 되었다. 그러나 임신을 해서 딸을 출산했다. 손녀딸은 자기 아빠를 많이 닮았다. 특히 큰 눈을 가졌다. 이름은 한나이다. 나는 최근에 성경 속에 나오는 한나가 하나님의 한(恨)을 발견하고 자기 한 대신 하나님의 한을 품었을 때 다음 세대를 이끌어 나갈 사무엘을 낳게 되었다는 것을 처절하게 역설하는 목사님을 만났었다. 그래서 그러했는지는 몰라도 우리 한나를 사진으로 보는 순간 나도 모르게 '왕눈이'(queen's eyes)라고 부르게 되었다. 만왕의 왕 되신 하나님의 한을 알아보는 왕눈이가 되었으면 한다. 얼마 있으면 왕눈이가 엄마와 함께 이곳에 온다고 한다. 왕눈이 한나가 그 큰 눈을 가지고 꼭 보아야 할 것을 보기 바란다. 어린 시절부터 손녀딸은 적어도 남아공을 위시한 아프리카, 영국을 위시한 유럽 그리고 한국과 인도를 포함한 아시아를 볼 것이다. 한국인의 피, 인도인의 피와 영국인의 피가 섞인 왕눈이가 성경 속의 한나처럼 하나님의 한을 볼 줄 아는 자가 되어 그 한을 풀어드리는 손녀딸이 되기를 소망한다.

하진이가 하인이 되기를

손자손녀 이야기가 여기까지 나왔으니 친손자 이야기를 빠트릴 수가 없다. 아들이 손자를 낳고 이름은 할아버지가 지어야 한다고 손자의 이름을 주문했다. 나의 즉각적인 반응은 "네 이름도 너의 할아버지가 지은 것이 아니고 내가 지었으니 네 아들 이름은 네가 지어라."이었다. 그렇게 대답했는데도 아버지가 손자 이름을 지어야 한다고 해서 손자 이름을 위하여 별별 이름을 떠 올려 보았지만 별로 신통한 이름이 떠오르지 않았다. 그런데도 아들이 진지하게 손자 이름을 지어달라는 부탁을 또 해 왔다. 나는 험한 이름이 나와도 상관없느냐고 다짐을 했다. 며칠이 지난 뒤에 문득 떠오르는 이름이 있었다. 그것은 '하인'이라는 이름이었다. 내심 이 이름은 하나님께서 주신 이름이라고 생각되어 기뻤다. 그 의미를 억지로 부친다면 '하나님의 종', '하나님의 사람', '하나님의 인자하심' 등으로 생각할 수 있겠다는 생각이 들어 마음이 뿌듯했다.

주위에 몇 분들에게 손자 이름을 '하인'이라고 지었다고 하면서 그 의미를 설명했는데도 아무리 그래도 '하인'이란 이름은 좋지 않다는 반응이었다. 나는 주위 분들의 조언은 이해되었으나 그런데도 '하인'이라는 이름이 너무 좋았다. 드디어 아들에게서 국제전화가 왔다. 내가 지은 이름은 '하인'이라고 하면서 그 의미를 말하였더니 자기도 거의 같은 때 말씀 묵상 중에 예수님의 섬김을 생각했는데 좋겠다고 했다. 내심 정말 기뻤다. 그런데 며칠이 지난 뒤 아들이 다시 국제전화를 했다. 주위에 아는 모든 분들이 그 이름은 어쩐지 합당치 않다고 하니 어쩌면 좋겠느냐는 내용이었다. 나는 아들에게 "뭐 이름 때문에 죽고 살 일 있느냐? 내가 뭐라고 했느냐?

험한 이름 나온다고 하지 않았느냐? 이제 너희들이 마음대로 정하라.”고 퉁명스럽게 대꾸했다. 그 후 2~3일이 지난 뒤 아들이 다시 전화해서 ‘하진’이라고 하면 어떠냐고 하여 좋다고 해서 내 손자의 이름은 ‘하인’ 대신 ‘하진’이가 되었다.

내가 ‘하인’이라는 이름을 좋아하는 이유를 궁금하게 생각할 분들이 있을지 모르겠다. 내 아들이 목사가 되기를 백 퍼센트는 아니지만 은근히 바랐다. 목사로서 자질이 나보다 아들에게 더 많다고 본 것이다. 그런데 아들은 목사에 대한 소명의식이 없고 열정 역시 부족하다고 생각되었다. 순종을 잘하는 아들이기에 내가 강요했으면 목회의 길에 들어섰을 것이다. 그러나 아들이 “나는 목사가 될 마음이 없었는데 아버지가 꼭 해야 한다고 해서 이 길에 들어섰다”고 한다면, 그것은 아들에게도 또한 그가 섬기는 성도들에게도 불행스런 일이라고 생각되었다. 다만 “나는 원치 않았으나 하늘 아버지께서 시켜서 이 길에 들어섰노라”고 한다면 피차에 복된 일이라고 생각되어 그 때를 기대하고 있다.

이런 생각 속에 배우자 선택과 관련하여 아들에게 특별히 부탁한 것이 있었다. 네가 국제결혼 하는 것도 막지는 않겠다. 그러나 혹시 하나님께서 너를 주의 종의 길로 부를 때, 이럴 줄 알았으면 이 자매와 결혼하지 않았을 터인데 하는 그런 후회스런 배우자 선택은 하지 않도록 하라고 부탁했다. 며느리는 아들보다 나이가 더 많은 연상의 여인이다. 어느 부모치고 처음부터 그것을 좋아할 부모가 어디 있겠는가? 그러나 아들과의 기 싸움에서 내가 판정패한 것은 내가 전에 아들에게 특별 부탁한 내용 때문이었다. “아버지! 그 자매는 고등학교 시절부터 새벽기도를 시작했어요?” 물론 지금은 자식을 낳고 기르다 보니 새벽기도를 빠트리는 경우가 많지만 그 때 아들의 그 말 앞에는 꼼짝할 수 없었다. 사실 너무나 과분한 며느리를 주신 것을 생각할 때마다 하나님께 감사드린다.

앞으로는 모르나 아직까지는 아들에게서 이루지 못한 나의 기대가 손자에게서 이루어지기를 원해서 기도하다가 지은 이름이 '하인'이었다. 지금도 손자를 위해 기도할 때마다 "너 하나님의 사람, 하나님의 종, 하진아!"라고 부른다. '하인'이라는 이름이 너무 좋다. 나는 호를 가질 자격이 없다. 만일에 그럴 자격이 있다면 '하인 유영기'로 불리어졌으면 한다. 물론 호는 자신이 짓기보다 남이 지어준다는 것을 모르는 바는 아니지만 말이다. 얼마 전에 둘째 손자가 세상에 태어났다. 둘째 손자 이름은 별 어려움이 없이 하준이라고 지었다. 하나님이 준비한 자라는 의미이다. 우리 '하준'이는 이삭과 같이 죽음의 현장에서도 하나님께 순종하는 준비된 자가 되었으면 한다.

언제부터인지 죽음에 대하여 생각을 해 왔다. 죽음에 대한 두려움보다 다음 세대를 위하여 한 것이 없이 세상을 떠난다는 죄송한 마음이 앞선다. 죽음을 생각하다 매킨토시 컴퓨터를 만든 스티브 잡스가 스탠포드 대학 졸업축사에서 "삶이 만든 최고의 발명이 '죽음'이다."고 한 연설 내용이 떠올랐다. 잡스는 그 이유를 "죽음은 인생들을 변화시키고 죽음은 새로운 것이 헌 것을 대체할 수 있도록 하기 때문이다."고 했다. 잡스가 감히 죽음을 "삶이 만든 최고의 발명"이라고 힘주어 말할 수 있었던 것은 죽음은 옛 것으로 새것을 가져다주는 변화의 시발점을 제공하는 선구자 역할을 한다고 체득했기 때문이라고 생각된다. 그는 "옛 것이 새것에게 자리를 내주려 할 때 상실과 아픔과 배반과 감내하기 어려운 고통이 있을 수 있다. 그러나 새것이 완전히 자리를 잡게 되면 어쩔 수 없이 떠나보냈던 그것들이 새것이 찾아오게 하는 징검다리 역할을 하였다."고 역설한다. 우리의 삶 속에서도 찾아오는 다음 세대를 맞이하는 데 필요한 징검다리가 되는 해산의 고통을 당할 각오를 하며 다음 세대를 기다리는 설레임으로 가득하기를 소망한다.

지금까지는 나의 경험을 통하여 한 가문의 이전 세대와 이 세대와 다음 세대에게로 이어지는 과정을 소개하면서 다음 세대에 대한 아버지의 마음이 어떠한지를 살펴보았다. 그러나 다음 장에서는 하나님의 구원 역사가 이전 세대와 이 세대와 다음 세대로 어떻게 전개되어 나갔는가를 창세기를 통하여 고찰함으로써 다음 세대에 대한 하나님 아버지의 마음을 살펴보려고 한다. 특히 아브라함과 이삭과 야곱과 요셉을 중심으로 하여 하나님 아버지의 축복의 약속이 점진적으로 전개되어가는 과정 속에 드러난 다음 세대에 대한 하나님 아버지의 마음이 어떠한지 살펴보겠다.

아브라함 가정의 이야기

"우리의 삶에도 찾아오는 다음 세대를 맞이하는 데 필요
한 징검다리가 될 해산의 고통을 겪을 각오를 하며 다음
세대를 기다리는 설렘으로 가득하기를 소망한다."

아브라함 가정의 이야기는 창세기 11장 마지막 부분에서부터 시작된다. 창세기 1~11장은 인간이 세 번이나 하나님께 죄를 범하였으나 그때마다 하나님은 심판하시면서도 축복하심을 볼 수 있다. 하나님께서 심판하시는 중에도 죄를 범한 인간에게 축복하신 내용은 첫째는 아담의 타락^{창 3:1~14}과 여인의 후손에 대한 언약이다.^{창 3:15} 둘째는 노아 홍수 심판^{창 6~8장}과 셈의 장막에 거하시겠다는 하나님의 언약이다.^{창 9:25~27} 셋째는 바벨탑 사건으로 인한 흩어짐^{창 11장}과 아브라함과 맺은 언약이다.^{창 12:1~3} 창세기 1~11장에서 보여주는 대로 인간들은 하나님의 축복을 계속적으로 거부하고 도전하였다.

이런 배경 속에 아브라함 가정의 이야기는 인간을 영원히 축복하시기를 원하시는 하나님이 자신의 계획과 목적을 새롭게 성취하시기 위하여 부르신 아브람과 그의 아내가 어떤 자인가를 보여주는 데서부터 시작한다. 하나님께서 아브라함의 가정을 택한 이유와 목적을 알기 위하여 아브람 가정의 근원이 되는 아담과 하와의 축복된 가정 이야기에서부터 살펴보겠다.

3_ 조상들 가정의 이야기

아브라함의 첫 번째 조상은 아담과 하와이다. 아담과 하와의 가정 이야기는 하나님의 창조로부터 시작한다. 그 창조는 없는 것에서 있는 것으로의 창조이다. 형태가 없는 것에서 형태가 있는 것으로, 질서가 없는 것에서 질서가 있는 것으로의 창조이다. 하나님의 첫 창조는 빛이다. 첫 창조인 빛을 중심하여 질서(법) 있게 공간(장소)을 나누는 창조를 하셨다. 다음으로는 공간을 채우시는 창조를 하셨다. 공간을 채우시는 창조를 하시되 종류대로 하셨다. 하나님의 창조는 단조로운 것이 아니라 다양하고 다채롭다. 이 모든 창조들은 하나님 스스로 보시기에도 좋으신 창조이었다. 하나님이 보시기에 좋은 창조물들이 공간과 장소를 채우도록 "생육하고 번성하여 충만하라"는 명령을 하셨다.

하나님은 이 명령을 이루시도록 종류대로 창조하셨고 암수로 짝을

지어 창조하셨다. 암수의 짝이 없는 것은 씨를 통하여 그의 명령을 수행하도록 하셨다. 또한 하나님은 명령만 하시는 분이 아니라 그 명령을 수행하는 데 필요한 모든 것을 공급하시는 분이시다. 더군다나 이 명령은 인간을 제외한 모든 피조물들은 본능적인 것이 되어 그것들 자체는 거역할 수 없는 명령이다. 따라서 그의 창조물이 세대를 이어가면서 줄어들 수 없고 늘어날 수밖에 없다. 하나님이 보시기에 좋은 것들이 더욱 많아질 수밖에 없다. 한마디로 하나님의 창조는 저주의 역사가 아니라 축복의 역사이다. 하나님의 창조의 역사는 세대를 이어가면서 반드시 부흥될 수밖에 없다.

복된 가정의 시작

세대를 이어가며 부흥할 수밖에 없는 하나님의 창조 역사의 중심은 첫 번째 창조하신 빛이 아니라 맨 나중에 창조하신 사람이다. 하나님께서 창조 역사의 중심인 사람을 왜 맨 처음 창조하지 않으시고 맨 나중에 창조하셨을까? 그것은 맨 나중에 창조하신 한 사람을 통하여 세대를 이어가며 이루어질 인류가 하나님이 보시기에 좋게 창조하신 것들을 정복하며 다스리며 살도록 하기 위한 하나님의 배려이셨다. 하나님은 인류의 대표인 첫 사람 아담이 흑암 속에서 빛을 구하기 전에 빛을 먼저 창조하셨다. 아담이 허기져서 구하기 전에 먹을 것을 예비하셨다. 아담이 심심하지 않도록 하나님께서 자신이 창조하신 피조물에 이름을 직접 지어 주지 않고 아담을 위하여 남겨 놓으셨다. 하나님은 이 한 사람 아담뿐 아니라 그를 통하여 이루어질 인류를 내다보시며 또한 그 인류가 하나님이 창조하신 것을 양식 삼아 살아갈 것을 내다보시며 그의 모든 창조를 심히 좋다고 하셨다.

하나님께서 이 아담을 특별하게 다른 피조물과 구별하여 창조하심을 볼 때 더욱 그러하다. 하나님은 아담과 하와가 벌거벗었으나 부끄러워하지 않도록 창조하셨다. 하나님은 아담 따로 하와 따로 만들어 둘이 연합하여 살도록 하지 않으셨다. 하나님은 아담을 만드신 것처럼 흙으로 하와를 만드신 후에 둘로 연합하여 살도록 하지 않으셨다. 하나님은 아담의 갈비뼈를 취하여 하와를 만드셨다. 하나님께서 하나를 둘로 나눈 뒤에 또 그 둘을 연합시켜 하나 되게 하여 살도록 복잡한 과정을 통하여 창조하셨다.

하나님은 왜 그렇게 복잡한 방법으로 하와를 창조하셨을까? 그것은 "하나님 마음대로 하시는 분이시다"고 대답할 수도 있겠다. 그러나 하나님께서 그렇게 하신 결과를 보면서 하나님의 선하신 의도를 깨달을 수 있다. 하나님께서 그렇게 하였을 때 아담은 하와를 보고 "이는 내 뼈 중의 뼈요 살 중의 살이라!"고 노래하였다. 어느 누가 자기 살을 보면서 부끄러워할 자가 있겠는가? 자기 뼈를 보면서 두려워 할 자가 있겠는가? 아담의 고백은 어느 누가 들어도 정말 그렇겠다는 고백이다. 그들은 둘이지만 하나인 것이다. 하나처럼 생각하고 하나처럼 행동할 수 있다고 말할 수 있다. 아니 하나처럼 행동하고 살게끔 하셨다.

또한 다른 피조물과 달리 하나님의 형상대로 지으셨을 뿐 아니라 그 코에 하나님 속에 있는 생명적 특성인 생기 곧 생명의 호흡을 불어넣어 생령(생명체)이 되게 하셨다. 하나님의 생명의 특성을 가진 생명체가 되게 하신 것이다. 하나님께서 아담을 자기의 형상과 모양대로 창조하심은 근본적으로 아담과 인격적 교제를 하기 위함임을 알 수 있다. 아담이 다른 피조물과 달리 하나님의 명령을 받고 또한 순종함으로 하나님과 교제할 수 있었던 것은 그가 하나님의 형상과 모양으로 창조되었기 때문이다. 하나님은 교제만을 위하여 아담을 그렇게 창조하신 것이 아니라 그에게 사명을 주어 하나님을 대신하여 다른 피조물을 정복하고 다스리게 하셨다.

하나님께서 아담에게 허락하신 피조물에 대한 다스림창 2:15과 에덴동산을 지키게 하심에 따른 노동창 2:15과 안식창 2:3은 일반적으로 하나님께서 아담에게 주신 창조 명령 또는 문화 위임 명령이라고 말한다. 아담이 이 창조 명령을 수행할 수 있는 능력은 그가 하나님의 형상대로 창조되었다는 데 있다. 하나님께서는 능력과 명령만 주신 것이 아니라 그 명령을 수행할 직책까지 주셨다고 해석한다. 성경에서 하나님은 선지자와 제사장과 왕을 세워 그들로 하나님의 대신하여 하나님의 영원한 구원 계획을 이루어 가는 일을 섬기게 하였음을 볼 수 있다. 아담에게서도 역시 이 세 가지 직책이 주어졌음을 알 수 있다. 그 직책은 왕과 선지자와 제사장의 권한과 같은 권한이라고 말할 수 있다.

그러나 아담에게 죄가 들어오고 난 뒤부터 아담은 하나님은 말할 필요도 없고 자기 살로 여겼던 하와로부터 분리되어 서로 떨어질 수밖에 없었다. 물론 아담과 하와는 둘 중의 하나가 죽기 전까지 그들은 함께 살았다. 이와 같이 육적으로는 함께 살았으나 그들은 영적으로는 분리되어 떨어질 수밖에 없었다. 그러기에 하나님은 말할 필요도 없고 자기 살로 여겼던 하와에게까지 숨길 수밖에 없는 죄의식이 발동한 것이다. 하와는 더 이상 아담의 살 중의 살이요 뼈 중의 뼈가 아닌 것이다. 그들은 더 이상 하나가 아니고 서로 다른 둘이 될 수밖에 없었다.

그러기에 서로가 서로에게 숨기고 싶은 죄의식이 생겨 둘이 벌거벗고는 함께 있을 수 없어 무화과 잎으로 자신들을 숨기게 되었다. 그러나 문제는 그렇게 무화과 잎으로 치마를 해서 입는다고 죄와 죄의식을 영원히 숨길 수도 해결할 수도 없다는 점이다. 아담과 하와가 죄를 지었으나 이 죄에 대한 해결은 그들 자신의 어떤 노력으로는 불가능하다. 그 해결은 하나님으로만이 가능하다. 하나님께서 이 죄의 최종적 해결의 예표로 무화과 잎 대신 짐승을 잡아 가죽옷을 입혀 주셨다. 이제부터 하나님의 축복을 반전시킨 아담의 이야기에서부터 그것을 원상대로 아니 그 이상으로 역전시키시는 하나님의 놀라운 부흥을 창세기를 통하여 좀 더 살펴보도록 하겠다.

축복에서 저주로

인류의 첫 세대는 아담과 하와이다. 아담은 범죄하기 이전에 하나님으로부터 축복을 받았다. 그가 받은 축복은 "생육하고 번성하여 땅에 충만하라 땅을 정복하라 그리고 다스리라"이다.^{창 1:28} 하나님께서 아담에게 주신 이 축복을 창조 명령적인 축복이라고 부른다. 이 축복의 내용 중에 "온 땅에 충만하라"는 명령만 보아도 이 축복은 아담 개인에게만 주어진 것이 아님을 추론할 수 있다. 만일 아담과 하와 둘이서 온 땅에 충만해지는 일을 감당해야 한다면 그것은 분명히 축복 명령이 아니라 저주 명령이라고 말할 수도 있겠다. 이 창조 명령은 아담을 조상으로 하는 그의 자손인 인간 모두에게 주어진 것이 틀림없다. 따라서 하나님께서 아담을 인류의 대표자로 세우시고 그에게 축복하심이 분명하다. 그러기에 하나님께서 아담에게 주신 복은 아담 한 사람으로 끝나거나 완성되는 축복이 아니라 오고 오는 수많은 세대를 거쳐 가면서 이루실 계획과 목적을 가지고 있음을 알 수 있다.

또 주목하여야 할 다른 한 가지 점은 하나님께서 땅을 정복하고 다스리라는 축복의 명령을 다른 피조물에게는 하지 않았다는 것이다. 왜 그렇게 하셨을까? 그 이유는 인간만이 하나님의 형상으로 지음을 받았다는 사실에서 찾을 수 있다. 여기에서 우리는 아담에게 주신 축복과 하나님의 형상으로 지음을 받은 사실이 밀접한 관계가 있음을 알 수 있다. 하나님께서 자신의 형상으로 아담을 창조하신 후에 축복하심을 주목할 수 있다. 그것은 아담이 하나님의 형상으로 지음 받음이 그로 하여금 하나님의 축복의 명령을 듣고 순종하여 그 명령을 이룰 수 있는 능력을 부여 받은 것과 관계된 것이다. 그러나 성경은 아담이 범죄하므로 하나님으로부터 저주를 받았다고 말씀한다. 한 걸음 더 나아가 아담뿐 아니라 그의 후손도 심지어 다른 피조물까지도 저주받은 것을 본다.^{창 3:14~4:15}

여기에서 인류가 아담 안에서 복을 받은 것과 마찬가지로 아담 안에서 저주를 받았다는 원리를 발견할 수 있다. 이에 대한 증거는 아담이 타락하므로 에덴동산에서 쫓겨난 점과 그 이후 아담과 그의 후손들인 인류에게 임한 저주의 삶에서 볼 수 있다. 물론 아담의 후손들이 저주의 삶을 산 것은 아담이 범한 단 한 가지 죄만이 아니다. 아담의 자손들이 대대로 범한 그들의 죄는 더욱 퍼져 나가고 악하여짐과 이에 대한 하나님의 탄식과 그에 대한 홍수 심판을 보아서 알 수 있다.^{창 6~7장} 이와 관련하여 던져지는 질문은 아담 한 사람의 범죄와 그 후손의 가중되는 죄악 때문에 하나님께서 수많은 세대를 거쳐 가면서 이루실 계획과 목적을 가지고 아담에게 주신 복이 무산되고 마느냐는 하는 것이다.

이에 대한 성경의 대답은 한마디로 "그럴 수 없느니라"이다. 비록 파괴된 형상일지라도 그 형상이 그 자손에게도 주어졌다는 것이 중요한 증거 중에 하나이다. 우리는 아담이 하나님으로부터 저주받은 결과로 아담 속에 있는 하나님의 형상에 어떤 영향을 미칠 수밖에 없음을 추론할 수 있다. 아담이 죄를 범하므로 그에게 주어진 가장 큰 저주는 그 안에 하나님의 형상이 파괴되었다는 점이다. 그럼에도 불구하고 아담과 그의 후손은 다른 피조물과 구별됨이 계속 유지되고 있음을 볼 수 있다. 그것은 그들이 저주를 받은 후 다른 피조물과 동일하게 되지 않았음을 보기 때문이다. 또한 하나님께서 아담과 대화하신 것처럼 계속하여 아담의 후손과 대화하심을 보기 때문이다.

에덴동산에서의 아담의 범죄는 하나님께서 주신 형상의 파괴와 그로 인한 불행한 결과를 가져오게 되었다. 그것은 하나님과 아담이 에덴동산에서 함께 사는 최초의 신인 공동체(神人共同體)는 아담과 하와의 범죄로 말미암아 언약의 조건이 이행되지 못하므로 파괴되었다. 그 결과로 하나님과 그들은 이산가족이 되었다. 그럼에도 불구하고 하나님께서 그의 언약 백성과 영원히 함께 사시기 위해 세우신 영원한 계획인 신인 공동체는 무산될 수가 없었다. 왜냐하면 인류의 대표 아담은 실패했으나, 하나님께서 인간을 자기 아들로 삼으시고 영광을 받으실 영원한 계획을 변경시키지 않으셨기 때문이다. 그러므로 아담과 하와의 범죄로 인하여 저주가 아담과 그의 후손에게 임하였으나, 하나님께서는 그 구제책으로 여인의 후손을 약속했다. 이런 배경 하에 아담이 실패한 직후 그가 죄로 인하여 이루지 못한 창조 언약(달리 말하면 행위 언약)을 이루시기 위하여 죄와 원수가 되고 인간의 죄책을 해결해 주실 여인의 후손을 보내시겠다고 약속하신 것을 이해해야 할 것이다.

이 여인의 후손의 역할은 하나님께서 여인의 후손을 보내실 것을 약속하신 후에 짐승을 죽여 가죽옷을 지어 아담과 하와에게 입히신 것에 근거하여 속죄의 죽음과 관계가 있다고 주장되기도 한다. 이 여인의 후손은 앞으로 오실 예수 그리스도를 말씀하심이다.롬 16:20; 계 12:9 그는 인류를 대표하는 의미에서 두 번째 사람이자 마지막 아담(인류를 대표하는 의미에서 마지막 사람)으로 오셨다. 그는 인류의 대표자로서 인류를 대신하여 새 언약을 이루시고 우리로 그 구속 언약에 참여토록 하셨다. 히브리서는 마지막 아담으로 오신 그리스도의 역할을 선지자와 왕과 제사장으로 구분하여 말한다(선지자-아들로 말씀하심; 왕-능력의 말씀으로 만물을 붙드심; 제사장-죄를 정결케 하심; 히 1:1~3).

히브리서는 그리스도가 옛날 선지자들보다 월등한 선지자이심을 말하고히 1:1~2, 계속하여 이스라엘 백성을 애굽에서 인도한 모세보다 월등한 지도자(왕)로 말한다.히 3:1~4:13 다음으로 예수님께서 자신을 제물로 드림으로, 짐승으로 제사를 드렸던 대제사장 아론과 그의 뒤를 이은 많은 다른 대제사장들보다 월등하신 대제사장이심을 논증한다.히 4:14~10:18 히브리서 저자는 곧바로 이어서 예수 그리스도는 하나님께로 나아가는 새로운 산 길로서 월등하시다고 강조한다.히 10:19~12:29 성경은 어떤 의미에서 여인의 후손에 대한 약속과 이 약속의 성취 과정과 그 최종적 완성을 기록한 책이라 하겠다.

이 약속의 최종 완성은 요한계시록 21장이 보여주는 대로 새 하늘과 새 땅에서 하나님의 장막이 사람들과 함께 하여 하나님께서 친히 그의 백성 중에 거하심으로 이룩된 하나님과 그의 언약 백성이 영원토록 함께 거하는 새롭고 영원한 신인 공동체이다. 이 완성된 신인 공동체는 눈물이

나 사망이나 곡하는 것이나 아픈 것이 다시는 있지 않다.계 21:4 아담 언약과 신인 공동체와 연관하여 성경을 한마디로 다음과 같이 요약할 수 있다. 성경은 하나님께서 죄 없이 시작한 신인 공동체가 아담과 하와의 범죄로 깨어졌으나, 여인의 후손으로 오신 예수 그리스도 안에서 죄 문제를 해결 하시고, 그의 이산가족과 재결합하여 영원한 신인 공동체를 이루는 과정과 최종 완성에 대한 기록이다. 하나님께서 그의 백성과 맺으신 구속 언약들 도 이 여인의 후손에 대한 약속에 근거하고 있다.

이와 같은 사실에 근거하여 자비하신 하나님께서 죄를 범한 아담으로 부터 하나님의 형상의 모든 것을 거두어 가지 않았음을 알 수 있다. 이것은 하나님께서 인류를 향하여 계획하신 축복을 아담과 그 후손을 통하여 이루어 가실 의지를 보여주시는 것이다. 이보다 더 확실한 증거는 인류의 대표로서 아담이 하나님께 불순종함으로써 축복이 저주로 바뀐 것을 하나 님께서 다시 반전시킬 인류를 대표할 자가 여인의 후손으로 오시리라고 약속하심이다. 하나님께서 아담에게 저주를 명하는 바로 그 때에 이 모든 것을 반전시킬 아니 그 복을 더 풍성하게 성취하실 여인의 후손을 약속하 셨다.창 3:15 이 여인의 후손을 약속하신 하나님께서는 여인의 후손이 이 땅에 와서 인류에게 임한 저주를 궁극적으로 다시 더 큰 축복으로 바꾸는 일을 하시도록 구약을 통하여 계속해서 준비해 오심을 볼 수 있다.

아담과 하와는 범죄 후에 에덴동산에서 쫓겨났다. 아담은 하나님께서 말씀하신 대로 하와를 통하여 아들을 낳고 그 이름을 가인이라 했다. 그 이름의 뜻은 '여호와로 말미암아 득남하였다'이다. 이로 보건대 아담은 가인을 낳고 기뻐했을 뿐 아니라 큰 기대를 그에게 두었던 것으로 생각된 다. 그러나 가인은 아담의 기대를 만족시키지 못한 것 같다. 그 근거는 그가 둘째 아들을 낳고 그 이름을 '아벨'이라 한 데서 생각해 볼 수 있다. 그 이름의 뜻은 '허무'이다. 아담이 둘째 아들의 이름을 '아벨'이라고 지은 것은 아들을 낳아 보아도 별 의미가 없다는 것을 보여준다. 그가 아들을 낳자마자 그렇게 한 것은 분명히 가인을 통해서 얻은 경험 때문이었을 것이다.

아벨의 역사를 통하여 아담의 예견이 적중했다고 할 수도 있고, 반대로 생각할 수도 있다. 아담의 예견이 적중했다는 것은 아벨이 형에 의해서 살해된 것을 볼 때 그러하다. 반대 견해는 하나님께서 아벨의 제사를 열납 하신 사실이 그 증거이다. 아벨의 제사는 열납되고 가인의 제사는 열납되지 않으므로 가인이 아벨을 살해한 것과 아벨 대신 셋을 허락하신 것을 기점으로 아담의 자손은 두 계통으로 갈라진다. 창세기 4장에서 가인 자손 계통과 5장에서 셋 자손 계통의 계보가 이를 명백히 보여준다. 그러나 6장에 들어와 하나님의 자손인 셋의 아들들이 사람의 자손인 가인 자손의 딸들과 혼인하므로 이 두 자손의 구분은 뭉개지고 있음을 지적한다.^{창 6:1~7} 이에 대한 심판의 예고와 함께 노아가 등장함을 본다. 예고대로 심판이 있었고, 그 다음에 하나님께서 노아와 언약을 맺으신다.

저주에서 축복으로

월터 카이저는 자신의 『구약성경신학』에서 하나님께서 인류에게 약속하셨던 축복이 계속되었다는 점을 창세기 5장에 열거된 노아 홍수 시대에 살았던 열 사람의 중요 인물에게 내린 축복을 그 증거로 제시한다. 그는 창세기 5:2을 제시하면서 하나님께서 "남자와 여자를 창조셨고 그들이 창조되는 날에 하나님께서 그들에게 복을 주셨다는 말씀을 재확인한 대로 그들은 생육하고 번성했다. 그래서 그들은 아들과 딸들을 가졌다"고 말한다(구약성경신학, 110). 그러나 아담이 하나님의 축복을 저주로 바꾼 것처럼 6장에서 노아 시대 사람들 역시 하나님의 축복에 대하여 배은망덕한 사실을 볼 수 있다. 배은망덕한 그들의 마음은 악으로 충만하여졌고 세상은 죄악으로 가득 찼다. 결국 하나님은 홍수를 통하여 인간들을 땅 위에서 쓸어버리셨다.

여기에서 주목되는 것은 모든 사람을 멸망하는 중에 노아 한 사람과 그 가족을 구원하여 그들로 하여금 축복의 근원이 되게 하신 점이다. 홍수 후에 노아에게 주신 축복의 주 내용은 "생육하고 번성하라"이다. 이 축복은 노아에게만 주신 것이 아니라 그의 아내에게, 그의 아들들에게, 그의 아들들의 아들들에게 그리고 땅과 바다와 공중에 사는 모든 생명들에게 향하여 반복되었다.창 8:17; 9:1,7 우리는 노아에게 주신 "생육하고 번성하라"는 축복이 아담에게 허락하신 축복이 반복된 것임을 알 수 있다. 달리 말한다면 하나님께서 아담에게 약속하신 축복을 노아를 통하여 다음 세대로 이어지게 하시겠다는 말씀이다.

이미 언급한 대로 노아에게 주신 축복은 그의 자손 대대로 이어지는 축복이다. 히브리서 표현을 빌려 말한다면 노아의 자손들은 노아 안에서 복을 받은 것이다.참조. 히 7:10 이렇게 노아 경우에서도 하나님께서 한 사람을 선택하시고 그 한 사람 안에서 수많은 사람들이 복을 받아 누리는 법을 세우신 것을 볼 수 있다. 노아의 후손들은 하나님의 축복으로 번성하여 약 70 족속이 되었다. 그 결과로 노아 후손들은 땅에 나뉘어 살게 되었다.창 10:32 이들은 "번성하여 땅에 충만하라, 모든 생물을 다스리라"는 하나님의 복되신 명령을 이루기 위한 자들이었다. 그러나 노아 후손들 역시 아담과 노아 시대의 사람들처럼 하나님의 축복을 받은 후에 하나님께 배은망덕했다. 그들은 흩어지는 것을 원치 않았다.

이것은 그들이 "번성하여 땅에 충만하라, 모든 생물을 다스리라"는 하나님의 복되신 명령을 거역하는 것임을 보여준다. 그뿐 아니라 그들은 하나님의 이름이 아닌 자신들의 이름을 드러내기 원했다. 그들은 온 지면에 흩어짐을 면할 뿐 아니라 하나님의 영광이 아닌 자신들의 명성을 내려고 시날 평지에 꼭대기가 하늘까지 닿을 탑을 세울 수 있다는 어리석고 악한 마음으로 바벨탑을 쌓기 시작했다.^{창 11장} 그러나 하나님께서 그들이 사용하는 언어를 혼잡케 하여 바벨탑을 쌓지 못하게 하셨다. 그들은 결국 바벨탑을 쌓다가 온 지면에 흩어지는 하나님의 심판을 받았다.

노아에게 주신 축복이 그 자손들의 배은망덕으로 인하여 심판을 받게 되므로 다음 세대로 이어질 수 없는 것처럼 보인다. 하나님께서 인간에게 베푸신 세 번의 축복(아담, 노아, 셈의 후손)은 인간의 배은망덕으로 그들 스스로의 힘으로는 대대로 이어질 수 없게 되었다. 비록 인간들은 자신들의 범죄로 하나님의 축복을 저주로 바꾸었으나 그렇다고 인간을 축복하시기를 원하시는 하나님의 영원한 계획은 변경되거나 무산될 수 없다. 우리는 이미 아담과 노아 시대 인간의 배은망덕한 두 번의 범죄 후에도 하나님은 노아를 선택하여 아담에게 주신 축복을 또다시 새롭게 다음 세대로 이어가심을 보았다.

하나님께서 노아 자손들의 배은망덕한 범죄 후에도 한 사람을 택하여 다시 하나님의 뜻을 이어가는 다음 세대를 이어갈 사람을 세우셨다. 그 세 번째 사람은 아브람이었다. 하나님께서 노아에게 자신은 셈의 장막에 거하시는 하나님이라고 약속하신 대로 셈의 자손 중에 한 사람 아브람을 택하여 그를 축복의 근원으로 삼고 그 안에서 모든 족속이 복을 받게끔 하셨다. 달리 말한다면 아브람에게 주신 약속의 축복은 그 다음 세대로 이어질 뿐 아니라 오고 오는 세대로 이어진다는 것이다. 이제 아브라함 가정의 이야기를 살펴보도록 하자.

4_ 아브라함의 가정

축복의 통로

아브라함은 하나님의 벗으로 불리어졌고[약 2:23], 예수님의 조상이라는 칭호를 얻은 자이다.[마 1:1] 또한 그는 믿는 자의 조상이 된 자이다.[롬 4:11] 그는 하나님께서 자신을 사용하시도록 스스로 준비한 것이 아니라, 하나님께서 그를 사용하시기를 원하셔서 미리 준비시키신 자이다. 이는 하나님께서 인간들이 자신들에게 베푸신 하나님의 축복에 대하여 배은망덕한 것을 보시고 한탄만 하시는 분이 아니라, 그의 영원한 계획을 성취하시기 위하여 미리 준비하셨다가 그의 정한 때가 되면 그 준비된 자를 통하여 하나님 자신의 뜻을 다음 세대로 이어가심을 볼 수 있다.

하나님께서 아브라함을 부르시는 배경을 창세기 11장에서 볼 수 있다.

창세기 11장 전반부는 바벨탑 사건이다. 사람들이 자신들의 노력으로 바벨탑을 하늘에 닿도록 높이 쌓아 자신들의 이름을 내고 온 지면에 흩어짐을 면하려 했다. 노아 홍수 이후 하나님께서 노아에게 약속하신 대로 노아의 후손들이 번성하게 되자 그런 은혜를 베푸시는 하나님께 감사하기는커녕 교만하여 하나님 이름대신 자신들의 이름을 높이려고 쌓는 바벨탑을 하나님께서 보시고 "이 무리가 한 족속이요 언어도 하나이므로 이같이 시작하였으니 이후로는 그 하고자 하는 일을 막을 수 없으리로다 자 우리가 내려가서 거기서 그들의 언어를 혼잡하게 하여 그들로 서로 알아듣지 못하게 하자 하시고 여호와께서 거기서 그들을 온 지면에 흩으셨으므로 그들이 도시를 건설하기를 그쳤더라."고 말씀한다.창 11:6~8

창세기 11장 후반부를 보면 셈의 자손들의 족보가 나온다. 모든 자손들이 자녀를 낳고 번창한 것을 볼 수 있다. 그러나 아브람만이 자녀를 낳지 못한다. 이것은 생래적인 이유 때문인 것을 "사래가 임신하지 못함으로 자식이 없었더라."라는 기록을 통하여 강조하고 있음을 볼 수 있다.창 11:30 이 두 가지 사실을 통하여 첫째로 하나님께서 갈대아 우르에서 셈의 자손인 아브람을 부르신 것은 하나님께서 노아에게 하신 약속 즉 하나님 자신이 셈의 장막에 거하실 약속의 성취와 연관시켜 생각할 수 있다. 둘째로 아브람만이 자녀를 낳지 못하는 사실을 통하여 아브람이 셈의 다른 후손들과 달리 자신의 능력으로는 하나님의 축복을 이룰 수 없는 자임을 명백히 보여준다.

하나님께서 아브람을 불러 축복의 언약을 맺으시는 배경에는 이미 위에서 언급한 대로 하나님의 삼대 축복과 인간의 삼대 배은망덕이 자리 잡고 있다. 하나님께서 인간의 삼대 실패 뒤에 다시금 새 일을 시작하기 위하여 아브람을 부르신 것이다. 하나님께서 하나님의 일을 인간의 능력이 아닌 하나님의 능력으로만 한다는 것과 인간은 배은망덕하나 하나님의 은혜는 그것을 초월하며 아담에게 주신 축복을 무산시킬 수 없다는 것을 보여 주시기 위해서다. 아담에게 하신 명령적 축복을 자신의 힘으로는 결코 성취할 없는 아브람을 택하여 일해 나가시려는 것이다.

하나님께서 이런 아브람에게 말씀하신 창세기 12:1~3 내용을 요약하면 첫째는 지시할 땅으로 가라는 명령이다. 둘째는 큰 민족을 이루게 되는 축복이다. 셋째로는 이름이 창대케 되는 축복이다. 넷째는 복의 근원이 되는 축복이다. 하나님께서 임신할 수 없어 자식이 없는 아브람을 택하여 큰 민족을 이루게 하고 그의 이름을 창대케 하시겠다고 하신다. 그뿐 아니라 하나님께서 아브람을 복의 근원이 되게 하심으로 온 지면에 흩어진 자들이 아브람 안에서 복을 받게 된다는 것이다.

달리 말한다면 온 지면에 흩어진 자들이 복의 근원이 되는 아브람 안에서 한데 모아지는 역사를 이루시겠다는 것이다. 하나님께서는 그 아브람을 불러 축복의 언약을 맺고 그와 동행하심은 하나님께서 자식이 없어 다음 세대를 이어갈 수 없는 무능한 그를 통하여 다음 세대를 이어갈 뿐 아니라 그 다음 세대가 계속됨으로써 전 인류를 향한 하나님의 역사가 계속되게끔 하시겠다는 약속이다.

여기에서 주목하여야 할 사항은 과거와 전혀 관계가 없는 새로운 시작이 아니라는 점이다. 하나님께서 아브람을 통하여 하시고자 하시는 일은 과거에 아담과 노아 그리고 그의 후손을 통하여 새로운 일을 시작하였으나 인간의 실패로 말미암아 중단되었던 하나님의 영원한 계획을 하나님께서 인간들에게 그 일을 더 이상 맡기지 않으시고 그 일을 이루기에는 전혀 불가능한 아브람을 부르셨다는 것이다. 이제 하나님께서 그를 통하여 그 일을 직접 다시 이어가심을 시작하시기로 하신 것이다. 이 일을 위하야 하나님께서 실제적으로 아브라함과 언약을 맺는 두 번의 장면이 창세기 15장과 17장에 나타난다.

칭의와 할례 언약

창세기 15장에서 하나님께서 아브람과 맺은 언약은 아브람이 하나님 의 말씀을 믿고 순종함을 근거로 하여 맺은 언약이다. 좀 더 확대하여 생각하면, 아브람이 하나님의 말씀을 믿고 그의 본토 친척 아비의 집을 떠나 지시하는 땅으로 가는 것을 근거(조건: 명령과 그에 대한 순종)로 하여 언약이 맺어짐을 알 수 있다. 아브람은 하나님의 말씀을 믿고 본토를 떠나 가나안에 온 지 10년이 다 되어도 약속의 씨를 얻지 못했다. 결국 아브람은 자기가 기른 다메섹 사람 엘리에셀을 하나님의 약속을 이을 상속자로 생각했을 때, 하나님께서 아브람에게 나타나시어 엘리에셀이 후사가 아니 라 그의 몸에서 날 자가 후사가 될 것이라고 하셨다.창 15:5 이어서 하늘의 별들을 증거로 하여 약속하셨고, 아브람은 하나님의 그 약속을 믿었다. 하나님께서 그의 약속을 믿는 아브람의 믿음을 보시고 그것을 의로 여기셨 다.창 15:6

여기에서 흥미로운 점은 하나님께서 아브람과 언약 맺는 과정과 언약 에 근거한 약속의 말씀이다. 언약의 과정 가운데서 주목을 끄는 바는 언약 을 맺기 위해서 죽은 짐승 가운데로 언약의 당사자들이 걸어가는 것이다. 그것은 만일 언약의 당사자 중에 누구든지 그 언약의 약속을 지키지 않으면 죽임당한 짐승과 같이 죽을 것이라는 뜻이다. 아브람 언약에서 죽은 동물의 사체 가운데로 지나간 것은 '횃불'이었다. 이것은 아브람은 하나님과 동등한 위치에서 언약을 맺은 것이 아님을 알 수 있다. 아브람은 언약의 가장 핵심적인 일에는 끼지 못한 것이다. 아브람이 언약의 동등한 당사자가 아닌 것은 언약의 내용에서도 알 수 있다. 하나님 외에 그 누구도 이룰 수 없는 것으로 "네(아브람) 자손이 이방에서 객이 되어 그들을 섬기겠고 그들은 사백 년 동안 네 자손을 괴롭히리니 그들이 섬기는 나라를 내가 징벌할지며 그 후에 네 자손이 큰 재물을 이끌고 나오리라"이다.창 15:13~14

창세기 15장의 언약은 하나님 홀로 세우신 것이다. 출애굽기를 통해서도 출애굽의 역사는 하나님의 단독 사역이라는 것을 알 수 있다. 모세가 40세가 되어 자기 백성을 구하려 하였으나 그 일은 실패로 끝이 났다. 사실 이스라엘 백성이 자신들의 힘으로 출애굽한다는 것은 영원히 이루어질 수 없는 것처럼 보였다. 그러나 그들은 출애굽을 했을 뿐 아니라 하나님이 아브람에게 약속하신 대로 큰 재물을 이끌고 가나안을 향하여 떠난 것을 본다.출 12:36 이것은 온전히 하나님 단독 사역이었다. 하나님의 약속이 성취된 이후의 관점에서 언약 체결 과정을 되돌아보면, 아브람이 쪼개진 동물의 사체 사이를 지나는 일에 동참하지 못한 것은 하나님만이 그 약속을 성취하실 수 있으며 하나님께서 그 약속을 이루지 못하실 경우에는 그 약속이 헛된 것이 되고 만다.

좀 더 추론적으로 말한다면 아브람이 하나님 앞에서 의롭게 되는 것이 그 자신의 노력으로는 불가능한 일이었다. 그러나 아브람이 하나님께서 하시겠다고 약속하신 일(후사)을 전적으로 믿으면 가능한 일이었다. 아브람이 의롭게 되기 위하여 자신이 한 것은 하나님이 하실 일을 믿는 것 외에 아무것도 없다. 아브람이 믿음으로 의롭게 된 사실은 신약 시대에 오직 예수 그리스도께서 죄인들을 대표하시고 대신하여 십자가에 죽으심을 믿음으로만 의롭게 되는 이신칭의 교리의 뿌리가 되었다고 말할 수 있다.

우리는 종종 하나님께서 창세기 15장의 언약과 17장의 언약에 대하여 여러 가지 해석들을 보게 된다. 이미 위에서 살핀 대로 15장의 언약은 아브람의 어떤 노력과는 상관없이 하나님께서 단독으로 언약을 하시고 약속을 이루시는 특성을 보이고 있다면, 17장의 언약은 하나님께서 아브람의 이름을 아브라함으로 바꾸도록 하시면서 언약의 당사자로서 책임과 의무가 주어지는 언약임을 볼 수 있다.

창세기 17장에서 하나님께서 언약을 맺으시기 전에 "너는 내 앞에서 행하여 완전하라."고 하셨다. 그렇게 명령하시는 분은 '전능한 하나님'이라고 하셨다. 이 하나님은 창세기 15장에서 아브람과 언약을 맺으신 분이시다. 아브람이 완전해 질 수 있는 것은 자신의 힘으로가 아니라 그에게 완전하라고 명하시는 분이 아브람과 이미 언약을 맺은 전능한 하나님이시기 때문이다. 전능한 하나님은 아브람으로서는 전혀 불가능한 (아브람에게 후손을 주시는) 일을 행하실 수 있는 분이시다. 이 명령은 신약시대에 손 마른 자에게 "손을 내밀라"고 하시면서 순종할 때 손을 내밀 수 있는 힘을 주시는 예수님처럼, 완전하라 명하시고 순종할 때 완전해 질 수 있게 능력을 주시는 전능한 하나님의 명령이시다. 하나님은 아브람이 열국의 아비가 되게 하시겠다는 언약을 하시고 그의 이름을 아브라함으로 바꾸라고 명하신다. 하나님께서 아브라함과 맺은 언약에 근거한 이와 같은 일련의 명령은 아브라함이 전능한 하나님의 도움으로 이루어야 할 책임과 사명이 있는 명령이다. 또한 축복의 약속들이 동반된 명령이었다.

그런데 하나님은 할례를 행하라고 명하신다. 이 명령은 어떻게 생각하면 앞에서 명령한 것과 전혀 상반되는 명령이라고 생각할 수 있다. 아브라함은 하나님의 명령대로 번성하여야 한다. 나라들이 그로 말미암아 나와야 하고 열왕이 나와야 한다.^{창 17:6} 아브라함이 우거하는 땅은 그와 그의 후손이 영원히 지켜야 할 기업이다.^{창 17:8} 그런데 모든 남자는 누구를 막론하고 할례를 행하라고 한다. 세겜 사람들은 할례를 받고 모든 남자는 죽임을 당했다.^{창 34:25~26} 할례는 적군 앞에서 무장해제를 하는 것과 같다. 남자의 양피를 베는 것은 어찌 보면 이제는 더 이상 자녀 생산 능력을 상실하는 것을 상징하는 것이라고 볼 수 있다. 이제는 더 이상 자신의 능력을 의지할 수 없는 무능력자로 하나님만 의지할 수밖에 없음을 보여준다고 생각할 수 있다. 하나님의 할례 명령은 자신의 힘으로는 전혀 이룰 수 없는 자신의 전적 무능을 인정하라는 명령이다.

그럼에도 불구하고 하나님의 명령들은 이루어지고야 만다. 그것은 무능한 자에게 하나님의 능력이 임하기 때문이다. 결국 17장의 언약은 아브라함이 순종하여야 할 언약이다. 그것은 자신의 무능을 인정하는 순종이다. 아니 자신의 능력을 더 이상 의지 않겠다는 것을 보여주는 순종이다. 17장의 언약은 이런 순종 위에 전능한 하나님의 능력이 임하시는 것을 약속하는 언약이다. 따라서 15장의 언약과 17장의 언약은 별개의 언약이 아니다. 창세기 15장의 언약이 부족해서 하나님께서 17장에서 언약을 다시 맺으시는 것이 아니다. 더군다나 아브라함이 하나님과 언약을 맺은 15장 이후 잘못해서 다시 맺으시는 언약도 아니다.

이 두 언약은 동전의 양면과 같은 하나의 언약이다. 그러나 논리의 순서상 15장의 언약이 먼저 행해져야 할 언약이요 주도적인 언약이다.

15장의 언약은 하나님 앞에 칭의를 얻는 언약으로 명령의 요소가 있을 수 없다. 반면에 17장의 언약은 칭의를 얻은 자가 칭의를 얻는 자답게 축복되게 살아가도록 책임과 의무가 지워지는 명령을 수반하는 하나님의 언약이다. 신약의 어법으로 말하자면, 창세기 15장은 그리스도로 말미암는 믿는 자가 얻는 칭의를 예표하는 것이라 한다면, 17장은 그리스도의 십자가의 죽으심에 근거한 성령의 능력으로 말미암는 믿는 자의 성화를 예표한다고 말할 수 있겠다.

하나님께서 아브라함과 맺은 언약은 축복의 약속이며, 그 약속의 성취는 아브라함 생애 가운데 대부분은 이루어지지 않았다. 이와 관련하여 주목되는 점은 하나님께서 아브라함과 맺은 언약은 "내(하나님)가 내 언약을 나와 너(아브라함) 및 네 대대 후손의 사이에 세워서 영원한 언약을 삼고 너와 네 후손의 하나님이 되리라"고 약속하신 말씀이다.^{창 17:7} 이 부분은 옛 언약을 고찰할 때 살펴보겠다. 아브라함에게 약속하신 어떤 부분은 성취되었다. 약속에 대한 성취 부분은 최종적인 성취에 대한 예표적인 성취인 것을 알 수 있다. 아브라함 언약의 내용은 창세기 12:1~3, 13:14~16, 15:4~21, 17:4~16과 22:15~18 등을 통해서 알 수 있다. 위에 언급한 본문들을 통하여 하나님께서 아브라함과 맺은 그 언약의 주요 내용은 다음 세 가지로 크게 나누어 볼 수 있다.

하나님께서 아브라함에게 주신 약속의 축복은 첫째로, "사라가 임신하지 못함으로 자식이 없는" 아브라함에게 큰 민족을 이룰 아들(씨)을 주시겠다는 약속이다. 둘째로, 큰 민족을 이룰 아브라함의 자손들이 영원히 거주할 기업의 땅을 주시겠다는 약속이다. 셋째로, 아브라함은 그의 자손들로 말미암아 모든 민족이 복을 받게 되는 복의 근원이 되겠다는 약속이다.

먼저 자식이 없는 아브라함에게 '아들을 주시겠다는 약속'이다. 이 후사에 대한 약속은 아브라함에게 주신 축복과 그 약속을 물려받을 자들에게 하신 약속이다. 창 24:3,4,24; 28:13,14; 32:12; 35:12; 48:3,4

후사와 할례

아브라함의 후사 하면 아브라함이 백세에 낳은 육신의 자녀면서 약속의 자녀인 이삭이다. 이스마엘은 아브라함이 낳은 아들이지만 약속의 아들이 아니다. 사도 바울은 갈라디아 4장에서 이스마엘은 아브라함이 (하갈을 통하여) 육체를 따라 낳은 아들이지만 자유하는 여자(사라)의 아들로 더불어 유업을 얻을 수 없다고 단언한다.

바울은 갈라디아에서 창세기 16장과 21:8~12에 근거하여 "아브라함에게 두 아들이 있으니 하나는 여종에게서, 하나는 자유 있는 여자에게서 났다 하였으며 여종에게서는 육체(자신의 뜻)를 따라 났고 자유 있는 여자에게서는 약속(하나님의 뜻)으로 말미암았느니라……형제들아 너희는 이삭과 같이 약속의 자녀라 그러나 그 때에 육체를 따라 난 자가 성령(의 능력)을 따라 난 자를 박해한 것 같이 이제도 그러하도다 그러나 성경이 무엇을 말하느냐 여종과 그 아들을 내쫓으라 여종의 아들이 자유 있는 여자의 아들과 더불어 유업을 얻지 못하리라 하였느니라" 갈 4:22~ 23, 28~30 고 역설한다. 바울은 이어서 "그런즉 형제들아 우리는 여종의 자녀가 아니요 자유 있는 여자의 자녀니라" 갈 4:31 고 단언한다. 그러나 우리의 주제에 따라 눈여겨볼 때 바울은 이스마엘이 아브라함이 낳은 아들이지만 후사가 아니라고 하였고 아브라함이 낳은 육신의 후사가 아니면서도 아브라함의 유업을 이삭과 함께 이을 다른 후사가 있다고 논증한다.

한마디로 바울이 말하는 다른 후사는 믿음으로 말미암는 후사이다. 바울은 로마서 4장에서 아브라함이 할례받기 전에 믿음으로 말미암아 된 것을 창세기 15장을 근거로 논증한다.롬 4:11 바울은 당시 유대교 지도자들이 제시하는 아브라함이 하나님 앞에서 행함으로 의인이 되었다고 한 주장과는 근본적으로 다른 근거를 제시하여 논증한다. 당시 유대교에서는 아브라함이 행위로서 의롭다함을 받았다는 주장을 창세기 17장의 할례와 22장의 모리아 산에서 아들을 번제로 드리려 한 순종을 말한다. 그러나 바울은 17장과 22장의 아브라함의 순종은 15장에서 아브라함이 할례받기 전에 믿음으로 의롭다함을 받은 이후 사건이라고 옳게 지적한다. 따라서 바울은 아브라함의 순종이 그가 의롭다함을 받은 근거가 되는 믿음이 아닌 것이다. 아브라함의 순종은 그가 의롭다함은 받은 믿음이 어떠한 믿음인가를 보여주는 것임을 밝히고 있다. 바울은 순종이 의롭다함을 받는 원인이 되는 것이 아니라 믿음으로 의롭다함을 받은 자의 삶 속에 나타나는 열매이며 결과라는 것이다.

이 할례는 아브라함뿐 아니라 아브라함 자손 중 모든 남자들은 대대로 이 예식을 행하여야 한다. "너는 내 언약을 지키고 네 후손도 대대로 지키라 너희 중 남자는 다 할례를 받으라 이것이 나와 너희와 너희 후손 사이에 지킬 내 언약이니라."창 17:9~10

아브라함의 자손일지라도 만일 이 할례 예식을 행하지 아니하면 언약 백성 중에서 끊어진다는 것이다. "할례를 받지 아니한 남자 곧 그 포피를 베지 아니한 자는 백성 중에서 끊어지리니 그가 내 언약을 배반하였음이니라."창 17:14 위의 첫째와 둘째가 보여주는 것은 아브라함의 육신의 자손일지라도 할례를 받지 아니하면 언약 백성에서 끊어진다. 그 이유는 할례를 받지 아니한 자는 하나님의 언약을 배반한 것으로 간주되기 때문이다. 아브라함의 육신의 자녀일지라도 할례를 받지 아니함으로 언약 백성 공동체에서 끊어진 자는 아브라함이 약속으로 받은 축복을 누릴 수 없음으로 아브라함의 후사가 될 수 없다.

아브라함의 자손이나 자손이 아닐지라도, 예를 들어 돈으로 이방 사람에게서 산 자라도 이 할례를 행하여야 했다. "너희의 대대로 모든 남자는 집에서 난 자나 또는 너희 자손이 아니라 이방 사람에게서 돈으로 산 자를 막론하고 난 지 팔 일 만에 할례를 받을 것이라…이에 내 언약이 너희 살에 있어 영원한 언약이 되려니와."창 17:12~13 이들이 할례를 받아야 할 이유는 할례를 통한 하나님의 언약 백성이 될 수 있기 때문이다. 달리 말한다면 이 명령은 이방인도 할례를 받으면 언약 백성에 속할 수 있기 때문이다. 이방인이 할례를 받으면 언약 백성이 된다는 말은 이방인일지라도 아브라함이 약속으로 받은 축복을 아브라함과 함께 누릴 수 있다는 뜻이다. 따라서 아브라함의 후사라고 할 수 있다.

이와 더불어 우리의 이목을 끄는 바는 아브라함의 자손 중 이스마엘은 할례를 받았음에도 불구하고 이 언약 백성에서 끊어졌음을 알 수 있다.창 21장 따라서 이스마엘은 이 약속의 축복에서 제외되었다. 또한 에서의 사건을 통해서도 그가 약속의 자녀인 이삭의 후손이요 할례를 받았음에도 이 축복에서 제외될 수 있다는 것을 알 수 있다.창 27장 그렇다면 하나님의 언약 백성이 되고 못되는 데도 할례 이외에 다른 요소, 아니 보이는 언약의 표징인 할례보다 더 중요한 요소가 있다는 것을 추론할 수 있다.

할례 명령을 받은 당시의 아브라함의 삶의 정황은 오늘날로 말한다면 아브라함은 적들로 둘러싸인 포위된 가운데 살고 있었다. 그러기에 삼백 십팔 명의 사병을 거느리고 있었다. 그 이유는 힘자랑이나 재산 자랑하기 위해 또는 다른 사람들의 것을 노략질하기 위한 것이 아니라 적들의 침입을 막기 위한 것이다. 그가 살았던 브엘세바 역시 적을 막기 위한 최상의 요새라고 지리 고고학자들은 주장한다. 이런 상황 속에서 할례를 행하는 것은 적군 앞에서 무장을 해제하는 것과 같다. 이렇게 말할 수 있는 것은 세겜 사람들이 시므온과 레위의 작전에 휘말려 할례를 행했다가 전멸 당한 것이 그 좋은 예이다.

따라서 아브라함이 자신뿐 아니라 집안에 있는 모든 남자가 할례를 행한 것은 그전에는 어떠했던지 간에 할례를 행한 시점으로부터는 자신들의 육체의 힘을 의지하지 않고 오직 하나님만 의지하겠다는 믿음의 표현인 것이다. 그들은 자신들의 힘을 의지할 수 있는 처지가 아니었다. 비슷한 예로 하나님께서 여호수아에게 요단강을 건넌 후 길갈에서 할례를 행한 것을 들 수 있다.

한마디로 요단강을 건넌 후 길갈에서의 할례는 어쩌면 아브라함이 하나님의 명령을 받고 할례를 행한 것과 비슷한 정황이었다. 여호수아 역시 적군 앞에서 믿음으로 무장해제를 한 것이다. 할례 자체가 중요했다면 왜 광야 사십년 동안 할례를 행할 시간이 없었겠는가? 한 곳에 수년을 머물러 있었는데 말이다. 유념해야 할 바는 할례 자체보다 더 중요한 요소가 할례를 행하는 마음의 자세 곧 믿음이라는 것이다. 이런 관점에서 보면 할례를 행하였음에도 불구하고 믿음과 관계가 없는 할례이었기에 이스마엘과 에서는 언약 백성에서 끊어진 것이다.

바울은 로마서 2:25에서 "네가 (믿음으로) 율법을 행하면 할례가 유익하나 만일 (믿음이 없기 때문에) 율법을 범하면 네 할례는 무할례가 되느니라 그런즉 무할례자가 (믿음으로) 율법의 규례를 지키면 그 무할례를 할례와 같이 여길 것이 아니냐"고 반문한다. 또한 바울은 창세기 17장에서 아브라함이 할례를 받기 전인 창세기 15장에서 그가 믿음으로 의롭다함을 얻은 사실에 근거하여 아브라함이 이방인이었을 때 믿음으로 의롭다함을 받았다고 지적한다. 이 할례 제도는 종국적으로 예수 그리스도를 믿는 자들은 누구든지 그리스도 안에서 아브라함에게 주신 약속의 축복을 누리게 된다는 사실을 보여준다.

기업의 땅

창세기 17:8에서 하나님께서 아브라함에게 "내(하나님)가 너(아브라함)와 네 후손에게 네가 거류하는 이 땅 곧 가나안 온 땅을 주어 영원한 기업이 되게 하고 나는 그들의 하나님이 되리라"고 하셨다. 하나님께서 아브라함에게 기업의 땅으로 주신 그 땅은 아무도 거주하지 않는 땅이 아니다. 그 땅에는 이미 아모리 족속을 위시하여 가나안 일곱 족속이 살고 있는 땅이었다. 그렇다고 하나님께서 토지 수용 명령을 내린 것도 아니다. 아브라함 역시 말뚝과 새끼줄을 가지고 달려든 것도 아니다. 그럼에도 불구하고 그 땅을 이삭과 야곱과 그의 후손에게 영원한 소유로 주겠다고 약속하셨다. 창 24:7; 26:3~5; 28:13~18; 35:12; 48:4; 50:24

창세기 17:8에서 기업이라고 번역된 히브리어 단어는 '아후자'라는 단어이다. 이 단어는 땅에 대하여 쓸 때 주로 소유를 뜻하는 말로 사용되었다. 하나님께서 아브라함에게 가나안 땅을 영원한 소유로 주시겠다는 약속을 나타낼 때 '아후자'라는 이 단어가 사용되었다. 70인역에서는 이 단어를 '크레노미아'로 번역하지 않고 소유를 뜻하는 '카타스케시스'라는 단어로 번역되었다. 이 단어가 신약에서 두 번 사도행전 7:5과 45절에 사용되었다. 영어 성경에서는 이 단어가 나오는 거의 모든 성경 구절마다 소유(possession)로 번역했다. 이 단어가 이스라엘이 가나안 땅을 소유한 사실을 말할 때 사용된 것이다. 아브라함에게 약속하신 가나안 땅은 다음 세대에게로 이어질 축복의 땅이다.

우리의 주목을 끄는 것은 이 단어가 창세기 17:8의 하나님의 약속이 사라의 죽음을 인하여 예표로 성취된 것을 보여주는 창세기 23장에 사용되었다는 점이다. 하나님께서 아브라함에게 약속하신 가나안 땅은 400년 후 그의 다음 세대 후손들이나 소유할 땅이었다. 하나님의 약속이나 축복은 때로는 더딜지라도 반드시 다음 세대로 이어지게 되었다. 물론 몇 세대를 건너 뛸 때도 있다. 만일 그 축복이나 약속이 영원히 이어지지 못한다면 하나님의 약속은 부도처리 될 수밖에 없다. 그러나 그런 일이 절대로 일어날 수 없다는 것은 자명하다.

구약성경에서 땅과 관련하여 '나할라'라는 단어도 사용되었다. 구약에서 이 단어가 많은 경우 땅과 관련하여 사용되었음을 볼 수 있다. 하나님께서 모세에게 가나안 땅을 각 지파에게 분배하라고 명할 때_{민 26:53~54}와 여호수아가 가나안 땅을 분배할 때 각 지파가 제비 뽑아 받은 땅을 그 지파의 기업 즉 '나할라'라고 했다._{수 14:1~2} 그러나 '나할라'가 땅만으로 한하여 사용된 단어가 아닌 것을 알 수 있다.

히브리 성경에서 '나할라'라는 단어는 창세기 31:14에서 처음 사용되었다. 이 단어는 야곱이 자신의 삼촌 라반을 떠나 고향 땅으로 돌아가고자

함을 레아와 라헬에게 알릴 때 그들이 야곱에게 "우리가 우리 아버지 집에서 무슨 분깃이나 유산이나 있으리요"라고 대답할 때 그 '유산'이라는 말이 히브리어 '나할라'이다. 이때의 나할라는 땅만을 국한하여 사용되지 않았음을 알 수 있다.

창세기 48:6에서 야곱은 요셉에게 므낫세와 에브라임 이외의 소생도 야곱의 유산(나할라)이 되리라고 말한다. 여기에서는 후손이 나할라가 되는 것을 말한다. 여호수아가 땅을 각 지파에게 분배할 때 레위 지파에게는 땅을 분배해 주지 않았다. 여호수아는 하나님께서 레위 지파의 기업(나할라)이 됨을 여러 차례 강조하는 것을 볼 수 있다. 민수기 26:53~56에서 하나님은 모세에게 가나안 땅을 각 지파에게 분배하는 원칙을 명하신다. 그 내용은 명수대로 분배하되 수가 많은 자에게는 기업을 많이 주고 수가 적은 자는 적게 주되 반드시 제비를 뽑아 그들의 조상 지파의 이름을 따라 얻게 하였다.

신명기 11장에서 모세는 애굽 땅과 가나안 땅을 비교한다. 분명히 자연적인 조건으로 볼 때 애굽 땅은 가나안 땅보다 비교할 수 없이 좋다. 그러나 모세는 애굽 땅을 젖과 꿀이 흐르는 땅이라고 하지 않고 가나안 땅이 그러하다고 했다.신 11:9 그 이유는 가나안 땅은 하나님께서 돌보아 주시는 땅이기 때문이다.신 11:12 하나님의 눈이 연초부터 연말까지 그 땅위에 있기 때문이다.신 11:12 그 하나님께서 그 땅에 이른 비와 늦은 비를 적당한 때에 내리시기 때문이다.신 11:14 그러나 모세는 경고하였다. 그들이 젖과 꿀이 흐르는 땅에서 풍요함을 누리므로 교만하여 하나님을 버리고 다른 신을 섬기다가 하나님께서 주신 아름다운 땅에서 속히 멸망할까 조심하라고 경고했다.신 11:17

그러므로 땅의 척박 유무는 문제가 되지 않는다. 다만 문제되는 것은 하나님의 보호 하에 있는 땅인가 아닌가 하는 문제이다. 그것은 그 땅에 사는 자가 하나님과 어떤 관계를 맺고 사느냐에 달려 있다. 오히려 척박한 땅을 기업으로 분배받은 것이 축복일 수 있다. 왜냐하면 자연적인 조건이 좋지 않기 때문에 하나님만 바라볼 수밖에 없기 때문이다. 자연적인 조건이 문제가 되지 않는다는 것을 이사야서를 통하여 알 수 있다.

이사야 5장에서 하나님은 포도원 주인이시요 이스라엘은 포도나무라고 비유한다. 포도원 주인이 기름진 산에 있는 포도원의 땅을 파서 돌을 제하고 극상품 포도나무를 심었다. 그리고 좋은 포도 맺기를 기다렸으나 들포도를 맺은 것에 대하여 탄식한다. 이렇게 들포도를 맺은 이스라엘의 땅은 황폐하게 될 것이라고 예언한다. 반면에 이사야는 이사야 58장에서 하나님을 기뻐하는 삶을 사는 자에게는 마른 곳에서도 영혼이 만족케 되며 그곳에 사는 자는 물댄 동산 같게 하시겠다고 하셨다.^{사 58:6~11} 여기에서 주목하여야 할 바는 하나님께서 처음부터 물댄 동산으로 인도한다고 하지 않았다. 물이 없는 마른 곳으로 인도할 수도 있다. 그러나 믿음으로 순종할 때는 그 마른 곳이 물댄 동산 같게 해 주시겠다고 하나님께서 약속하신다.

또한 척박의 유무는 비교의 대상이 될 수 없는 다른 이유가 있다. 기업은 하나님께서 주신 것이다. 하나님께서 주신 것은 감사함으로 받아야 한다. 하나님께서 주신 것은 비교할 수 없다. 기업을 세상에서 말하는 기업처럼 생각해서는 안 된다. 나의 기업을 다른 사람의 기업과 비교할 수 있다. 그러나 하나님께서 주신 기업은 다른 사람이 받은 기업과 비교해서는 안 된다. 이는 마치 내 자식을 다른 사람의 자식과 비교할 수 없듯이 말이다. 우리가 마땅히 하여야 할 일은 그 기업을 주신 하나님을 기억하고 감사하며 예배드리는 것뿐이다.

이스라엘 백성에게 분배된 땅은 하나님께서 각 지파에게 주신 땅으로 영원히 지켜야 할 땅이다. 그들은 자기 마음대로 선택하여 얻지 못하고 제비를 뽑아 얻었다. 제비를 뽑아 얻었다는 것은 그 땅이 하나님께서 주신 땅임을 말한다. 르우벤과 갓과 므낫세 반 지파는 예외적이었다. 달리 말한다면 그들은 하나님께서 기뻐하지 않는 비정상적인 방법을 취한 것이다. 그럼에도 불구하고 그들을 포함한 이스라엘 모든 지파에게 기업으로 분배된 그 땅은 각 지파가 영원히 소유할 땅이라고 반포했다. 그러기에 그 땅은 그들과 그들의 후손이 끝까지 지켜야 할 땅이다.[민 36:9] 이런 관점에서 보면 아합 왕이 나봇의 포도원을 원할 때 나봇이 목숨을 걸고 아합의 청을 거절한 이유를 알 수가 있다. 나봇이 그렇게 한 이유는 단지 그 땅이 가장 좋은 땅이어서가 아니다. 그가 그렇게 한 이유는 오히려 그 땅이 하나님께서 주신 기업(나할라)이었기 때문이다.[왕상 21:1~16]

또한 이 땅은 조상에게 약속으로 주신 땅이다. 이 사실은 그 땅을 이스라엘 지파의 이름을 따라 나눠 주신 점을 보아 알 수 있다. 하나님께서 그들의 조상 아브라함에게 주신 약속은 그 자손들이 이방의 객이 되었다가 400년 후에 돌아와 그 땅을 다시 얻는다는 것이다. 그러므로 이 땅의 분배는 하나님께서 그들의 조상에게 하신 약속의 성취이다. 이스라엘이 애굽으로 이주했으나 그것은 영원한 이주가 아니었다. 언젠가는 돌아올 이주였다. 마찬가지로 가나안 땅은 비록 그 땅에서 살다가 포로가 되어 바벨론으로 잡혀갔으나 70년이 차면 돌아올 땅이었다. 애굽이나 바벨론에 사는 자들에게 있어서 이 기업의 땅은 돌아가야 할 약속의 땅이었다. 돌아갈 고향 땅인 것이다.

아브라함에게 주신 약속은 그로 말미암아 그의 자손은 물론 만민이 복을 받으리라는 약속이다. 한걸음 더 나아가 그의 자손도 복의 근원이 될 것이라고 약속한다.창 26:3~6; 28:13~14; 35:9~12 하나님께서 아브라함을 갈대아 우르에서 부르신 배경을 살펴보면 하나님께서 그로 더불어 새 시대를 시작하시기 위함을 알 수 있다. 하나님께서는 바벨탑 사건으로 노아의 후손들을 온 지면에 흩으시는 심판을 하시면서도 노아에게 약속하신 셈의 장막에 거하시는 하나님이 되시겠다는 약속을 이루시려고 셈족 중의 한 사람인 아브람을 불러 그를 축복하시는 것을 본다. 하나님께서 아브라함에게 주신 축복의 내용을 살펴보면 아담과 노아에게 주신 축복을 이루시려는 하나님의 뜻을 볼 수 있다.

아브라함을 통하여 이루신 새 시대의 특징은 하나님께서 셈 족속 가운데 한 사람을 택하여 그와 언약을 맺고 자신의 구속적 계시적 사역을 수행하여 나가시는 것이다. 셈의 자손 중에 하나인 아브라함과 맺은 언약은 그에게만 국한된 것이 아니라 그의 자손에게도 계속되었다. 그러므로 하나님께서 아브라함을 조상으로 하여 한 민족을 이루고 그 민족을 통하여 하나님의 영원한 계획인 구속역사를 계속하여 가심을 볼 수 있다. 이와 더불어 한 가지 기억하여야 할 중요한 점은 하나님께서 아브라함을 선택하심은 새 역사가 아브라함과 그의 자손에게만 국한된 것이 아니라 전 인류적이라는 점이다.

따라서 아브라함에게 주신 축복 역시 아담에게 주신 축복과 마찬가지로 그와 그의 자손에게만 국한된 것이 아니라 모든 족속에게 주어진 것이다. 특별히 믿음의 자손에게 주어진 것이다. 하나님께서 아브라함을 선택하심은 만민을 위한 목적을 향한 특별한 수단으로서의 선택이라는 점이다. 그 근거는 하나님께서 그를 부르실 때 "땅의 모든 족속이 너(아브람)로 말미암아 복을 얻을 것이라"고 분명히 말씀하심에 있다.

따라서 아브라함을 통하여 이루실 새 역사는 미래 지향적일 수밖에 없다. 그 새 역사를 말할 때는 약속(언약)으로만 말할 수밖에 없다. 그러기에 아브라함에게 주신 축복의 언약은 약속으로 이루어졌음이 주목된다. 그러나 하나님께서는 그 약속이 이루어질 때만 기다리면서 가만히 계시는 분이 아니라 그 약속이 최종적으로 성취되도록 하기 위하여 준비하여 가시는 분이심을 알 수 있다. 그 최종적 성취를 위하여 준비하여 나아가는 과정 속에서 그 약속이 점진적으로 성취되어 간다. 이 점진적으로 성취되어 가는 과정을 한 단면(cross-section)에서 볼 때는 새로운 역사의 시작으로 이해될 수 있다. 그러나 전 과정을 통하여 볼 때 이전 세대에서 다음 세대를 이어 가시는 하나님의 역사임을 알 수 있다.

죽음을 담보로 한 현장 교육

모리아 산

아브라함과 이삭의 관계에서 특이한 점은 창세기 기록 내용에 관한 한 이삭이 아버지 아브라함에게 묻거나 아브라함이 이삭에게 대답하는 부자간의 대화는 단 한 번으로 창세기 22장의 모리아산 사건에서다. 하나님의 말씀을 순종하여 아들을 번제로 드리려고 하나님이 정하신 곳을 향하여 모리아 산을 오르는 도중에 이삭이 아버지 아브라함에게 "내 아버지여 하니 그가 이르되 내 아들아 내가 여기 있노라 이삭이 이르되 불과

나무는 있거니와 번제할 어린 양은 어디 있나이까 아브라함이 이르되 내 아들아 번제할 어린 양은 하나님이 자기를 위하여 친히 준비하시리라"창 22:7~8고 대답한 것이 전부이다. 물론 아브라함이 하나님께로부터 받은 축복의 약속을 이삭에게 이야기했을 것으로 추측할 수는 있다. 그 이유는 이삭이 아버지에게서 들은 것을 야곱에게 전하는 기록을 보면 알 수 있다. 창 28:4 그러나 이미 지적한 대로 기록상으로는 아버지 아브라함이 이삭에게 직접 대화한 내용은 창세기 다른 부분에서는 찾아볼 수가 없다. 구태여 그 이유를 찾는다면 죽음의 현장 교육을 통해 죽음을 통과한 자에게 이래라 저래라 할 필요가 없다는 생각도 해본다. 분명히 이삭은 모리아 산 사건을 통하여 하나님께 대한 믿음과 순종이 무엇이며 어떻게 해야 하는지를 체득하였을 것이다.

그 일 후(디바림)

모리아산 사건의 시작은 "그 일 후에 하나님께서 아브라함을 시험하시려고 그를 부르시되"로부터이다.창 22:1 여기에서 중요한 물음은 '그 일 후'이다. 이 말은 아브라함이 무엇인가를 했는데 하나님께서 그 일을 보시고 그 후에 아브라함을 시험하시게 되었다는 것을 알 수 있다. 그렇다면 아브라함이 행한 일은 무엇인가? 그 일은 아브라함을 시험하시기 전에 아브라함이 행한 일이 분명하므로 창세기 12장과 21장 마지막 사이에서 그 일을 찾아야 할 것이다. 여기서 아브라함이 행한 '일'은 히브리어 '디바림'으로 '다바르'의 복수이다. '다바르'는 사물(thing)을 지시하여 말할 때 사용되는 단어다. 예를 들면 책도 '다바르'요, 텔레비전도 '다바르'이다. 이 명사의 자음은 그대로 놔두고 두 번째 모음을 짧게 바꾸면 동사 '다바르'

가 된다. 이 동사의 의미는 '말하다'이다. 우리는 여기에서 '사물'이라는 명사와 '말하다'라는 동사가 같은 어원에서 유래되었다.

이에 근거하여 히브리 사상은 '다바르' 사상이라고 말하기도 한다. 한마디로 말해서 생각한 것이 이루어질 것으로 믿고 의지를 담아 말하면 시간이 지난 후 그 생각한 내용이 구체적으로 실재가 된다는 사상이다. 창세기의 창조 기사가 그러하다. 하나님께서 "빛이 있으라 하시니 빛이 있었다."고 하였다. 또한 선지자들의 예언이 그러하다. 즉 "그 때에 맹인의 눈이 밝을 것이며 못 듣는 사람의 귀가 열릴 것이며 그 때에 저는 자는 사슴 같이 뛸 것이며 말 못하는 자의 혀는 노래하리니 이는 광야에서 물이 솟겠고 사막에서 시내가 흐를 것임이라"사 35:5~6라는 이사야의 감격적인 외침은 미래에 실현될 실재에 대한 '다바르'인 것이다.

오늘날 예루살렘에 가면 시청 광장에 세계 어디에서도 볼 수 없는 분수대가 있다. 물론 내가 이렇게 말하는 것은 그 분수대가 웅장하거나 화려해서가 아니다. 그런 면에서라면 그 분수대보다 훨씬 더 웅장하고 화려한 분수대를 세계 도처에서 얼마든지 볼 수 있다. 그러나 그 분수대가 특이한 이유는 물이 위로 솟아오르게끔 한 것만이 아니라 그 물이 흐르도록 도랑을 만들어 놓았다는 데 있다. 현재 시청 광장은 옛 예루살렘 밖에 위치한 신시가지에 있다. 이곳은 1850년경까지는 유대 광야(사막)에 속한 땅이었다. 그 이후 이 땅은 개발되어 예루살렘 신시가지가 되었다. 이스라엘 사람들은 이사야의 '다바르'가 성취되었다는 믿음 가운데 시청 광장에 위와 같은 특이한 분수대를 설치한 것이다. 물론 유대 광야 가운데 예루살렘 신시가지를 세워졌다는 것으로 이사야의 예언이 성취된 것이라고 말하려는 바는 아니다. 그런 뜻에서 그 분수대를 소개하는 것은 아니다.

위의 설명은 창세기 22:1의 '디바림'을 설명할 목적으로 하나의 예를 가져온 것뿐이다. 이렇게 히브리인의 '다바르' 사상은 히브리인들의 조상이요 또한 믿음의 조상인 아브라함의 삶 속에서도 찾아 볼 수 있다. 아브라함은 하나님의 '다바르'(동사: 약속하신 말씀)가 '다바르'(명사: 약속의 성취)로 되는 것(동사가 명사화되는)을 믿음으로 바라보며 살았던 자였다. 그뿐 아니라 그 자신 역시 '다바르'(고백)가 '다바르'(실행)가 되게 하며 산 자였다. 아브라함에게서 '다바르' 사상을 극적으로 볼 수 있는 사건이 바로 모리아산 사건이다. 이미 언급한 대로 아브라함이 '디바림' 한 후에 하나님께서 아브라함을 시험하시게 되었다. 여기 '디바림'은 문맥적으로 무엇을 뜻하는가라는 의문이 제기된다. 창세기 22:1에 나오는 '그 일 후'에 대한 해석은 여러 가지가 가능하다.

영생하시는 하나님

창세기 21:33은 "아브라함은 브엘세바에 에셀나무를 심고 거기서 영생하시는 하나님 여호와의 이름을 불렀다."고 했다. 하나님은 아브라함이 영생하시는 하나님이시라고 말하는 '다바르(동사)'를 들으시고 그 '다바르(동사)'가 '다바르(명사)'가 될 것을 믿음으로 바라보며 에셀나무를 심는 아브라함을 보시면서 어떠하셨을까? 이에 대한 대답이 창세기 22:1에 나온다. 그것은 아브라함의 본심을 알아보기 위한 시험이다. 아브라함의 이 고백 전에는 그 누구도 하나님을 향하여 '영생하시는 하나님'이라고 고백한 자가 성경에는 기록되지 않았다.

한걸음 더 나아가 이 시험은 하나님께서 마음이 감동이 되어 아브라함을 크게 축복하시려고 낸 것이다. 아브라함의 고백이 '다바르'적인 고백인가를 '다바르'적 행위를 통하여 그 고백이 진실로 '다바르'적 고백인 것을 확증하고 싶지 않았겠는가? 만일 하나님께서 인간에게서 처음 들어보는 '다바르'와 '디바림'이 목숨을 건 고백이라면 하나님께서 감동하지 아니하실까? 하나님께서 감동을 받으셨다면 아브라함의 고백을 듣고 그냥 지나가실 수 있었겠는가? 하나님께서 순종할 수 없어 보이는 자신의 명령에 순종한 아브라함을 온 천하에 자랑하고 싶지 않으셨을까? 또한 상을 주고 싶지 않으셨을까? 상을 주신다면 얼마나 큰 상을 주고 싶어 하셨을까? 인간들이 상상할 수 없을 정도로 큰 상을 주고 싶지 않으셨을까? 그렇다면 하나님은 거기에 걸 맞는 시험 문제를 내셔야 할 것이 아니겠는가?

그러기에 바로 그 시험 문제란 지금까지 누구에게도 내보지 않은 문제였다. 그것은 백 살에 낳은 사랑하는 아들 독자 이삭을 모리아 땅 곧 하나님께서 지시하는 곳으로 데리고 가서 거기에서 그를 번제로 드리는 것이었다. 이 시험 문제야말로 자신이 믿는 하나님은 영생하시는 하나님이시라는 고백이 '다바르'적인 고백이라는 것을 확증하고 남을 문제임이 틀림없다. 나의 설명이 더 용납이 될 수 있다면 이렇게도 상상해 보고 싶다. 시험 문제를 내시는 하나님께서 더 조마조마 하셨을까? 아니면 시험 문제를 받은 아브라함이 더 조마조마 했을까? 나는 이 시험의 근본적인 의도를 아브라함에게 미리 알려줄 수 없는 하나님께서 더 조마조마 하셨을 것이라고 생각한다.

만일 아브라함이 하나님의 의도를 알지 못하고 '디바림'에 걸맞지 않은 처신을 하지나 않을까 하고 하나님은 얼마나 조마조마 하셨을까 상상해 본다. 하나님께서 아브라함에게 내신 시험 문제와 관련하여 마지막 제기되는 질문은 왜 하필이면 이삭을 번제로 드리라고 하셨는가와 그 때에 아브라함의 심정은 어떠했는가에 대한 것이다. 두 번째 질문부터 살펴보도록 하겠다.

아브라함이 하나님을 영생하는 하나님이시라고 불렀을 때, 하나님은 영생하지만 하나님을 믿는 자신은 얼마동안 그러나 다른 사람들보다는 조금 더 오래 이 세상에 살다가 언젠가는 죽는 존재라고 생각하였는지 아니면 하나님께서 영생하시므로 그런 하나님을 믿는 자신도 영생할 줄을 믿었을까? 성경 본문은 아브라함 자신도 영생할 수 있다고 믿은 것으로 간주할 수 있는 증거를 제공하고 있다.

번제할 어린 양

이와 같은 주장을 뒷받침하는 첫째 증거는 아브라함이 사환에게 "내가 아이와 함께 저기 가서 경배하고 우리가 너희에게로 돌아오리라."고 말한 점이다.창 22:5 이처럼 아브라함 혼자 돌아오는 것이 아니라 그 돌아오는 대상을 "우리"라고 하여 복수를 사용하고 있다. 둘째는 아브라함이 이삭에게 "내 아들아 번제할 어린 양은 하나님이 자기를 위하여 친히 준비하시리라."고 말한 점이다. 물론 첫째 증거나 둘째 증거 모두 아브라함이 사환들과 이삭을 속이는 하얀 거짓말이라고 대답할 수 있다. 또한 반대로 아브라함이 절대적으로 위와 사실을 믿었다면 이삭을 번제로 드리는 일이 힘들 것도 없다고 말할 수도 있다. 그러나 실제는 그렇지 않았을 것이다. 왜냐하면 아브라함은 다니엘의 세 친구처럼 하나님께서 그리 아니하실 수도 있다는 것을 생각할 수 있기 때문이었다. 다시 말해서 하나님께서 죽도록 내버려 둘 수도 있었기 때문이다. 그것은 하나님의 능력의 문제가 아니라 하나님의 뜻의 문제이기 때문이다. 아브라함은 아들이 번제로 드려지는 것도 하나님의 뜻이라고 믿었을 것이다. 그는 어떤 경우에도 하나님의 능력을 의심하지 않았었다고 생각한다.

또 다른 측면에서 아브라함의 심정을 추론해 볼 수 있다. 어쩌면 이 측면이 전자보다 더 강하게 작용하지 않았겠는가 생각된다. 그것은 내가 하나님보다 내 아들을 더 사랑하기 때문에 하나님께서 이런 시험을 하시는 것이 아닌가라고 생각했을지도 모른다. 만약 아브라함이 그렇게 생각했다면, 그는 자신의 죄 때문에 죄 없는 내 자식 이삭이 죽는 것이라고 생각했으리라 상상할 수도 있다. 그렇다면 아브라함은 자신의 죄 때문에 자식이 죽는 줄 알았는데 실제로는 아들 대신에 양이 죽는 것을 체험했을 것이다. 이러한 나의 주장이 정당하다면 아브라함 역시 하나님께서 세우신 원리, 즉 죄 문제를 해결하기 위하여 대신 죽는 원리를 체험했다고 말할 수 있다.^{참조. 요 8:56~57}

이제 첫 번째 질문 왜 하필이면 이삭을 번제로 드리라고 하셨는가에 대하여 살펴보겠다. 이삭을 번제로 드리라는 점에 대한 근본적이고 모든 사람들이 납득할 만한 정답은 없다는 전제 아래 추론적으로 살펴보겠다. 인간적인 측면에서 말한다면 아브라함에게 있어 이삭을 번제로 드리라는 하나님의 명령은 아브라함 자신을 드리라는 명령보다 더 어려운 시험이었음이 틀림없다. 그러기에 이 시험을 통과한 후에 하나님께서 "네가 네 아들 독자까지도 내게 아끼지 아니하였으니 내가 이제야 네가 하나님을 경외하는 줄을 아노라"고 아브라함을 칭찬하셨다.^{창 22:12} 이어서 16~17절에서는 "네가 이같이 행하여 네 아들 네 독자도 아끼지 아니하였은즉 내가 네게 큰 복을 주고 네 씨가 크게 번성하여 하늘의 별과 같고 바닷가의 모래와 같게 하리니 네 씨가 그 대적의 성문을 차지하리라"고 아브라함을 축복하셨다.

그러나 내가 확신하는 보다 근본적인 해결은 적어도 하나님께서는 하나님을 영생하시는 하나님이시라고 믿음의 고백을 한 아브라함을 영생할 수 있는 아브라함으로 만드시기 원하셨다는 점이다. 이 점에 대하여서는 예수님께서 출애굽기 3:6의 말씀을 인용하면서 "나는(하나님) 아브라함의 하나님이요 이삭의 하나님이요 야곱의 하나님이라 하신 것을 읽어 보지 못하였느냐 하나님은 죽은 자의 하나님이 아니요 산 자의 하나님이시라"고 하심에서 분명히 알 수 있다. 그러나 우리가 기억해야 할 중요한 점은 아브라함이 하나님은 영생하는 하나님이시라고 고백했다고 해서 그 고백만으로 곧 바로 그가 영생할 수 있는 것은 아니었다. 왜냐하면 그 역시 죄악 중에 임신된 자요 또한 죄인이기 때문이다.

아브라함 이외에 세상의 어느 누구라도 아브라함처럼 고백한다고 해서 그 고백만으로 영생할 수는 없다. 그러기에 하나님께서는 아브라함에게 "네 아들 네 사랑하는 독자 이삭을 데리고 모리아 땅으로 가서 내가 네게 일러 준 한 산 거기서 그를 번제로 드리라."고 명령하신 것이다.창 22:2 만일 아브라함이 하나님을 경외하기보다는 이삭을 더 사랑했다면 하나님의 명령을 거역할 수 있었을 것이다. "하나님! 나를 죽이기 전에는 절대로 안 됩니다. 내가 어떻게 사랑하는 내 아들을 죽일 수 있겠습니까?" 그러나 아브라함은 하나님을 경외하기에 순종했다. 하나님께서 아브라함의 순종을 보고 "네가 네 아들 네 독자까지도 내게 아끼지 아니하였으니 내가 이제야 네가 하나님을 경외하는 줄을 아노라."고 하셨다.출 22:12 하나님과 아브라함의 관계에서는 자식에 대한 사랑보다 하나님에 대한 경외가 더 우선했다. 그러나 하나님께 대한 경외만으로 아브라함이 영생을 소유하게 되는 것은 아니다.

영생에 대한 아브라함의 '다바르'적인 고백이 아브라함 자신의 영생으로 '다바르'가 되기 위해서는 그 자신의 어떤 것으로도 불가능하다. 달리 말한다면 하나님을 영생하시는 하나님이시라고 고백한 자가 하나님처럼 영생할 수 있는 길은 아브라함 자신의 힘으로는 불가능하다. 왜냐하면 아브라함이 영생하시는 하나님의 이름을 부르고 그 증거로 에셀나무를 심었다고 해서 그것만으로 영생하는 것은 아니기 때문이다. 근본적인 죄의 문제가 해결되지 않은 상태에서는 영생하시는 하나님을 천번만번 불러도 소용이 없기 때문이다. 그러나 영생하시는 하나님의 이름을 부를 때 그 부르는 자가 영생할 수 있는 것은 하나님께서 그것을 가능케 하시기 위하여 예수 그리스도께서 이 땅에 오셔서 십자가에 죽도록 하셨기 때문이다. 예수 그리스도의 십자가의 죽음이 없었다면 영생은 절대로 불가능한 일이다.

이것은 믿음의 문제가 우선인 것도 아니다. 이것은 하나님에 대한 경외의 문제가 우선인 것도 아니다. 이것은 아브라함과 아브라함의 믿음의 후손에 대한 하나님의 사랑이 우선이다. 하나님께서 아브라함에게 사랑하는 독자 이삭을 번제로 드리라고 하심은 하나님을 영생하시는 하나님이시라고 고백한 아브라함과 그의 고백에 동참하는 자들을 영생하도록 하시기 위하여 사랑하는 그 아들 독생자 예수 그리스도를 십자가에 죽도록 내어주실 것을 예표로 보여주시기 위함이라고 이해할 수밖에 없다. 하나님께서 독생자를 갈보리 십자가에 세우시는 일은 사랑의 문제이었다. 어떤 의미에서 하나님께서는 독생자 예수 그리스도보다도 아브라함과 그의 믿음의 후손들을 더 사랑하신 것이 분명하다고 말할 수 있다. 따라서 아브라함에게 이삭을 번제로 드리라고 하는 것은 하나님의 이 사랑을 예표로 보여주는 사건이었다. 그러기에 사랑하는 독자 이삭을 모리아 산에서 번제로 드리라고 명하신 것이라고 추론할 수 있다.

우리의 주제와 관련하여 말한다면 이전 세대인 아버지 아브라함으로부터 다음 세대인 이삭에게 하나님의 말씀에 대한 믿음과 순종의 전수는 모리아 산의 죽음의 현장 교육으로 충분했다고 생각된다. 모리아 산 사건은 아브라함만을 위해 준비된 것만은 아니다. 또 아브라함과 이삭만을 위해 준비된 것도 아니다. 오고 오는 모든 세대를 통하여 아브라함의 후사들을 통과시키기 위해 준비된 사건인 것이다. 이삭은 결국 죽음을 통과하면서 아버지 아브라함으로부터 전수받은 약속의 말씀을 살인의 현장이 될 수도 있는 장소와 그런 정황 속에서 자신의 아들 야곱에게 극적으로 전수했다.

5_ 아브라함 자손들의 가정

너를 보기 전에는 죽을 수 없다

야곱은 죽은 줄로만 알았던 요셉이 살아서 애굽의 총리가 되어 자신을 애굽에서 기다리고 있다는 소식을 듣고 "족하도다 내 아들 요셉이 지금까지 살아 있으니 내가 죽기 전에 가서 그를 보리라"창 45:28고 말했다. 이 구절은 야곱의 말할 수 없는 큰 기쁨과 요셉을 만나보고 싶은 조급함을 보여준다. 동시에 혹시 늦장을 부리다가 만나보지 못하고 죽을지도 모른다는 일말의 두려움도 있었을 것이다. 사실 야곱은 다른 아들들로부터 요셉이 아직 살아 있다는 말을 듣고 믿지 못하여 어리둥절했다.창 45:26 이 표현은 야곱이 순간적으로 정신을 잃고 기절했다는 뜻이다. 두 구절을 종합하면 야곱의 기쁨이 어떠했는가를 보여주는 동시에 야곱이 이제 노년이 되어 건강 상태가 좋지 않다는 것을 말하여 준다.

야곱이 급히 애굽을 향하여 떠나는 데는 아들을 만나고자 하는 기쁨과 머뭇거리다가 만나보지도 못하고 죽을지도 모른다는 두려움이 공존한다고 볼 수 있다. 그러나 야곱은 요셉을 만나기 전에는 죽을 수 없는 자이었다. 야곱이 요셉을 만나고 죽은 후에 누군들 이런 말을 못하겠는가? 그러나 그 사실을 모른다고 전제해도 "내가 죽기 전에 가서 그를 보리라" 하고 급히 서둘러 애굽을 향하여 떠나는 야곱을 붙잡고 "당신은 요셉을 만나기 전에는 절대로 죽을 수 없다"고 말할 수 있다.

야곱의 약전

첫째는 하나님의 뜻 안에서 맺어진 야곱과 요셉의 관계 때문이다. 한마디로 야곱과 요셉의 관계를 영화에 비견하여 말한다면 야곱은 주연배우이고 요셉은 조연배우다. 물론 얼핏 보면 창세기 37장 이후에서는 요셉이 주연이고 야곱이 조연으로 충분히 이해될 수 있는 증거가 많다. 그 근거는 창세기 38장을 제외하고 37장부터 마지막까지 요셉의 이야기로 일관하는 것처럼 보이기 때문이다. 그런데 왜 야곱이 주연이고 요셉이 조연인지는 조금 후에 밝히기로 하겠다. 만일 야곱이 주연이고 요셉이 조연이라는 것이 성립이 된다면 야곱이 요셉을 만나기 전에 죽을 수 없다고 당당히 말할 수 있다. 영화가 끝나기도 전에 주연배우가 영화 중간에 죽는 것을 보았는가? 그렇게 영화를 끝내는 영화감독은 없다. 하나님께서 야곱이 그렇게 죽도록 내버려 두실 수는 없다. 그 이유는 야곱이 애굽을 향하여 가는 길은 하나님께서 미리 예비하신 사명의 길이기 때문이다.

둘째는 하나님께 부름 받아 사명의 길을 가는 자들이 때로는 이런 저런 이유로 죽음 앞에 두려워하는 경우를 보게 된다. 그 사명이 하나님의 일이라는 것을 인식하지 못하고 이 일을 하다가는 이제 꼼짝없이 죽겠다는 두려움 가운데 세상과 타협하기도 한다. 또 다른 경우는 죽음이 두려워서가 아니라 사명을 다하지 못하고 죽는 것이 아닌가 하는 두려움과 조급함 속에 빠지기도 한다. 하나님께서 나 아니면 안 되는 일을 시작하지 않으신다. 또한 나로 시작하였다가 나로 마치는 그런 일을 시작하시지도 않으신다. 내가 죽으면 또 다른 사람을 세워 그 일을 하신다.

하나님은 내가 죽은 후에 내가 하던 일을 계속할 사람을 찾으시는 분이 아니라 내가 죽기 전에 그 일을 계속할 자를 미리 찾아 준비시키는 하나님이시다. 하나님을 사랑하고 그의 뜻을 위하여 부름 받은 자라면 자기 마음대로 죽을 수도 없다. 아니, 그 어느 누구도 그런 자를 죽일 수도 없다. 앞으로 남은 날이 많지 않다는 생각 속에 살아온 과거를 한탄하면서 조급하게 오늘을 살지 않아야 한다. 사명자의 어제와 오늘의 삶은 하나님께서 내일을 위한 준비의 삶으로 살게 하셨다는 것을 강조하기 하기 위해 억지처럼 보이는 야곱과 요셉의 관계를 말하였다.

이제 야곱과 요셉의 관계를 살펴보기로 하겠다. 창세기 37:2은 "야곱의 족보는 이러하니라"로 시작한다. 여기 족보는 히브리어로 '톨레돗'이다. 창세기에 12번 나오는 단어. 한글 성경(개역개정) 창세기에서는 이 단어를 '내력'2:4, '계보'5:1, '족보'6:9; 10:1; 11:10, 27; 25:12, 19; 36:1로 번역했다. 이 용어는 창세기에서 새로운 단락을 시작하는 첫머리에 사용된다. 그 문단들과 문맥들을 살펴보면 이 단어가 단순히 족보를 밝히기 위해 사용되지 않고 역사를 크게 구분 짓는 분기점을 나타내기 위해 사용한 것이다. 이 단어는 어떤 역사의 줄기를 시사해 주고 그 역사의 근원(혈통의 근원)을 제시해 줄 때 사용되었다. 특히 창세기 37:2은 야곱으로 족장시대를 마감하고 요셉을 통하여 새 시대로 바뀌어 가려는 역사의 전환점을 맞아 그 역사의 근원과 이제 새롭게 시작되는 역사와의 연속성을 시사하기 위하여 이 단어가 사용된 것으로 해석한다.

여기에서 주목을 끄는 바는 야곱의 족보라고 말하고 나서 곧바로 이어서 "요셉이 십칠 세 소년으로서"라는 말로 이어진다. 야곱의 족보이면 야곱의 이야기를 기록하든지 아니면 요셉의 이야기를 하고자 하면 "요셉의 족보는 이러하니라"고 해야 맞지 않겠는가? 아니면 창세기 37:2은 어떤 실수로 앞뒤가 맞지 않는 내용을 기록한 것이라고 해야 한다. 우리가 아는 바로는 절대로 그럴 수 없다. 그렇다면 그러하지 않다는 근거는 무엇인가? 우선 한마디로 답한다면 요셉이 당한 모든 일들은 하나님께서 야곱에게 약속하신 것을 이루는 일에 재료로 사용되었다는 것이다. 이제 대답이 납득이 가도록 좀 더 설명하겠다.

요셉이 애굽으로 팔려가서 총리가 되고, 애굽과 가나안에 기근이 들고, 야곱의 가족이 애굽으로 이주하는 모든 과정이 하나님께서 아브라함에게 하신 약속을 성취하는 과정 중의 한 부분임을 부정할 자는 아무도 없을 것이다. 하나님께서 아브라함에게 주신 땅과 관련된 약속의 핵심은, 비록 너의 자손이 이방의 객이 되어 사백 년을 거기 거주한다 하더라도 다시 돌아와 가나안 땅을 차지하겠다는 것이다.^{창 15:13~21} 하나님께서 이 약속을 이삭에게는 "내가 너와 함께 있어 네게 복을 주고 내가 이 모든 땅을 너와 네 자손에게 주리라 내가 네 아비 아브라함에게 맹세한 것을 이루"리라고 하셨다.^{창 26:3}

우리의 주목을 끄는 바는 "네 아비 아브라함에게 맹세한 것"이라는 표현이다. 이삭은 하나님께서 아브라함에 주신 약속을 아버지인 아브라함에게 받아 다시 야곱에게 전했다. 이삭은 에서를 피하여 고향을 떠나는 야곱에게 "전능하신 하나님이 … 아브라함에게 허락하신 복을 네게 주시되 … 하나님이 아브라함에게 주신 땅 곧 네가 거류하는 땅을 네가 차지하게 하시기를 원하노라."고 축복하며 부탁했다.^{창 28:3~4} 이 후에 하나님께서 야곱에게 "내가 너와 함께 있어 네가 어디로 가든지 너를 지키며 너를 이끌어 이 땅으로 돌아오기 할지라 내가 네게 허락한 것을 다 이루기까지 너를 떠나지 아니하리라."고 약속했다.^{창 28:15} 하나님께서 이 약속을 하기 전에 "나는 여호와니 너의 조부(아버지) 아브라함의 하나님이요 이삭의 하나님이라 네가 누워 있는 땅을 내가 너와 네 자손에게 주리"라고 했다.^{창 28:13} 야곱은 하나님께서 아브라함에게 약속하신 것을 아버지 이삭을 통하여 들었던 내용을 다시 직접 하나님으로부터 들었음을 알 수 있다. 야곱이 가나안 땅과 관련하여 약속을 받을 때 특이한 점을 볼 수 있다.

하나님께서 이삭에게 약속할 때는 "네 아비 아브라함에게 맹세한 것"이라고 했으나 야곱에게는 "나는 너의 조부 아브라함의 하나님이요 이삭의 하나님"이라고 말씀했다. 여기에서 특이한 점은 "너의 조부 아브라함"이라는 어구이다. 사실 이 표현은 하나님이 이삭에게 "너의 아비 아브라함"이라고 한 어구와 동일하다. "너의 아비"나 "너의 조부"나 히브리어로는 '아비카'이다. 따라서 "너의 아비 아브라함"이나 "너의 조부 아브라함"은 히브리어로는 동일하게 "아브라함 아비카"이다. 히브리어로 '압'은 아버지이고 '-이카'는 접미어로 이인칭 단수 대명사로서 한 단어이다.

현대 히브리어에서는 할아버지를 '싸바'라고 부른다. 그럼에도 불구하고 현재 유대인들까지도 아브라함을 '아브라함 싸바'라고 부르지 않는다. 그들은 "아브라함 아비누"라고 부른다. 그 말을 번역하면 "우리의 아버지 아브라함"이다. '아비누'에서 '압'은 아버지이고 '-이누'는 접미어로 일인칭 복수이다. 오늘날 유대인들이 아브라함을 "우리 아버지 아브라함"이라고 부르는 것을 쉽게 설명하자면 그들에게 아브라함은 수천 년 전에 살았던 과거의 인물도 아니요 현재의 인물이거나 아니면 적어도 기억에서 사라진 인물이 아니라 생생하게 기억되는 인물이라는 것을 보여준다. 그들에게 아브라함은 자신들과 동일 세대에 속하는 존재이다. 그렇지 아니하면 바로 이전 세대에 속하는 분으로 시간적으로나 공간적으로 멀리 떨어져 있는 분이 아니라 아주 가까이 계신 분으로 모시고 있음을 알 수 있다.

"아브라함 아비누"라는 말 속에는 아브라함이 자신들의 아버지로 가까이 계시기 때문에 그분의 말이라면 항상 순종하고 따라야 한다는 것을 내포하고 있다. 비록 우리가 하나님을 "하나님 아버지"라고 부를 때, 아버지도 '아버지', 아들도 '아버지', 손자도 '아버지'라고 부르는 것과는 비견할 수는 없다하더라도, 유대인들이 세대를 거쳐 오면서 아브라함을 아버지라고 부르는 것은 그가 하나님으로부터 받은 약속은, 마치 아버지가 받은 약속은 그 아들에게 직결되듯이 세대를 통하여 그 약속을 잊지 않고 그 약속이 이루어질 것을 믿고 기대하며 기다리고 있음을 보여준다 하겠다.

하나님께서 아브라함에게 하신 약속, 즉 이스라엘 백성의 출애굽 후 가나안 땅 정착을 야곱으로 미리 간접적으로 체험케 하심은 확신을 가지고 그 다음 세대인 요셉에게 이 약속을 전하도록 하시려는 하나님의 섭리였다고 말할 수 있다. 야곱이 라반의 간섭에서 벗어나 가나안 땅에 돌아온 것과 이스라엘 백성이 바로의 간섭에서 벗어나 가나안으로 돌아온 과정을 비교하면 이 사실을 더욱 실감할 수 있다. 야곱은 형 에서의 미움을 받아 가나안을 떠날 수밖에 없었다. 또 야곱과 그 아들들은 기근으로 인하여 가나안을 떠나게 되었다. 야곱은 얼마동안 라반의 환대를 받았으나 결국은 종살이 한 것이나 다를 바 없었다.

요셉 역시 형들의 미움을 받아 가나안을 떠나게 되었다. 요셉이 보디발의 집에 팔려갔을 때 비슷한 경험을 했다. 가나안 땅의 기근으로 애굽으로 이주해 간 이스라엘 백성 역시 처음에는 요셉 때문에 바로의 환대를 받았으나 전체 과정을 볼 때 그들은 애굽에서 종살이 했다. 야곱의 가나안 귀환이나 이스라엘 백성의 출애굽과 가나안 정착 역시 하나님의 간섭과 기적적인 인도하심으로 이루어진 것을 볼 수 있다.

야곱은 애굽으로 내려가기 전에 백삼십 년을 가나안에서 살았다. 야곱은 애굽의 바로에게 자신의 백삼십 년의 세월을 한마디로 "내 나그네 길의 세월이 백삼십 년이니이다 내 나이가 얼마 못 되니 우리 조상의 나그네 길의 연조에 미치지 못하나 짧고 험악한 세월 보내었나이다."라고 고백했다.^{창 47:9} 야곱은 아버지 이삭에게 두 번 축복 기도를 받은 자였다. 그러나 그가 가나안에서 보낸 백삼십 년은 그 자신의 고백대로 축복받은 자의 세월은 아닌 것처럼 보인다.

그러나 야곱이 애굽으로 건너가 산 십칠 년의 생활은 축복을 누리는 삶이라고 말할 수 있겠다. 어쩌면 야곱은 십칠 년을 축복 속에 살기 위해 백삼십 년을 준비(험악한 세월)하며 산 자라고 역설적으로 말할 수 있다. 그의 애굽 생활의 시작은 바로를 축복하는 일로 시작되었다고 말해도 과언이 아니다.^{창 47:7,10} 다음으로 요셉과 그의 두 아들들에게 축복했다.^{창 48장} 창세기 49장은 야곱이 아들들에게 축복하는 축복의 장이다. 물론 르우벤은 축복의 기회를 놓쳤고,^{창 49:3~4} 시므온과 레위는 저주를 받았다.^{창 49:5~7}

흥미로운 사실은 험악한 세월을 보낸 자가 축복의 최고봉에 위치한 것처럼 보이는 애굽의 바로를 축복하였다는 점이다. 더 흥미로운 점은 험악한 세월을 보낸 야곱이 바로를 축복할 수 있는 용기와 그렇게 말하는 자에게 축복을 받고 있는 바로를 본다는 사실이다. 이것은 야곱이 험악한 세월을 보내는 동안 그가 육적인 사람에서 영적인 사람으로 바뀌어졌기 때문이라고 생각된다. 야곱은 창세기 45장 마지막에서 요셉을 만나고자 하는 열망으로 가득한 야곱을 보게 된다. 누가 그의 열망을 막을 수 있었겠는가? 야곱은 막말로 "한다면 하는 사람이다. 그가 한다고 하면 하나님도 못 말리는 사람"이라고 말할 수 있는 자인데 말이다.

야곱의 두려움과 사명 전달식

하나님께서 야곱에게 "나는 하나님이라 네 아버지의 하나님이니 애굽으로 내려가기를 두려워하지 말라 내가 거기서 너로 큰 민족을 이루게 하리라"고 말씀하셨다.^{창 46:3} 야곱이 전혀 두려워하는 마음이 없는데, 하나님께서 전혀 두렵지 않은 야곱에게 두려워하지 말라고 하셨을까? 만일 그랬다면 "하나님, 왜 억지를 부리십니까? 내가 두려워할 일이 어디 있겠습니까? 내 아들이 애굽 총리인 줄 모르십니까? 인질로 잡혀 있는 요셉을 구하려 가는 길이 아닌 것 잘 아시지요."라고 대꾸할만한 야곱이라고 생각된다.

그렇다면 왜 야곱은 꼭 가고 싶은 그 길, 아들이 애굽 총리가 되어 아버지 야곱을 학수고대하는 그 길을 가면서 두려워하고 있는 것일까? 그 답은 야곱이 인간적으로는 가고 싶은 길을 가면서도 한편으로 하나님이 원하지 않는 길을 가고 있는 건 아닌가 하는 두려움이 그를 엄습했다고 생각된다. 하나님께서 전에 그에게 한 가나안에 대한 약속 또한 그가 가나안을 떠났다가 하나님의 기적적인 섭리로 돌아온 체험을 생각해 본다면 이러한 해석을 할 수 있다. 여기에서 우리는 정말 야곱에서 이스라엘로 바뀐 삶의 태도로써 애굽을 향하여 떠나가고 있는 야곱을 볼 수 있다. 야곱이 애굽으로 가는 길은 하나님을 경외함에서 나오는 두려움 가운데 가는 길이다. 그는 영적인 사람이 되어 하나님을 경외함을 가지고 애굽을 향하여 가나안을 떠나는 것이었다.

하나님을 경외함에서 나오는 두려움 가운데 있는 그에게 사명이 주어졌다. 하나님께서 야곱에게 주신 사명은 "나는 하나님이라 네 아버지의 하나님이니 애굽으로 내려가기를 두려워하지 말라 내가 거기서 너로 큰 민족을 이루게 하리라 내가 너와 함께 애굽으로 내려가겠고 반드시 너를 인도하여 다시 올라올 것이며 요셉이 그의 손으로 네 눈을 감기리라."라는 것이었다. 그가 가는 길은 그 동안 험악한 세월을 보낸 결과에 대한 보상의 길이 아니다. 다른 사람들을 축복이나 해 주고 축복 속에 여생을 마치도록 하기 위해 허락된 길도 아니다. 그가 가는 길은 하나님께서 미리부터 준비하신 사명의 길이었다. 그러기에 야곱은 하나님께서 자기에 준 사명을 마치기 전에는 죽을 수 없는 인생이다. 아니 아무도 하나님의 허락 없이는 그를 죽일 수도 없다.

야곱은 어떤 사명이 주어져도 그 사명이 자신이 경외하는 하나님께서 주신 사명이라는 사실을 자각하고 그 사명을 완수하는 일에 최선을 다할 수 있도록 준비가 되어 애굽을 향하여 떠나는 것이다. 이 준비를 야곱 자신이 한 것이 아니라 하나님이 야곱을 준비시켜서 그로 하여금 그 길을 향하여 가도록 하는 것이다. 사명자의 가는 길이 어려운 것은 그 길이 고난의 길 때문만은 아니다. 어느 때는 고난보다도 세상의 유혹이 사명자의 가는 길을 막는 때도 있다. 야곱이 가야 할 사명의 길은 어쩌면 후자의 경우라고 생각된다.

야곱이 자신의 눈으로 직접 본 애굽 땅은 물이 많아서 걱정이지 물이 없어 걱정할 그런 땅이 아니었다. 야곱은 만일 자신이 하나님께서 주신 사명을 자손들의 미래를 위해 그들에게 말하지 않고 혼자 독약을 삼키듯이 꿀꺽 삼켜버리면 자손들은 가나안에 돌아갈 일 없이 물이 풍부한 애굽 땅에서 자손만대 물질적으로는 아무 걱정 없이 살 수 있을 것처럼 생각할 수도 있었을 것이다.

그러나 야곱이 보낸 험악한 세월은 그를 롯과 같은 육신의 눈만 가진 육의 사람이 아닌 영의 눈과 귀를 자진 존재로 바꾸어 놓았다. 애굽의 그 어떤 것도 그의 사명의 길을 막지는 못했다. 그는 죽을 기한이 가까이 왔을 때 요셉을 불러 "내가 네게 은혜를 입었거든 청하노니 네 손을 내 허벅지 아래에 넣고 인애와 성실함으로 내게 행하여 애굽에 나를 장사하지 아니하도록 하라 내가 조상들과 함께 눕거든 너는 나를 애굽에서 매어다가 조상의 묘지에 장사하라"고 부탁했다.^{창 47:29~30} 야곱은 요셉에게서 자신이 부탁한 대로 하겠다는 확답을 받았다.^{창 47:30} 야곱은 우선 요셉에게 전하여야 할 사명 전달식의 전편은 거기에서 멈췄다. 이번에는 야곱이 요셉을 부른 것이 아니라 요셉이 아버지 야곱이 병들어 정말 죽게 되었다는 소식을 듣고 야곱의 손자들을 데리고 아버지 야곱을 찾아온 것이다.

요셉이 자식들과 함께 야곱을 찾아왔을 때, 손자들이 보는 앞에서 야곱은 요셉에게 사명 전달식 후편을 거행했다. 그 순서는 먼저 조심스럽게 과거 자신이 형 에서를 피해 도망가다가 받았던 하나님의 축복 약속, 그 일부가 이미 성취된 하나님의 축복 약속을 먼저 꺼내 놓았다. "이전에 가나안 땅 루스에서 전능하신 하나님이 내게 나타나사 복을 주시며 내게 이르시되 내가 너로 생육하고 번성하게 하여 네게서 많은 백성이 나게 하고 내가 이 땅을 네 후손에게 주어 영원한 소유가 되게 하리라 하셨느니라."창 48:3~4 그런 후에 야곱은 요셉을 축복하고 이어서 손자 에브라임과 므낫세를 거창하게 정성을 기우려 축복했다.창 48:15~20 다시 두 손자가 보는 앞에서 손자들과 함께 요셉에게 사명 전달식 후편의 핵심부분을 진행했다. 야곱은 "나는 죽으나 하나님이 너희(복수)와 함께 계시사 너희(복수)를 인도하여 너희(복수) 조상의 땅으로 돌아가게 하"실 것이라고 자신이 받은 사명을 요셉과 그 손자들에게 전달했다.창 48:21 야곱은 사명 전달식을 마친 후 자손들을 축복하고 자신의 험악한 세월의 삶을 마쳤다.

앞서 보냄을 받은 자

지금까지는 야곱의 조연으로 나오는 요셉의 행적을 살펴보았다. 이제 요셉이 자신의 삶에 대하여 어떻게 말하는지를 본서의 주제에 맞추어 살펴보도록 하겠다.

요셉에 대한 탐구는 창세기 37장에 기록된 그가 어린 시절 가나안에서 살 때 꾼 꿈 이야기로부터 시작하려고 한다. 그의 꿈 이야기와 형들의 잘못을 아버지에게 알린 사실과 관련시켜 종종 요셉은 교만하고 또 고자질 잘 하는 나쁜 성격을 소유한 아이로 잘못 해석되곤 한다. 요셉은 그런 아이가 아니었다는 것을 몇 가지로 반론할 수 있다. 이러한 반론은 반론을 위한 반론이 아니라 우리의 주제와 상관이 있기 때문이다. 그가 그 꿈을 꾼 시점은 그의 나이 17세였다. 그 정도의 나이라면 그는 사리를 분별할 줄 아는 나이임이 틀림없다. 그런데 그는 형들이 싫어하는 줄 뻔히 알면서도 첫 번째 꿈은 그렇다 치더라도 두 번째 꿈마저 듣기 싫어할 뿐 아니라 미움을 살 수 밖에 없는 것을 알면서도, 오늘날로 말한다면 소위 왕따가 될 줄 알면서도, 형들에게 말한 것을 볼 수 있다.창 37:8~9 그는 형들뿐 아니라 아버지에게도 말씀드렸다. 결과는 칭찬보다는 꾸중을 듣게 된 것이다. 물론 아버지는 그 말을 마음에 두었다.창 37:10~11

이것은 요셉이 자신이 꾼 꿈에 대한 확신을 갖고 있었다는 강한 증거이라고 생각된다. 꿈이란 항상 자신이 생각하고 꿈꾸던 것이 수면 중에 꿈으로 나타나는 것이 아니다. 어느 때는 자신이 전혀 생각지도 못했던 것이 꿈속에서 벌어지는 것을 경험할 수 있다. 요셉은 비슷한 내용의 꿈을 두 번씩이나 꾸면서 그 꿈이 하나님께서 주신 꿈으로 확신하게 되었고 마침내는 그 자신의 비전(꿈)으로 바꾸어졌다고 생각된다. 왜 열두 아들 중에 요셉에게 그런 꿈을 꾸게 하셨을까? 그것은 하나님의 주권에 달린 것이기에 우리가 왈가왈부할 문제라고 말한다면 할 말은 없다.

성경은 요셉에 대하여 첫 번째로 소개하는 것은 그가 형들의 과실을 아버지 야곱에 알린 것을 말하고 있다. 그 때 요셉의 나이는 17세였다. 이미 위에서 언급한 대로 그는 형들의 과실을 아버지에게 알릴 경우 형들에게 미움을 산다는 것을 알 수 있는 나이다. 이 점을 인정한다면 요셉은 고자질 잘하는 아이라기보다는 불의와 타협하지 않고 바르게 살고자 하는 의지가 있는 아이였다고 말할 수 있다. 바로 여기에 야곱이 요셉을 다른 아들들보다 사랑하는 중요한 이유가 있다고 생각한다.

물론 성경은 야곱이 요셉을 사랑하는 이유가 "요셉은 노년에 얻은 아들이므로 이스라엘이 여러 아들들보다 그를 더 사랑하므로 그를 위하여 채색옷을 지었더니"라고 말한다. 이 사실을 부인하는 것은 아니다. 그러나 베냐민이 요셉보다 더 노년에 낳은 아들임을 감안한다면, 야곱이 요셉을 사랑한 이유가 요셉이 노년에 얻은 아들이요 또한 라헬에게서 낳은 아들 때문만은 아닌 것이 분명하다. 이 점을 뒷받침할 수 있는 사건이 또 하나 있다. 그것은 그가 아버지의 명을 받들어 형들을 찾아 세겜까지만 간 것이 아니었다. 요셉이 형들을 찾아간 길은 악한 짐승에 찢겨 죽은 것 같다는 형들의 말에 야곱이 속을 정도로 험한 길이었음에도 불구하고 또한 형들이 자기를 미워한다는 것을 알고 있음에도 불구하고 세겜에서 가던 길을 멈추고 되돌아가지 않고 도단까지 아버지의 심부름, 즉 형들의 안부를 아버지에게 알리기 위하여 형들을 찾아간 것을 볼 수 있다.

물론 요셉이 이런 성격의 소유자가 되게 한 것도 하나님이시다. 그러나 주목되는 바는 하나님께서 주신 비전은 요셉으로 아무 고민도 없이 그 비전의 길을 가게 하신 것은 아니었다. 형님들에 의하여 애굽으로 팔려갈 때, 그는 그 길이 자신의 꿈이 이루어지는 길임을 알고 당당히 그 길을 간 것이 아니었다. 이 사실은 가나안에 기근이 들어 양식을 구하기 위하여 애굽으로 간 형들의 고백을 통하여 알 수 있다. 형들은 자신들을 심문하는 자가 요셉인 줄 모르고 "서로 말하되 우리가 아우의 일로 말미암아 범죄하였도다 그가 우리에게 애걸할 때에 그 마음의 괴로움을 보고도 듣지 아니하였으므로 이 괴로움이 우리에게 임하도다."고 아퍼했다.^{창 42:21} 이처럼 하나님께서 주신 꿈이라 할지라도, 하나님께서 주신 꿈이라면 어떻게 이런 일을 당할 수 있을까 하고 의심할 수밖에 없을 만큼 극심한 역경과 고난의 처지를 당하는 경우가 있다. 그럼에도 불구하고, 하나님의 섭리 가운데 그 꿈은 결국 이루어져야 했다.

요셉은 자신을 애굽에 팔아넘긴 형들에게 "당신들이 나를 이곳에 팔았다고 근심하지 마소서 한탄하지 마소서 하나님이 생명을 구원하시려고 나를 당신들 먼저 보내셨나이다."고 말했다.^{창 45:5} 형들에게 애굽으로 팔려 가지 않기 위하여 애걸하던 요셉이 당당히 하나님께서 나를 앞서 보냈다고 말하기까지 요셉의 마음이 어떤 과정을 거쳤는지 알 수는 없다. 그러나 추론되는 것은 애굽으로 팔려갈 때부터 그런 생각을 갖지는 않았을 것이다. 어쩌면 어느 시점까지는 복수의 칼날을 갈았을지도 모른다. 그러나 요셉의 이 고백은 어쩌든지 하나님께서 야곱의 자손들의 생명을 구원하시려고 모든 것이 합력하여 선을 이루게 하셨다고 그가 확신한 것으로 보여 준다.

요셉이 죽음의 문턱에서 그 형제들에게 "나는 죽을 것이나 하나님이 당신들을 돌보시고 당신들을 이 땅에서 인도하여 내사 아브라함과 이삭과 야곱에게 맹세하신 땅에 이르게 하시리라 … 하나님이 반드시 당신들을 돌보시리니 당신들은 여기서 내 해골을 메고 올라가겠다 하라" 한 말을 통하여 그의 일생은 하나님께서 그의 조부 아브라함과 약속하신 언약의 성취를 이루는 과정 속에 일어난 일임을 확신하고 있음을 알 수 있다. 요셉의 이러한 확신은 야곱으로부터 사명을 전달받은 결과임이 틀림없다.

꼭 돌아가야 할 가나안 땅

야곱은 요셉에게 사명을 전달했다. 동시에 그 사명이 완수될 때 요셉과 그 자손들에게 주어진 축복이 무엇인가를 알려 주었다. 그것은 야곱이 요셉에게 다른 형제들보다 더 많은 땅을 주었다는 점이다.^{창 48:22} 야곱이 가나안 땅 전부를 요셉에게 준다고 해도 요셉에게 양이 차겠는가? 요셉에게 가나안 땅은 그리움과 동경의 땅이 아니라 아픔과 고통을 기억나게 하는 땅일 수 있다. 가나안 땅은 요셉이 영원히 잊고 싶은 땅일 수도 있다. 그러나 하나님께서 야곱을 험악한 세월을 지내는 동안 영의 사람으로 만드는 작업을 하셨듯이 하나님의 약속을 전수받아 그 약속을 전달하는 사명을 받은 요셉 역시도 받은 사명을 완수할 수 있는 영의 사람으로 미리 바꾸어 놓으셨다.

애굽 총리가 된 요셉에게 더 바랄 것이 무엇이 있었겠는가? 그런데 요셉은 아버지 야곱으로 말미암아 가나안 땅을 향한 소망의 사람이 되었다. 그뿐 아니라 자기 형제들과 다음 세대에게 소망을 심어주는 자가 되었다. 인생의 최고의 축복은 무엇일까? 죽음 앞에서라도 소망으로 심장이 고동치는 것이라는 생각이 든다. 죽음의 자리가 다음 세대에게 소망을 심어주는 약속 전달식장이 될 수 있다면 그 이상 축복된 삶이 어디 있겠는가? 요셉은 바로 그런 자가 되었다. 죽음의 문턱에서 소망이 넘치는 가운데 요셉은 하나님의 약속을 전달했다. 그는 소망 가운데 그러나 엄숙하게 "나는 죽을 것이나 하나님이 당신들을 돌보시고 당신들을 이 땅에서 인도하여 내사 아브라함과 이삭과 야곱에게 맹세하신 땅에 이르게 하시리라"^{창 50:24}고 말했다. 그의 부탁은 여기에서 끝난 것이 아니다. 하나님의 약속을 자신의 죽음 오랜 이후와도 연결시켰다. 마치 서약서를 쓰고 맨 밑에 서명하고 도장이라도 찍으라는 듯이 이스라엘 자손에게 맹세시키면서 "하나님이 반드시 당신들을 돌보시리니 당신들은 여기서 내 해골을 메고 올라가겠다 하라"고 말했다.

요셉이 자신의 해골에 대한 조치는 분명 한 세대에서 그 다음 세대로 아브라함으로부터 시작된 하나님의 약속이 성취될 때까지 잊지 말고 전수하고 그것을 소망 중에 바라보도록 하기 위한 의도였다고 말할 수 있다. 요셉의 부탁대로 모세는 요셉의 해골을 메고 홍해를 건넜고 그의 해골은 세겜 땅에 묻히게 되었다. 따라서 요셉이 맹세시켜 부탁한 내용이 세대를 거쳐 출애굽 할 때까지 전해졌음을 알 수 있다.출 13:19 요셉의 무덤은 애굽에서 종살이 하는 이스라엘 백성이 하나님의 약속의 말씀에 근거하여 열두 지파가 하나로 결속하는 역할을 감당했다고 생각된다. 또한 애굽의 총리였던 요셉의 무덤이 애굽에 있다는 사실은 애굽에서 종살이 하는 다음 세대 이스라엘 백성에게는 위로와 힘이 되었을 것이다. 또한 애굽 왕 바로에게서 이스라엘 백성을 보호하는 방패가 되었을 것이다. 이런 관점에서 볼 때 요셉의 부탁은 자신을 위한 것이라기보다 하나님의 약속을 성취하여 나아갈 다음 세대에 대한 놀라운 배려라고 생각된다.

야곱과 요셉의 관계를 정리하기 전에 요셉의 무덤과 관련하여 주목되는 점이 있다. 요셉의 해골은 그의 조부들이 묻힌 헤브론 막벨라 굴에 안치되지 않았다. 그의 무덤이 현재 팔레스타인 자치정부의 통치 하에 있는 세겜 땅에 있다. 그곳에 가 보면 이스라엘 군인들이 그 무덤 주위를 지키고 있는 것을 볼 수 있다. 이 사실을 어떻게 이해할 수 있을까? 이미 앞에서도 언급한 바대로 요셉은 이스라엘 자손들에게 소망을 심어주는 소망의 사람이었다. 요셉의 일생은 미래에 이루어질 일을 위해 하나님께서 미리 준비하는 일에 사용된 삶을 살도록 하셨다. 요셉의 형들은 자신들 앞에 서 있는 애굽 총리가 자기들이 판 요셉인 것을 알고 두려워 할 때 "당신들이 나를 이 곳에 팔았다고 근심하지 마소서 한탄하지 마소서 하나님이 생명을 구원하시려고 나를 당신들보다 먼저 앞서 보내셨나이다"라고 했다.창 45:5

또한 요셉은 자신만을 위해 산 자가 아니었다. 형제들과 그들의 자손들을 위해서도 산 자이었다. 그는 아버지 야곱을 장사지낸 후 두려워하는 형들에게 "당신들은 나를 해하려 하였으나 하나님은 그것을 선으로 바꾸사 오늘과 같이 많은 백성의 생명을 구원하게 하시려 하셨나니 당신들은 두려워하지 마소서 내가 당신들과 당신들의 자녀들을 기르리이다 하고 그들을 간곡한 말로 위로하였더라"창 50:20~21고 했다. 요셉의 무덤이 세겜에 있는 것을 보면서 요셉은 해골로서도 오늘에 이르기까지 유대인들에게 가나안 땅 전부는 하나님께서 그들에게 준 땅이라는 소망을 심어주는 역할을 하고 있다고 이해한다면 너무 지나친 확대 해석일까?

사실 요셉의 무덤이 있는 세겜은 아브라함이 가나안 땅에 들어와 처음 여호와를 위하여 단을 쌓은 곳이었다.창 12:5~7 또한 야곱이 밧단아람에서 가나안 땅 세겜에 이르러 장막을 치고 그 땅을 은 일백 개로 사고 난 후 거기 단을 쌓고 그 이름을 '엘엘로헤이스라엘'이라고 하였다.창 33:18~20 이와 관련하여 주목할 바는 야곱이 구입했을 뿐 아니라 특별히 요셉의 무덤이 있는 세겜 땅은 유대인들로서는 포기할 수 없는 땅임이 분명하다. 더욱이 흥미로운 것은 여호수아가 열두 지파에게 땅을 분배하면서 세겜 땅을 요셉의 아들 므낫세 지파에게 분배한 점이다.수 17:7 그러므로 므낫세 지파는 세겜에 살면서 요셉의 무덤을 잘 보존하여 대대로 지켰음은 자명하다. 요셉의 무덤이 있는 세겜 땅이 하나님께서 그들에게 준 땅으로 반드시 그들이 지켜야 할 땅이기에 오늘도 그 땅을 목숨 걸고 지키고 있다고 생각된다.

결국 야곱은 요셉에게 하나님의 약속을 전하고 자손들을 축복한 후 죽어 가나안 땅에 묻힌다. 야곱의 이름은 "아브라함과 이삭과 야곱에게 세운 그의 언약",출 2:24 "아브라함의 하나님, 이삭의 하나님, 야곱의 하나님",출 3:15 "아브라함과 이삭과 야곱에게 전능의 하나님"출 6:3이라는 표현들에서 볼 수 있다. "요셉의 하나님" 혹은 "요셉에게 세운 언약"이라는 표현은 없다. 물론 요셉은 놀라운 일을 수행했다. 그러나 그의 역할은 주연의 역할이 아니라 조연의 역할이다. 그 근거는 무엇인가? 그 근거는 하나님으로부터 직접 약속을 받았느냐 그렇지 아니하느냐에 있다. 요셉의 일생은 야곱의 족보이다. 그렇다면 야곱의 족보는 누구의 일생까지 포함할까? 야곱의 족보는 이삭의 일생까지이다. 이런 식으로 거슬러 올라가면 창세기 아니 모든 성경은 하나님의 족보라고 할 수 있다. 하나님은 각각의 모든 세대마다 특별한 사람을 선택하여 조상에게 주신 동일한 약속을 더 구체화하여 그 다음 세대에게로 이어가심을 볼 수 있다. 달리 말한다면 하나님께서 요셉에게 직접 약속하지 않으셨다. 야곱과 요셉의 관계를 이런 맥락에서 이해할 수 있겠다.

이제 남은 일은 요셉이 자신의 해골로써 맹세시킨 이스라엘 백성의 가나안 땅으로의 귀환이다. 다음 장에서는 요셉의 다음 세대들이 가나안 땅으로 귀환할 때에 요셉의 해골을 메고 귀환하는가와 하나님께서 아브라함에게 약속하신 언약, 즉 그의 자손이 큰 재물을 가지고 귀환하는 부흥의 역사를 어떻게 이루어 가시는가를 이스라엘 백성이 출애굽 한 후 하나님께서 그들과 시내산에서 맺은 옛 언약을 고찰하는 것과 함께 다루도록 하겠다.

언약에 근거한 부흥

"예수님의 십자가 사건은 하나님께서 구약을 통하여 약속하신 언약의 내용을 성취하신 사건이므로 이 일을 통하여 하나님께서 자신의 의로우심을 나타내신 것이다."

창세기는 요셉이 아버지 야곱에게서 물려받은 하나님의 약속, 즉 가나안으로 돌아가게 하시겠다는 하나님의 약속에 대하여 죽음의 문턱을 현장 교육장으로 삼아 형제들과 자손들에게 극적으로 맹세시키는 사실을 기록함으로써 끝을 맺는다. 그것은 그 자손들이 출애굽 할 때 요셉의 해골을 애굽에서 메고 가나안 땅으로 올라가겠다는 것이다.^{창 50:24~25} 출애굽기 1장은 하나님께서 아브라함에게 약속하신 대로 애굽에 간 이스라엘 백성이 장대하여짐과 그로 인한 핍박과 고난을 기록하고 있다. 출애굽기 2장은 이스라엘 백성들이 고난 중에 부르짖을 때 하나님은 그들의 부르짖음을 들으시고 찾아오셔서 그 언약을 이루시는 일을 시작하셨다. 먼저 요셉에게 한 약속은 결국 그의 후손인 이스라엘 백성들이 출애굽할 때에 모세가 요셉의 해골을 취하여 애굽에서 가지고 나옴으로 성취되었음을 밝힌다.^{출 13:19} 그러나 보다 중요한 것은 하나님께서 아브라함에게 하신 약속의 성취이다.

하나님은 아브라함 자손으로 큰 민족을 이루게 하시겠다고 약속하신 대로 큰 민족을 이루게 하여 출애굽을 시키셨다. 하나님은 시내산에서 자신을 이스라엘 백성의 하나님이 되게 하시고 그들은 하나님의 언약 백성으로 삼는 언약을 맺으신다. 이스라엘은 하나님의 언약 백성이 되어 하나님이 다스리시는 신정 국가의 언약 백성이 되었다. 이 언약은 하나님께서 모세를 이스라엘 백성의 대표로 하여 시내산에서 세운 언약을 말한다.

6_ 시내산에서 맺은 언약

출애굽기 1장 초두는 가나안 땅에서 야곱과 함께 애굽으로 이주한 열한 아들과 애굽에 이미 있는 요셉의 이름을 거명하고 야곱의 자손이 70인이었다고 밝힌다. 출애굽기 저자인 모세는 바로 이어서 "이스라엘 자손은 생육하고 불어나 번성하고 매우 강하여 온 땅(애굽 고센 땅)에 가득하게 되었더라"고 기록하였다.^{출 1:7} 이와 같은 모세의 기록은 본서의 주제인 부흥과 관련하여 하나님께서 아브라함에게 하신 약속의 성취임을 알 수 있다.^{창 11:30}

아브라함의 아내 사래는 임신하지 못함으로 자식이 없었다. 이삭은 리브가와 결혼한 지 19년이 지나도록 자식이 없었다.^{창 25:26} 이삭은 아내가 임신하지 못하므로 여호와께 간구하므로 "여호와께서 그의 간구를 들으셨으므로 그 아내 리브가가 임심하였"다.^{창 25:21} 야곱에게 자식을 낳게 한 것은 그의 아내 레아가 야곱에게 사랑을 받지 못하는 것(총이 없는 것)을 보고 하나님께서 레아의 태를 여심이 가능하였다. 언니 레아가 아들을 낳았다는 말을 듣고 라헬이 투기하여 야곱에게 "내게 자식을 낳게 하라 그렇지 아니하면 내가 죽겠노라"고 막말을 했을 때,^{창 30:1} 야곱은 그래 언니도 낳았으니 우리 한번 해보자고 하지 않았다. 그 대신 야곱이 라헬에게 노를 발하면서 "그대를 임신하지 못하게 하시는 이는 하나님이시니 내가 하나님을 대신하겠느냐"고 대꾸하였다.^{창 30:2}

결국 라헬도 아들을 낳았다. 그러나 라헬은 자신의 힘으로 낳은 것이 아니다. 하나님이 라헬을 생각하고 그를 들으시고(라헬의 기도) 태를 여셨기 때문이다. 라헬은 아들을 낳고 "하나님이 내 부끄러움을 씻으셨다"고 고백하면서 그의 이름을 '요셉'이라고 지었다.^{창 30:23~24} 동시에 "여호와는 다시 다른 아들을 내게 더하시기를 원하노라"고 기원하였다.^{창 30:24} 삼대째 임신하지 못하여 후대가 끊어질 뻔한 집안, 임신은 하였으나 출산이 심히 어려웠던 집안^{창 25:22,26} 그리고 자식을 낳다가 산모가 죽는 집안^{창 35:16~19}이었다. 그러나 그들이 애굽에 이주한 후 세대를 거치면서 번창해진 열두 지파는 한 큰 민족을 이루게 되었다. 애굽 왕조차 그들이 애굽 사람들보다 많고 강하게 비쳐 그에게 두려움이 될 정도로 큰 민족을 이루게 된 것은 분명 하나님께 아브라함에게 약속하신 대로 그의 집안을 세대를 이어가면서 부흥시킨 결과임이 틀림없다.

너희 하나님과 내 백성

하나님께서 모세에게 "그러므로 이스라엘 자손에게 말하기를 나는 여호와라 내가 애굽 사람의 무거운 짐 밑에서 너희를 **빼내며** 그들의 노역에서 너희를 건지며 편 팔과 큰 심판들로써 너희를 속량하여 너희로 내 백성을 삼고 나는 너희의 하나님이 되리니 나는 애굽 사람의 무거운 짐 밑에서 너희를 **빼낸** 너희 하나님 여호와인줄 너희가 알지라 내가 아브라함과 이삭과 야곱에게 주기로 맹세한 땅으로 너희를 인도하고 그 땅을 너희에게 주어 기업을 삼게 하리라 나는 여호와라 하셨다 하라'고 명하셨다.출 6:6~8 이 사실이 보여주는 바는 하나님의 백성이 되는 근거가 사람의 행위에 있는 것이 아니라 전적으로 하나님의 주권적인 사랑과 은혜로 말미암아 된 것임을 보여준다.

여기에서 주목해야 할 중요한 점은 하나님께서 이스라엘 백성을 출애굽 시키시고 그들의 하나님이 되시고 그들은 하나님의 백성이 되게 하심은 아브라함과 이삭과 야곱과 맺은 언약에 근거한 것이다. 이 관계는 출애굽기 2:23~25에 잘 명시되어 있다. 이스라엘 백성의 출애굽 배경은 아브라함과 이삭과 야곱과 맺은 언약이라는 점이다. 또한 주목되는 바는 각각의 언약이 아니라 한 언약이라는 사실이다. 이 사실이 말하는 것은 하나님께서 아브라함과 맺은 동일한 언약을 다음 세대를 통하여 점점 구체화시키고 확대시켜 가셨다는 점이다.

애굽에 건너간 이스라엘 백성은 하나님께 부르짖을 필요가 없을 만큼 번성하였다. 아브라함 후손인 이스라엘 백성이 애굽 종살이 기간인 사백여 년 동안에도 하나님께서는 아브라함과 맺은 언약을 잊지 않으셨을 뿐 아니라 그 언약을 이루어가고 계셨음을 볼 수 있다. 그 근거를 출애굽기 1:7에서 찾을 수 있다. 종살이 중에도 그들은 "생육하고 불어나 번성하고 매우 강하여 온 땅(애굽 고센 땅)에 가득하게" 되었다. 그러므로 아브라함의 후손이 이제 한 가계를 벗어나 큰 민족을 이루게 되었다. 이스라엘 백성이 가나안으로 돌아갈 하나님의 약속의 때가 다가옴에도 불구하고 그들은 약속의 성취를 위하여 하나님께 간구하지 않았다. 결국 요셉을 알지 못하는 왕(조)이 일어나서 이스라엘 백성을 박해함으로 그 고역으로 말미암아 그들의 조상 아브라함과 맺은 언약을 기억하여 하나님께 부르짖었던 것이다.

요약하여 말한다면 언약을 맺으신 하나님은 그 언약을 기억하시는 하나님이시다. 언약을 기억하시는 하나님은 그 언약의 내용을 이루시기 위하여 준비하시는 하나님이시다. 언약을 이루실 준비가 완료되면 고난을 통하여 언약 백성으로 그 언약을 기억나게 하시는 하나님이시다. 언약을 기억나게 하시는 하나님은 언약 백성으로 고난 중에 언약을 기억하고 언약을 이루어 주실 것을 구하게 하시는 하나님이시다. 언약을 이루어 주실 것을 구하게 하신 하나님은 그 언약을 이루시기 위하여 그의 백성에게 찾아오시는 하나님이시다.출 2:23~25 하나님께서는 아브라함과 맺은 언약에 근거하여, 큰 민족을 이룬 이스라엘과 아브라함과 맺은 언약을 새롭게 하실 필요가 있었다. 하나님께서는 큰 민족을 이룬 이스라엘을 통하여 신정국(神政國)을 설립하시려고 모세를 대표삼아 언약을 맺으시고, 신정국에 합당한 율법을 주셨다.

하나님께서 아브라함과 언약을 맺으실 때 강조하신 것은 이 언약이 아브라함과만 관계된 것이 아니라 아브라함의 대대 후손과도 관계된다는 점이다.창 17:7 어쩌면 이 언약은 아브라함을 위한 언약이라기보다는 그 자손들을 위한 언약이라고 말할 수 있다. 하나님의 관심은 아브라함에게 국한된 것이 아니다. 오히려 그 자손에게 더 큰 관심을 가지고 계심을 본다. 아브람이 롯과 결별할 때도 하나님께서 아직 자식도 없는 아브람에게

"너는 눈을 들어 너 있는 곳에서 동서남북을 바라보라 보이는 땅을 내가 너와 네 자손에게 주리니 영원히 이르리라 내가 네 자손으로 땅의 티끌 같게 하리니 사람이 땅의 티끌을 능히 셀 수 있다면 네 자손도 세리라"고 하셨다.창 13:14~15 언약의 하나님께서 말씀하시는 '너' 속에는 항상 그 후손이 포함되었다. 성경의 표현을 빌려 말한다면 아브라함이 멜기세덱에게 십일조를 드릴 때 레위가 그의 허리에 있었던 것같이 하나님께서 아브라함과 언약을 맺으실 때 그의 자손은 그의 허리에 있었다. 하나님께서 모세와 옛 언약을 맺으실 때도 마찬가지다.

그러기에 하나님께서 모세를 통하여 아론에게 명령한 규례는 "그(아론)와 그의 자손이 대대로 영원히 지킬 규례"인 것이다.출 30:21 여기에서 우리는 "그와 그 자손", "너와 네 자손"이라는 표현을 통하여 하나님의 언약 백성은 조상과 그 후손들 사이에 떼래야 뗄 수 없는 관계가 맺어져 있음을 알 수 있다. 하나님의 언약 백성이 그 조상에게 주신 언약 규례들을 잘 지켜나가면 천대에 이르기까지 크게 번성하는 축복을 받는다. 그러나 하나님의 언약을 어기면 하나님으로부터 저주가 임할 것을 신명기 28장 이하에서 분명히 말하고 있다. 그 결국은 하나님을 알지 못하는 이방에게 포로로 잡혀 갈 것을 말한다. 그러나 언약 백성이 죄를 회개할 경우에는 포로로 잡혀 간 곳에서 다시 돌아올 것을 말한다. 우리는 에스라서에서 바벨론 포로에서 풀려 예루살렘으로 돌아온 자들이 조상과 자신들의 죄를 회개하는 모습을 보게 된다. 그러면서 하나님과 조상들 사이에 맺은 옛 언약이 계속 되는 것을 말한다.

하나님께서 이스라엘과 자신의 관계를 아버지와 아들의 관계로 말하고 있다.출 4:23~24 아버지와 아들의 관계는 "이스라엘은 내 아들 내 장자"라는 말로 잘 표현되었다.출 4:22~24 이스라엘의 아들 됨은 시민권을 획득함으로 얻어진 것도 아니요, 어떤 선생의 제자가 됨으로 얻은 것도 아니다. 이 관계는 언약에 근거하여 피로 말미암아 이루어진 관계이다.출 4:25; 13:14~15 이것은 이스라엘 백성이 하나님을 가장으로 하는 한 가정의 식구가 되었다는 의미가 들어 있다.

따라서 아들 된 자는 아버지의 속성을 사모하고 동경해야 된다. 이스라엘이 하나님 자녀 중에 장자 됨은 순서에서 먼저요, 그들이 받아 누린 특권에서 그러하다.참조 롬 3:1~2; 9:4 '장자'라는 말 속에는 그 장자 이후에 낳을 아들인 또 다른 언약 백성이 있다는 것을 내포하고 있다. 여기에서 또 다른 언약 백성은 새 언약 백성을 유추할 수 있다. 예레미야 31:32에서는 "이 언약(새 언약)은 내가 그들의 조상들의 손을 잡고 애굽 땅에서 인도하여 내던 날에 맺은 것과 같지 아니할 것은 내가 그들의 남편이 되었어도 그들이 내 언약을 깨뜨렸음이니라"고 하였다. 하나님과 이스라엘의 관계가 남편과 아내의 관계로 말할 수 있는 것은 하나님께서 이스라엘 백성 중에 거하시기 위하여 언약을 맺으셨다는 말씀과 연관하여 생각할 수 있다.출 29:45~46 하나님께서 그들 중에 영원히 거하기 위하여 "아브라함과 이삭과 야곱에게 맹세한 땅을 그들에게 주어 기업을 삼게 하는 것"이 약속의 내용에 들어 있다.출 6:7~8

모세는 신명기에서 하나님께서 이스라엘을 하나님의 언약 백성의 장자로 삼으심의 이유를 제시한다. 그것은 "너는 여호와 네 하나님의 성민이라 네 하나님 여호와께서 지상 만민 중에 너를 자기 기업의 백성으로 택하셨나니 여호와께서 너희를 기뻐하시고 너희를 택하심은 너희가 다른 민족보다 수효가 많기 때문이 아니라 너희는 오히려 모든 민족 중에 가장

적으니라"고 하신 말씀에서 볼 수 있다.^{신 7:6~7} 하나님의 백성이 되는 근거는 한마디로 하나님의 주권적 선택이다. 하나님께서 모든 민족 중에 가장 적은 이스라엘 민족을 택하심은 이스라엘 민족이 하나님의 약속과 언약에 근거하여 세대를 이어가면서 큰 민족으로 부흥되어 감을 보여주기 위한 의도임을 알 수 있다.

한 민족은 거슬러 올라가면 한 남자와 한 여자가 합하여 가정을 이룸으로부터 시작된다. 자식이 하나 있는 자보다 하나도 없는 자가 더 작은 자이다. 아직은 없어도 나중에는 자식을 가질 수 있는 자보다 영원히 자식을 가질 수 없는 자가 더 작은 자이다. 모든 민족 중에 가장 작다는 말은 극단적으로 말한다면 민족을 이룰 수 없는 자를 통하여 민족을 이루셨다는 것을 의미한다고 할 수 있다. 바로 아브라함과 사라가 그런 자들이었다. 이런 자들을 하나님께서 선택하시어 하나님의 언약 백성인 이스라엘 민족이 되게 하셨다.

하나님께서 있는 자가 아닌, 없는 자에게 있게 하시겠다고 하실 때 그것을 믿고 순종하는 자를 택하여 자기 백성을 삼으시고 그 백성을 통하여 하나님의 전능하심과 자비와 긍휼을 만방에 선포하신다. 바로 아브라함이 그 대표적인 사람이었다. 그러기에 그는 많은 민족의 조상이 되었다. 바울은 이 아브라함에 대하여 "내가 너를 많은 민족의 조상으로 세웠다 하심과 같으니 그의 믿음 바 하나님은 죽은 자를 살리시며 없는 것을 있는 것같이 부르시는 이시니라"고 한다. 하나님께서 "너희를 속량하여 너희로 내 백성을 삼고 나는 너희의 하나님이 되리니"라는 말씀을 하시기 전에 "나는 여호와라 내가 애굽 사람의 무거운 짐 밑에서 너희를 빼내며 그들의 노역에서 너희를 건지며 편 팔과 큰 심판들로써 애굽 사람의 무거운 짐 밑에서 너희를 빼낸 너희 하나님 여호와인줄 너희가 알지라"고 말씀하셨다. 이 구절은 언약 공식(나는 너희 하나님 너희는 내 백성)이 언급될 때마다 그 전과 후에 거의 틀림없이 나타난다. 이 사실이 보여주는 바는 하나님의 백성이 되는 근거는 사람의 행위에 있는 것이 아니라 전적을 하나님의 주권적 사랑과 은혜로 말미암아 된 것임을 보여준다.

율법

만일 하나님께서 이스라엘을 선택하심이 사람의 행위에 근거한 것이 아니라면 율법을 주신 이유는 무엇이며, 왜 하나님의 규례를 행하면 살 것이라고 말씀하셨는가라는 의문을 제기할 수 있겠다. 우선 결론부터 말한다면 하나님께서 이스라엘 백성이 큰 민족이 되는 것만을 원하심이 아니라 하나님의 언약백성으로 언약백성답게 살기를 원하셔서 율법을 주었다. 달리 말한다면 하나님께서 이스라엘 백성이 수적인 부흥만이 아니라 영적 부흥을 동시에 이루어 가시기 위함임을 보여준다.

"너희로 내 백성을 삼고 나는 너희의 하나님이 되리니"이라는 언약 공식은 이스라엘이 출애굽 하여 시내산 밑에서 십계명을 핵심으로 하는 율법을 받고,출 20~23장 언약식을 거행함으로 이스라엘 백성에게 적용되었다.출 24:1~8 하나님께서 하나님의 언약 백성 된 이스라엘 백성에게 율법을 준행하도록 명령하시면서 말씀하신 출애굽기 20:2이 주목된다. 그것은 "나는 너를 애굽 땅, 종 되었던 집에서 인도하여 낸 너희 하나님 여호와로라"는 말씀이다. 하나님께서 십계명을 핵심으로 한 율법을 이스라엘로 지키게 한 것은 정복자가 피정복자에게 지키도록 하는 강압적인 명령이 아니다. 이것은 마치 자비로운 아버지가 사랑하는 아들에게 내가 너를 구속하여 자유의 몸이 되도록 하였으니 이제부터는 너는 나의 아들답게 살라는 축복의 명령이다.

율법의 내용은 이스라엘 백성이 하나님의 언약 백성으로서 하나님 앞에서 어떻게 살아야 할 것에 대한 규례이다. 다음으로는 이웃에 대한 규례이다. 첫 번째 부분에 대한 요약은 "너는 마음을 다하고 뜻을 다하고 힘을 다하여 네 하나님 여호와를 사랑하라"는 것이다.신 6:5 둘째에 대한 것은 "네 이웃 사랑하기를 네 자신과 같이 사랑하라"이다.레 19:18 사두개인 들이 예수님께 율법 중에 어느 계명이 크냐고 물었을 때 예수님께서 위의 두 말씀을 한데 묶어 "네 마음을 다하고 목숨을 다하고 뜻을 다하여 주 너의 하나님을 사랑하라 하셨으니 이것이 크고 첫째 되는 계명이요 둘째도 그와 같으니 네 이웃을 네 자신과 같이 사랑하라 하셨으니"고 대답하셨다. 마 22:37~39 율법 내용 중에 세 번째 부분은 하나님의 언약 백성이 위의 두 내용에 대한 규례들을 지키지 못함으로 하나님께 죄를 범하였을 때 속죄하는 것에 대한 규례들이다. 이스라엘은 하나님의 법을 범하였으나 유업의 땅에 인도되었으며, 금 신상을 만들어 섬겼으나 그것이 하나님의 신실하심을 폐하지는 못했다.출 32장

신명기는 이 율법을 "마음에 새기고" 그리고 "자녀들에게 부지런히 가르치고", 언제든지 "이 말씀을 강론하며" "손목에 매어 기호를 삼으며 (네) 미간에 붙여 표를 삼고 또 (네 집) 문설주와 바깥 문에 기록하라"고 명한다.신 6:6~9 신명기 28장은 위와 같이 하나님의 언약 백성인 이스라엘이 하나님 여호와의 말씀을 삼가 듣고 명하는 모든 명령을 지켜 행하면 "하나 님 여호와께서 너를 세계 모든 민족 위에 뛰어나게 하실 것이라 네가 네

하나님 여호와의 말씀을 청종하면 이 모든 복이 네게 임할 것"이라고 약속하신다.^{신 28:1~2} 반면에 이스라엘 백성이 하나님 여호와의 말씀을 순종치 아니하여 하나님께서 명하시는 모든 명령과 규례를 지켜 행하지 않으면 모든 저주가 이스라엘 백성에게 임할 것이라고 말씀하신다.^{신 28:15~16} 이스라엘 백성이 하나님께서 주신 율법을 전심으로 지키지 아니함으로 임하는 저주의 결국은 이방 나라에 포로로 쫓겨 가는 것이다.^{신 28:64-68}

그럼에도 불구하고 포로로 잡혀간 그곳에서 이스라엘 백성이 하나님 여호와께 돌아와 마음을 다하고 성품을 다하여 여호와의 말씀을 순종하면 하나님 여호와께서 마음을 돌이키시고 포로 되어간 곳에서 조상에게 주신 땅으로 돌아오게 하실 것이라고 약속하셨다. 이스라엘이 율법을 지키지 않음으로 당하는 저주는 돌이킬 수 없는 저주가 아니다. 하나님의 사랑, 자비, 은혜로 말미암아 시작된 하나님과 이스라엘 사이에 맺은 언약^{신 4:37; 7:7~9; 10:15}은 이스라엘이 언약을 어김으로 언약의 하나님께 죄를 범하였을지라도 결국 이스라엘이 하나님께로 돌아오도록 역사하시는 하나님의 주권적 언약이다.

언약에 근거한 축복

출애굽기 19:4~6은 하나님께서 모세를 시내산에 불러 이스라엘 백성에게 전하라고 하신 말씀으로 "내(하나님 여호와)가 애굽 사람에게 어떻게 행하였음과 내가 어떻게 독수리 날개로 너희를 업어 내게로 인도하였음을 너희가 보았느니라 세계가 다 내게 속하였나니 너희가 내 말을 잘 듣고 내 언약을 지키면 너희는 모든 민족 중에서 내 소유가 되겠고 너희가 내게 대하여 제사장 나라가 되며 거룩한 백성이 되리라"고 하셨다. 이 말씀은 언약 백성이 되는 조건에 대한 말씀이 아니라 언약 백성이 언약 백성답게 살 때 받을 축복의 조건과 그 결과로 받은 세 가지 축복을 말하고 있다.

하나님께서 이스라엘과 맺은 언약의 내용을 살펴보면 세 가지 축복을 약속하고 있음을 알 수 있다. 이스라엘이 하나님의 언약 백성으로 3대 축복을 누리는 데는 조건이 따른다. 그러나 이 축복을 누리는 조건과 관련하여 기억하여야 할 사항은 이 조건은 이스라엘 백성이 출애굽 할 수 있는 전제 조건이 아닐 뿐 아니라 또한 언약 백성이 되기 위한 전제 조건도 아니라는 사실이다. 이 조건적 약속의 말씀은 이스라엘 백성이 홍해를 건너기 전에 홍해를 건너게 하는 조건으로 제시된 말씀이 아니라 홍해를 건넌 후에 하신 말씀이다. 하나님께서 모세에게 이스라엘 자손에게 고하기를 "내가 애굽 사람에게 어떻게 행하였음과 내가 어떻게 독수리 날개로 너희를 업어 내게로 인도하였음을 너희가 보았느니라"고 하셨다.출 19:3~4 이 말씀은 이스라엘이 언약 백성이 되었으므로 이 조건을 지켜 나갈 때 누릴 수 있는 축복을 말한다. 이스라엘 백성이 하나님의 언약 백성이 되었기 때문에 언약 백성답게 살도록 하시기 위해 주신 말씀이다. 그 조건은 "세계가 다 내게 속하였나니 너희가 내 말을 잘 듣고 내 언약을 지키면"이라는 약속의 말씀 속에 있다.출 19:15

열국 중의 내 소유 | 광의적으로 말한다면 하나님은 창조주이시므로 온 우주가 다 하나님의 소유이시다. 그러나 이스라엘이 하나님의 (보배로운) 소유라고 하심은 열국과의 관계에서, 특히 애굽과의 관계에서 말씀하심이다. 하나님께서 애굽의 처음 난 것들을 죽이도록 하심은 이스라엘을 애굽과

구별하신다는 것을 바로와 애굽 사람들로 알게 하시기 위함이었다.출 11:7 이 구별의 표적은 피에 있었다.출 12:13 하나님께서 이렇게 하심은 "이로 말미암아 이 땅에서 내가 여호와인 줄을 네(바로)가 알게" 하도록 하기 위함이었다.출 8:22 또한 하나님께서 이스라엘을 구별된 소유로 삼으시기 위함이었다. 이스라엘을 하나님의 소유로 삼으심의 최대의 표현은 태에서 처음 난 수컷의 희생과 피 뿌림을 통하여 이루어진 유월절과 출애굽이다. 하나님께서 모세에게 "이스라엘 자손 중에 사람이나 짐승이나 막론하고 태에서 처음 난 것은 다 거룩히 구별하여 내게 돌리라 이는 내 것(소유)이라" 고 하셨다.출 13:2

제사장 나라 | 이스라엘이 하나님의 제사장 나라가 됨은 하나님께서 이스라엘을 거룩하게 구별시켜 그가 통치하는 거룩한 왕국을 이루심과 관련되어 있다. 이스라엘이 애굽에서 해방되어 한 나라를 이루게 하심의 의의를 다른 민족과의 관점에서 말한다면, 그것은 다른 민족에 대하여 제사장 나라로 세우심을 입게 하신 점이다. 만민이 너로 말미암아 복을 받겠다고 하신 아브라함과의 언약대로 이스라엘은 제사장 나라로서 지상 의 모든 나라에게 하나님의 은혜를 전달할 중재자의 역할이 주어진 것이다. 이 제사장 나라로서의 책임과 특권은 모세와 아론이 예표적으로 행사하도 록 하시다가 모든 성도가 왕 같은 제사장이라고 부름을 받게 된 신약 시대에 이루어짐을 본다.벧전 2:9; 계 1:6; 5:10; 참조 출 19:16~25; 20:18~21; 28:9; 32:25~29; 신 10:1~2, 8; 민 10:33~34; 8:19; 레 9:22

거룩한 백성 | 이스라엘이 거룩한 백성이 되는 것은 출애굽기 19:5이

보여주는 대로 "너희가 내 말을 잘 듣고 내 언약을 지키면"이라는 조건과 관계가 있다.참조. 레 18:5 이스라엘은 하나님을 알지 못하는 다른 민족과 달리 구별된 거룩한 백성이다. 그런데 이 거룩한 백성이 되는 것은 하나님의 약속에 근거한 언약에 의한 것이다. 다만 그들이 거룩해야 하고 하나님 말씀을 지켜야 하는 것은 하나님께서 거룩하시며 하나님께서 그들을 선택하여 그의 거룩한 백성을 삼으셨기 때문이다.

레위기 18:5에 "너희는 나의 규례와 법도를 지키라 사람이 이를 행하면 그로 말미암아 살리라"라고 하신 말씀이 나온다. 이 말씀을 바로 이해하려면 레위기 18장이 "나는 여호와 너희 하나님"이라는 말로 시작하고레 18:2 또한 끝도 그렇게 맺는다는 것을 주목해야 한다.레 18:30 그러므로 그들이 율법을 지킴은 이스라엘이 하나님의 언약 백성이 되는 조건으로 하시는 말씀이 아니라 하나님의 언약 백성이 이미 되었다는 증거이다. "그로 말미암아 살리라"는 하나님의 백성이 하나님의 규례와 법도를 지키면 하나님의 약속하신 축복을 누리며 살 것만을 조건으로 하시는 말씀이 아니다. 하나님께서 이스라엘 백성에게 율법을 주심은 그들이 다른 민족과 다른 민족, 즉 그들만이 하나님의 백성임을 보여주는 증거이다. 이와 같은 사실은 하나님께서 이스라엘에게 애굽 땅의 풍속을 쫓지 말라고 하심에서도 알 수 있다. 따라서 언약 공식과 율법은 하나님과 이스라엘의 관계가 하나님과 다른 민족들과는 다른 관계, 즉 언약의 주와 언약 백성의 관계라는 사실을 보여줄 뿐 아니라 이스라엘 백성이 언약의 주 앞에서 언약 백성답게 살 때, 언약 백성의 특권을 누리며 살 수 있음을 말한다.

언약 백성 가운데 거하시는 하나님

출애굽기 29:45~46은 하나님께서 이스라엘을 출애굽 시킨 목적을 "내가 이스라엘 자손 중에 거하여 그들의 하나님이 되리니 그들은 내가 그들의 하나님 여호와로서 그들 중에 거하려고 그들을 애굽 땅에서 인도하여 낸 줄을 알리라 나는 그들의 하나님 여호와니라"고 하였다. 주목되는 점은 하나님께서 모세를 통하여 이스라엘 백성과 언약식을 거행하신 후 출애굽기 25장부터 29:41까지 성막 건축과 그 성막에서 섬길 제사장의 선택과 임무 등에 대하여 말하신 다음 출애굽의 목적에 대하여 말하고 있다는 것이다. 이 사실은 거룩하신 하나님과 부정한 백성이 함께 거하는 것이 불가능함으로 하나님께서 속죄제사 제도를 세워 부정한 이스라엘 백성을 거룩하게 하여 그들 중에 거하시도록 하실 계획이심을 보여준다. 그러나 분명한 것은 이스라엘 백성이 하나님의 말씀을 잘 듣고 언약을 지키면 거룩한 백성이 될 것이라는 말을 듣고 일제히 "여호와의 명하신 대로 우리가 다 행하리이다"고 응답했다고 해서 거룩하신 하나님께 이스라엘 백성 중에 거하실 만큼 거룩한 백성이 된 것은 아니라는 점이다.^{출 19:8}

하나님께서 짐승의 피로 세우신 속죄제사 제도 역시 근본적으로 부정한 백성을 거룩한 백성이 되게 할 수는 없다. 하나님께서 이 속죄제사 제도를 말씀하시기 전에 근본적으로 이스라엘 백성이 거룩해져 하나님이 그들 중에 거하실 수 있도록 그들이 하나님을 대면하고도 죽지 않는 길에 대하여 말씀하셨다. 한마디로 말한다면 하나님께 마련하신 구약의 속죄제사 제도는 실제로 거룩해지는 것에 대한 그림자이요 예표라는 것이다. 따라서 이 속죄제사 제도는 실재가 올 때까지만 존재하면서 실재를 대신하여 그 효력을 발생하다가 그 실재가 오면 그것은 폐기되는 것이다.

하나님께서 모세에게 "너는 백성에게로 가서 오늘과 내일 그들(백성)을 성결하게 하며 그들에게 옷을 빨게 하고 준비하게 하여 셋째 날을 기다리게 하라 이는 셋째 날에 나 여호와가 온 백성의 목전에 시내산에 강림할 것이라"고 하셨다.출 19:10~11 동시에 하나님께서 모세에게 "너는 백성을 위하여 사면으로 경계를 정하고 이르기를 너희는 삼가 산에 오르거나 그 경계를 침범하지 말지니 산을 침범하는 자는 반드시 죽임을 당할 것이라"고 하셨다.출 19:12 어찌 보면 앞뒤가 맞지 않는 말 같다. 이스라엘 백성이 성결케 하라 하였으면 그 결과로 시내산에 올라가서 강림하시는 하나님을 환영하는 환영식을 거행하여야 할 것이다. 한마디로 말한다면 이스라엘 백성이 옷을 빨고 자신들을 깨끗케 하였다 할지라도 거룩하신 하나님을 대면할 만큼 거룩하지 않다는 것이다.

그런데 이해하기 힘든 것은 출애굽기 24:9~11에 "모세와 아론과 나답과 아비후와 이스라엘 장로 칠십 인이 올라가서 이스라엘 하나님을 보니 그 발 아래에는 청옥을 편 듯하고 하늘 같이 청명하더라 하나님이 이스라엘 자손들의 존귀한 자들에게 손을 대지 아니하셨고 그들은 하나님을 보고 먹고 마셨더라."는 기록이다. 이스라엘 장로 칠십 인이 올라가서 하나님을 보았으나 하나님께서 이스라엘의 존귀한 자들에게 손을 대지 아니하셨다는 표현은 출애굽기 19장에서 하나님께서 모세에게 산에 오르는 자는 죽임을 당한다는 말씀을 기억나게 한다. 19장의 말씀과 24:9~11의 말씀은 완전히 대조되는 내용의 말씀이다. 19장은 분명 하나님과 이스라엘 백성 사이가 불편한 관계인 것을 보여주는 반면에 24장은 그 불편한 관계가 해소되고 친밀한 관계로 바뀌어졌다는 것을 보여준다. 그렇다면 무엇이 두 사이의 관계를 반전시켰는가에 대한 질문이 제기된다.

우리는 이 질문에 대한 대답을 출애굽기 24:4~8에서 찾을 수 있다. 이 구절에는 하나님께서 모세를 통하여 이스라엘과 맺은 언약을 인치는 (sealing) 예식이 묘사되어 있다. 구약 어디에서도 찾아 볼 수 없는 일이 6절에 나온다. 그것은 희생제물의 피의 절반은 단 위에 뿌려지고 나머지 절반의 피는 이스라엘 백성에게 뿌려졌다는 기록이다. 이와 관련하여 주목되는 것은 "모세가 그 피를 가지고 백성에게 뿌리며 이르되 이는 여호와께서 이 모든 말씀에 대하여 너희와 세우신 언약의 피니라"라고 한 말이다.출 24:8 여기에서 언약은 희생의 피를 통하여 확증되어짐을 알 수 있다. 모세는 이미 지적한 대로 희생의 피가 단 위에 뿐만 아니라 백성들에게도 뿌리도록 하였다. 이 사실에 대하여 카슈토는 예물로 드려진 피의 절반은 여호와를 대표하고 나머지 절반은 이스라엘을 대표한다고 해석한다. 이러한 해석에 근거하여 이 예식이 언약 당사자인 하나님과 이스라엘의 연합(joining together)을 예시하며 또한 그들 사이에서의 언약 행위의 실행을 상징한다고 해석한다.

언약의 피는 죄 사함과 관련되어 이해될 수 있다. 희생의 장소 안에 있는 단에 뿌려진 피는 이 피를 제물로 받으시는 하나님의 자비로우신 사죄를 보여주고 있다고 해석한다. 출애굽기 19장의 상황과 출애굽기 24장 언약 예식 이후에 이스라엘 장로 70인이 시내산에 올라가서 하나님을 보고 먹고 마셨다는 기록에 근거하여 출애굽기 24:9~11의 내용은 출애굽기 24:3~8의 언약 예식이 마침내 이스라엘을 하나님의 거룩한 백성으로서 하나님께로 인도되고 있다는 사실을 암시한다. 이스라엘 총회는 피 뿌림을 통하여 하나님의 거룩한 백성으로 봉헌되었다고 간주할 수 있다. 이 언약 예식을 통하여 이스라엘은 하나님의 언약 백성 즉 하나님의 거룩한 백성이 된 것이다.

이러한 해석은 언약식 이후 이스라엘 칠십 인 장로가 시내산에 올라가서 하나님을 보았으나 하나님께서 그들에게 손을 대지 아니하셨을 뿐 아니라 그들은 하나님 앞에서 먹고 마셨더라는 기록이 뒷받침해 주고 있다. 그러나 칠십 인이 하나님을 보고 먹고 마시는 일은 한 순간의 일시적인 사건이었음이 주목된다. 그 근거는 모세가 하나님께 주의 영광을 보여줄 것을 구했을 때 하나님께서 "네가 내 얼굴을 보지 못하리니 나를 보고 살 자가 없음이니라" 하신 말씀이 이 사실을 입증한다.[출 33:20] 물론 모세와 하나님의 관계는 특별하다. 그 특별한 관계는 "사람이 그 친구와 이야기함 같이 하나님께서 모세와 대면하여 말씀하시며"라는 기록을 통하여서도 알 수 있다.[출 33:11; 신 34:10] 또한 모세가 십계명이 기록된 두 돌판을 들고 내려왔을 때 모세의 얼굴에 광채로 말미암아 백성이 두려워했다.[출 34:29~35] 그럼에도 불구하고 모세는 일상적으로 항상 하나님을 볼 수 없었다.

그렇다면 이스라엘 장로 칠십 인이 하나님을 본 장면은 어떻게 해석하여야 할까? 먼저 한마디로 대답부터 하자면 이 사건은 앞으로 예수님이 죄인들을 대신하여 속죄의 언약의 피를 흘려 죽으실 것을 미리 보여주는 예표로 행해졌다는 것이다. 출애굽기 24:8의 언약의 피는 짐승의 피이었다. 예수님이 세운 새 언약은 짐승의 피가 아닌 자신의 피이었다. 예수님의 피로 세우신 언약은 옛 언약과 다른 새 언약임이 틀림없다. 왜냐하면 옛 언약은 짐승을 희생시켜 그 짐승의 피로 세운 것인 반면에 최후 만찬에서 예수님께서 세우신 언약은 짐승의 피가 아닌 자신의 피로 세우셨기 때문이다. 그러나 한 걸음 더 나아가 예수님의 피를 언약의 피라고 한 점은 옛 언약과 예수님이 세우신 언약을 서로 연관시킨 것임을 알 수 있다. 출애굽기 24장에서 짐승의 피를 언약의 피라고 하였는데 이는 예수님의 십자가의 죽음을 상징적으로 보여준다는 점에서 연관성이 있다.

언약의 피로서 예수님의 피 흘리심은 죄사함을 위한 피 흘리심이다. 이 피 흘리심은 단 한 번의 피 흘리심이나 영원한 효력이 있는 언약의 피인 것이다. 그러므로 히브리서는 예수님이 새 언약 약속을 성취하셨기 때문에 다시 죄를 위하여 제사드릴 필요가 없을 뿐 아니라^{히 9:16~18} "예수의 피를 힘입어 성소에 들어갈 담력을 얻었나니"라고 한다.^{히 10:19} 성소와 지성소를 가로막는 휘장은 죄인들이 하나님 앞에 나아갈 수 없다는 것을 상징적으로 보여주는데 히브리서는 예수님께서 피 흘려 죽으심으로 그 휘장을 열고 하나님께 나아갈 수 있는 새롭고 살아있는 길을 마련하셨다고 한다.^{히 10:20} 예수님이 흘리신 언약의 피는 그를 믿는 자들로 은혜의 보좌 앞에 담대히 나아갈 수 있게 한다.^{히 4:16}

예수님이 세우신 새 언약 하에서 죄사함과 그 결과로 누리는 축복을 상징적으로 보여주는 출애굽기 24장의 언약예식 후에 일시적이지만 칠십인 장로가 하나님의 얼굴을 보도록 하였다고 추론할 수 있다. 여기에서 우리는 옛 언약 안에 이미 새 언약을 통하여 이루어질 축복을 함축적으로 약속하고 있음을 볼 수 있다. 이 옛 언약은 세대를 거쳐 지켜오다가 새 언약을 통하여 그 약속들이 성취될 때 그 자리를 새 언약에게 내어주도록 의도되었음을 알 수 있다. 하나님께서 옛 언약 하에 새 언약을 위하여 준비하시다가 "때가 차매" 새 언약의 중보이신 예수님이 오셔서 새 언약을 세우심을 볼 수 있다.

악한 왕과 선한 왕의 교차

이제 예레미야 선지자를 통하여 주신 새 언약을 약속할 수밖에 없는 배경을 이해하려면 옛 언약 하에서 하나님의 신정국을 하나님을 대리하여 통치하도록 위임받은 왕들에 대하여 살펴야 한다. 하나님께서 눈물의 선지자 예레미야를 통하여 새 언약을 약속하시기 직전의 왕은 요시야이었다. 그는 선한 왕으로 발견된 율법 책에 근거하여 개혁을 단행했다. 왜 요시야의 개혁이 일어날 수밖에 없는 배경과 요시야의 개혁에도 불구하고 새 언약의 부흥을 약속할 수밖에 없었는가를 알기 위하여 요시야 전과 후에 세워진 왕들의 악한 행위를 살펴보겠다.

히스기야와 므낫세

요시야의 할아버지는 므낫세이고 아버지는 아몬이다. 므낫세의 아버지는 히스기야이다. 히스기야는 처음 왕이 되었을 때는 "그의 조상 다윗의 모든 행위와 같이 여호와 보시기에 정직히 행하였다."^{대하 29:2} 그는 하나님 보시기에 악을 행한 그의 아버지 아하스가 닫아버린 여호와의 문들을 열어 수리하고 레위 사람들을 세워 제사 드리게 하였다.^{대하 29: 3~36} 또 유월절도 지키게 하였다.^{대하 30:1~27} 히스기야는 이러한 일들과 함께 소위 히스기야의 종교개혁을 단행하였다.^{대하 31장} 그러는 중에 히스기야가 병들어 죽게 되었는데 여호와께 기도하자 하나님께서 그 병을 치료해 주셨다.^{왕상 20:1~11 참조} 하나님의 치유함을 받은 히스기야가 마음에 교만하여 그 받은 은혜에 보답하지 아니하므로 여호와께서 진노하였다.^{왕상 20:12~21 참조} 그러나 그가 다시 마음의 교만함을 뉘우치자 여호와의 진노가 그의 생전에는 임하지

않았다.^{대하 32:26}

므낫세는 아버지 히스기야가 죽은 후 이십이 세에 왕이 되어 유다를 오십오 년을 통치하였다. 므낫세는 "여호와 보시기에 악을 행하여 여호와께서 이스라엘 자손 앞에서 쫓아내신 이방 사람의 가증한 일을 본받아 그 아버지 히스기야의 헐어버린 산당을 다시 세우며 바알들을 위하여 단을 쌓으며 아세라 목상을 만들며 하늘의 모든 일월성신을 숭배하여 섬긴" 자이었다.^{대하 33:2~3} 므낫세의 악함은 극에 달하였다. 그는 여호와 전에 단들을 쌓고 또 여호와의 전 두 마당에 하늘의 일월성신을 위하여 단들을 쌓아 여호와 보시기에 악을 많이 행하여 하나님의 진노를 격발하였다. 그는 자기가 만든 아로새긴 목상을 하나님의 전에 세우기까지 했다.^{대하 33:6~7}

유다와 예루살렘 거민이 므낫세의 꾀임을 받고 악을 행한 것이 여호와께서 이스라엘 자손 앞에서 멸하신 열방보다 심하다고 하였다.^{대하 33:9} 결국 그는 쇠사슬에 결박당하여 바벨론에 끌려가게 되었다. 그러나 그는 자신이 당하는 환난 가운데 하나님 앞에 크게 겸비하게 되었고 하나님께 간구하였다. 하나님께서 그를 예루살렘으로 돌아오게 하여 다시 왕위에 오르게 하므로 그제야 그가 여호와께서 하나님이심을 알게 되었다.^{대하 33:11~12} 악한 므낫세가 겸비하게 된 배경에는 그 당한 환난과 익명의 선견자가 이스라엘 하나님 여호와의 이름을 받들어 권한 말씀이 있었다.^{대하 33:18}

므낫세의 뒤를 이은 왕은 그의 아들 아몬이었다. 그는 부왕 므낫세의 행함 같이 여호와 보시기에 악을 행하여 므낫세가 만든 아로새긴 모든 우상에게 제사하며 섬겼다.^{대하 33:22} 그러나 그는 므낫세와는 달리 여호와 앞에서 스스로 겸비치 아니하고 더욱 범죄하였다.^{대하 34:22} 마침내 아몬은 그 신복의 반역으로 궁중에서 죽임을 당하였다. 또한 백성들이 일어나 반역자들을 죽이고 아몬의 아들 요시야를 왕으로 삼았다.

여기에서 한 가지 드는 궁금증이 있다. 아주 악한 왕 다음에 조금 덜 악한 왕 순으로 하여 선한 왕이 나오지 않고 곧바로 선한 왕이 나오고, 또 아주 선한 왕 다음에 조금 덜 선한 왕이 나오지 않고 바로 악한 왕이 나오는 이유는 무엇일까? 아주 악한 왕이나 선한 왕에 대한 역사를 언급할 때 대개의 경우는 그 왕에게 영향을 미친 자들이나 가르쳤던 자가 거명되는 것을 볼 수 있다. 하나님께서 그가 선한 왕이 되도록 그를 도울 자를 준비해 놓으신 것을 볼 수 있다. 누가 왕이 될지라도 하나님의 간섭하심이 없으면 선한 왕이 될 수 없다. 일반적으로 악한 왕의 경우에는 그를 악하게 한 자가 거명되지 않는다. 왜 그럴까? 그 대답은 어느 왕도 스스로 선할 수 없음을 보여주는 것이 아닐까.

요시야

요시야는 팔세에 왕이 되어 삼십일 년 동안 유다를 다스렸다. 요시야를 왕으로 삼은 백성들은 요시야 왕의 할아버지 므낫세의 통치를 경험한 자들이었다. 열왕기하 저자는 요시야 왕의 할아버지인 므낫세 왕 때의 유다의 비참한 형편을 "므낫세가 여호와 보시기에 악을 행하여 여호와께서 이스라엘 자손 앞에서 쫓아내신 이방 사람의 가증한 일을 따라서"라고 기록하였다.왕하 21:2 열왕기하 저자는 므낫세를 다윗의 후손으로 왕위에 오른 자 가운데 가장 악한 왕으로 묘사하였으며 그의 죄악만으로도 이스라엘이 당하는 재난을 설명하기에 족하다고 하였다.왕하 21:10~15; 23:26~27; 참조. 렘 15:1~4 그러므로 므낫세의 악한 통치에 대하여 분개했던 자들이 요시야의 개혁에 대하여 환영했으리라는 것은 두말할 필요가 없다. 요시야는 이런 상황에서 이스라엘 역사 가운데 전무후무한 개혁을 감행한 것이다.

성경은 요시야의 개혁에 대하여 다음과 같이 기록한다. "여호와 보시기에 정직히 행하여 그 조상 다윗의 길로 행하여 좌우로 치우치지 아니하고 아직도 어렸을 때 곧 왕위에 있은 지 팔 년에 그의 조상 다윗의 하나님을 비로소 찾고 제 십이년에 유다와 예루살렘을 비로소 정결하게 하여 그 산당과 아세라 목상들과 아로새긴 우상들과 부어 만든 우상들을 제거하여 버리매"라는 말로 시작하여 여러 방면에 걸쳐 행한 그의 개혁을 길게 언급한다.^{대하 34:1~3} 그의 개혁은 우상타파 이후 하나님의 '전' 수리로 이어졌다^{대하 34:8~13}

다음으로는 요시야는 제사장 힐기야가 발견한 여호와의 율법 책의 말씀을 듣고 자신의 옷을 찢고 온 백성이 그 조상의 하나님의 언약을 쫓도록 하였다.^{대하 34:14~33} 또한 요시야는 유월절을 철저히 지키도록 하였다. 성경은 사무엘 이후로 요시야 때까지 "이스라엘 가운데 유월절을 이같이 지키지 못하였고 이스라엘 모든 왕들도 요시야가 제사장들과 레위 사람들과 모인 온 유다와 이스라엘 무리와 예루살렘 거민과 함께 지킨 것처럼 은 유월절을 지키지 못하였더라"고 말한다.^{대하 35:18} 이와 같이 요시야의 개혁은 철저하였다. 요시야의 개혁은 이스라엘 역사상 전무후무한 것이었으나 그러나 요시야가 전쟁터에서 전사함으로 요시야의 개혁은 열매를 맺지 못하고 끝나고 말았다.

예레미야는 요시야의 개혁운동을 지켜보았던 선지자이었다. 예레미야의 아버지는 제사장 힐기야로 그는 요시야로 개혁운동을 시작하게 한 자라고 말할 수 있다.^{대하 34:14 이하} 그렇다면 요시야 개혁의 역사적 배경과 시작과 끝을 지켜본 자로서 예레미야의 결론과 그에게 주어진 새 언약의 약속이 어떤 관계가 있겠느냐 하는 질문을 할 수 있다. 또한 요시야의 개혁운동과 새 언약의 약속을 다음 세대로 이어지는 하나님의 부흥이라는 본서의 주제와 연관시켜 고찰하는 것도 흥미로운 관점이라고 생각된다.

요시야의 개혁 실패를 새 언약의 약속과 관련하여 살피려고 한다. 새 언약의 약속은 이스라엘 백성들이 이전의 언약을 깨뜨렸다는 것을 전제한다. "그들이 내 언약을 깨뜨렸음이니라"라는 구절은 하나님께서 이스라엘 백성을 애굽에서 구원해 내신 후 시내산에서 맺으신 언약(옛 언약)을 암시하는 것이 분명하다. 이스라엘은 그들을 속박에서 구원하신 하나님의 은혜를 인정하였고 하나님께서 그들과 맺은 언약을 지키시겠다고 약속하였다.^{출 24:3,7} 그럼에도 불구하고 이스라엘은 그 언약을 깨뜨렸다고 본문은 지적한다. 본문에서 이스라엘이 언약을 파하였다는 사실을 묘사하는 히브리어 동사는 예레미야에서만 사용되는 단어인데 그것도 언약과 관련해서만 사용되었다. 그런데 더욱 주목할 만한 사실은 이 동사가 사용될 때마다 동사의 주어는 '사람'이고 목적어는 "하나님의 언약"이라는 점이다. 그러므로 본문이 강조하는 바는 이스라엘과 하나님 사이의 언약 관계의 파기에 대한 전적인 책임이 이스라엘에게 있다는 점이다.

언약 파기

예레미야 11장은 당시의 이스라엘 백성들이 하나님께서 그들의 조상들을 애굽에서 불러내어 맺으신 언약을 어떻게 파기하였는가를 설명하고 있다. 예레미야는 먼저 예루살렘에 살았던 이스라엘의 조상들이 언약의 계명들을 범했다고 지적하고렘 11:7~8 뒤이어 예레미야 당시의 예루살렘 거민들이 언약을 범했다고 지적하였다.렘 11:9~10 예레미야는 당시의 예루살렘 거민들의 죄악을 지적하면서, 그들은 조상들의 죄악으로 되돌아갔으며 여호와의 말씀을 듣기를 거절하였다고 말한다.렘 11:10 예레미야가 이스라엘 백성들은 그 마음이 완악하여서 율법의 계명들을 지킬 수도 없고 또 여호와께로 돌아오지도 않을 것이라고 확신했다는 사실을 발견하는 것은 어려운 일이 아니다.렘 5:1~6; 13:23; 17:1,9

그러므로 이스라엘 백성들이 하나님과의 언약을 파하였다는 선언은 그들이 옛 언약 하에서 언약 관계를 유지할 수 없는 이유가 그들이 율법을 지키지도 않았을 뿐 아니라 지킬 수도 없었기 때문이라는 점을 보여준다. 요시야 개혁 실패 이후에 이스라엘 백성이 하나님의 율법을 지키지 못한 것은 말할 필요가 없다. 그러나 주목되는 바는 예레미야가 요시야의 개혁이 진행되는 중에도 패망한 북쪽 이스라엘처럼 유다도 행음하였다고 지적하였다. 예레미야는 요시야 왕 때에 여호와께서 이르시기를, "내게 배역한 이스라엘이 간음을 행하였으므로 내가 그를 내쫓고 이혼서까지 주었으되 그 반역한 자매 유다가 두려워하지 아니하고 자기도 가서 행음함을 내가 보았느니라"고 말한다.렘 3:8

예레미야는 요시야 왕의 개혁조차도 하나님과 이스라엘 사이의 관계를 완전히 회복할 수는 없다고 생각한 것이 틀림없다. 그에게는 요시야의 개혁이 내면적인 것이 아니라 외면적인 것이며, 오히려 이 개혁은 이스라엘로 하여금 자신들은 안전하다고 하는 잘못된 인식을 심어주는 결과만을 초래한 것으로 평가되었다. 요시야 당시에도 그의 개혁은 이스라엘 사람들의 마음을 전적으로 바꾸어놓을 만큼 충분한 개혁은 아니었다고 생각된다.

왜냐하면 이 개혁은 강요된 개혁이었기 때문에 이스라엘 백성들 중에 많은 사람들이 하나님의 계명에 대한 자신들의 반역을 진정으로 회개하면서 요시야의 개혁을 대하지 않았기 때문이다. 오히려 그들은 율법을 불순종함으로 받아야 할 하나님의 임박한 심판을 피할 방편으로서만 요시야의 개혁을 대했음을 알 수 있다. 더군다나 요시야의 개혁에 반대하는 세력이 있었음을 열왕기하 저자는 밝히고 있다. 많은 (산당의) 제사장들은 예루살렘 여호와의 단에 올라가지 않고 그 형제 중에서 무교병을 먹었다.왕하 23:9 결과적으로 요시야의 개혁은 이스라엘 백성의 마음을 근본적으로 바꾸어 놓지 못하였다.

무엇보다도 중요하게 생각되는 것은 예레미야를 대적하는 자들과 온 이스라엘 백성들은 자신들이 율법을 지킨다고 생각하고 있는 반면에, 예레미야는 그들을 향해 실제적으로는 그들이 율법을 범하고 있다고 경고한 사실이다. 예레미야를 반대하는 자들은 자신들이 현명하여 율법이 자신들에게 있다(율법을 지킨다)고 주장하였다.렘 8:8 상반절 그들의 주장에 반대하여 예레미야는 그들이 거짓을 말하고 있다고 반박하였다.렘 8:8 하반절 요시야의 개혁에 대하여 예레미야가 초기에는 어떻게 생각했든지 간에, 결과적으로는 그의 개혁에 대하여 전적으로 실망했다는 것은 분명하다. 이 개혁의 실패는 예레미야로 하여금 율법의 어떤 외적인 순종은 오히려 이스라엘 백성들로 하여금 자신들이 안전하다고 착각하게 만드는 것이 될 수 있다고 주장하게 만든 배경을 제공하였다.렘 5:12,30~31; 6:14~15; 8:10~11

예레미야의 입장에서 볼 때 요시야의 개혁의 최고 절정 중에도 이스라엘의 내면적 개혁은 일어나지 않았을 뿐 아니라 오히려 그 개혁이 이스라엘에게 거짓 확신과 소망을 심어주는 결과만을 초래하였다. 그는 악한 왕 다음에 선한 왕이 나오는 것만 본 것이 아니라 아주 선한 왕 다음에 아주 악한 왕이 나오는 역사적 사실들을 보았다. 또한 예레미야는 처음에는 선한 왕으로 시작했으나 악한 왕으로 마치는 듯하였고 마지막은 하나님의 심판을 깨닫고 회개함으로써 왕의 직무를 마치는 왕도 있는 것을 보았다. 그러기에 그는 "만물보다 거짓되고 심히 부패한 것은 마음이라 누가 능히 이를 알리요마는"이라고 고백하였다.렘 17:9

이스라엘 백성들도 마찬가지이다. 요시야의 개혁 이후에 이스라엘 백성은 더욱 악해졌다. 그러기에 예레미야는 이스라엘 백성들이 마음에 할례를 행하고 마음으로부터 율법을 지켜 하나님께 돌아오도록 촉구하는 동기를 제공했다고 여겨진다. 예레미야가 마음의 할례를 촉구한 것은 이스라엘 백성의 마음이 강퍅하다는 사실을 강조한 것이다. 마음의 할례라는 것은 곧 사람의 내면생활의 전적인 변화를 의미한다. 이러한 예레미야의 촉구에도 불구하고 이스라엘 백성들은 올바르게 반응하지 않았다.

오히려 그들은 계속 완고해서 여호와의 말씀을 청종하지 않았다.렘 5:23; 11:8; 16:2 요시야의 개혁과 예레미야 자신의 사역의 결과를 볼 때 예레미야는 마음이 완악한 이스라엘이 하나님의 법을 지키지도 않을 뿐 아니라 지킬 수도 없기 때문에렘 3:17; 7:24; 9:14; 11:8; 12:2; 13:23; 7:1,9~10 이스라엘 자신으로는 하나님과의 언약 관계를 유지할 수 없다고 확신한 것이다. 이러한 현실에도 불구하고 예레미야는 절망하지 않았다,

예레미야는 아주 악한 왕 다음에 새로운 역사를 일으키는 선한 왕을 세우시는 하나님께서 악한 이스라엘에게 긍휼을 베풀어 주실 것이라 믿고 이스라엘 백성을 향해 회개하고 마음의 할례를 행하라고 촉구하였다. 다른 한편 눈물의 선지자 예레미야는 눈물로써 언약의 하나님께 진정한 내면적

개혁을 통한 언약의 회복을 간구하였다. 그러나 하나님의 응답은 "이스라엘 집과 유다 집이 내가 그들의 조상과 맺은 언약을 깨뜨렸도다 그러므로 나 여호와가 이 같이 말하노라 보라 내가 재앙을 그들에게 내리리니 그들이 피할 수 없을 것이라 그들이 내게 부르짖을지라도 내가 듣지 아니할 것인즉 … 그러므로 너는 이 백성을 위하여 기도하지 말라 그들을 위하여 부르짖거나 구하지 말라 그들이 고난으로 말미암아 내게 부르짖을 때에 내가 그들에게서 듣지 아니하리라 … 바알에게 분향함으로 나의 노여움을 격동한 이스라엘 집과 유다 집의 악으로 말미암아 그를 심은 만군의 여호와 내가 그에게 재앙을 선언하였느니라."렘 11:10~17 하나님께서 악을 자행하는 이스라엘을 향하여 "구스인이 그 피부를, 표범이 그 반점을 변할 수 있느냐 할 수 있을진데 악에 익숙한 너희도 선을 행할 수 있으리라"고 하셨다.렘 13:23

그러나 예레미야는 "여호와여 우리의 죄악이 우리에게 대하여 증언할지라도 주는 주의 이름을 위하여 일하소서 … 이스라엘의 소망이시요 고난 당한 때의 구원자시여 … 여호와여 주는 그래도 우리 가운데 계시고 우리는 주의 이름으로 일컬음을 받은 자이오니 우리를 버리지 마옵소서"라고 간구하였다.렘 14:7~9 예레미야의 간구의 근거는 자신의 의로움이나 이스라엘의 회개가 아니었다. 그것은 전적으로 하나님의 긍휼과 자비이었다. 이스라엘이 의로워서 택함을 받은 것이 아닌 것을 예레미야는 누구보다 더 잘 알고 있었다. 언약을 어긴 것은 이스라엘 백성이지 하나님은 아니시기에 언약의 약속을 신실하게 지키시는 그 하나님께 예레미야는 간구하였던 것이다. 그런 예레미야에게 하나님께서 다시 "너는 이 백성을 위하여 복을 구하지 말라 그들이 금식할지라도 내가 그 부르짖음을 듣지 아니하겠고 번제와 소제를 드릴지라도 내가 그것을 받지 아니할 뿐 아니라 칼과 기근과 염병으

로 그들을 멸하리라"고 답하셨다.^{렘 14:12}

하나님께서 이스라엘을 심판하시겠다는 근거는 하나님의 언약백성인 이스라엘이 모세를 통하여 하나님과 맺은 언약을 파기하였기 때문이었다. 하나님께서 예레미야를 통하여 주신 말씀은 "내가(하나님) 그들(이스라엘 백성)의 남편이 되었어도 그들이 내 언약을 깨뜨렸음이니라"이시다. 하나님께서 아브라함에게 약속하신 대로 이스라엘 백성은 큰 민족을 이루었다. 하나님은 이스라엘과 맺은 언약을 신실하게 지키셨다. 그러나 위에서 살펴본 대로 이스라엘은 애굽 땅에서 인도하여 내던 날부터 예레미야 시대에 이르기까지 언약이 지키지 못했다. 하나님께 직접 명령을 받은 모세 시대 이스라엘 백성들은 하나님의 명령을 지키겠다고 맹세하였다. 그러나 실제로는 그들조차도 하나님의 명령을 못했다. 물론 그들은 하나님의 명령을 지킨다고 하였고 또한 예레미야 시대에 이르기까지 세대를 이어가면서 자신들의 다음세대에게 하나님의 명령을 가르쳤다고 자부하였다. 그렇다면 이스라엘 백성은 하나님의 명령을 지켰다고 자부하는 반면에 하나님은 그들이 명령을 지키지 못했다고 말씀하시는가?

이에 대한 대답은 이스라엘 백성이 하나님의 명령을 지키는지 아니 지키는지에 있는 것이 아니다. 문제는 전심으로 지키는가에 있다. 다시 말해서 사랑하는 마음으로 지키는가에 있다. 하나님께서 선지자들을 통하여 우상숭배와 탐심이 이스라엘의 모든 죄악의 뿌리임을 지적하심을 보면 알 수 있다. 이스라엘 백성에게 우상숭배와 탐심은 두 가지가 아니라 하나이다. 우상숭배는 그것을 섬기면 더 잘 살 수 있다는 탐심의 발로이다. 탐심은 어쩔 수 없어 짓는 죄가 아니라 그것을 사랑하는 것이 마음속에 자리를 틀고 있기 때문에 짓는 죄이다. 그들이 하나님의 율법을 지키는 근본적인 이유는 하나님의 사랑을 깨닫고 그 하나님 사랑하는 마음에서야 한다. 그러므로 하나님보다 더 사랑하는 것이 우상숭배이요 탐심이다. 하나님의 사랑이 마음에 부은바가 되지 않는 한 하나님의 명령을 전심으로 지킬 수가 없다.

이와 더불어 주목하여야 할 점은 하나님을 전심으로 사랑하는 마음이 없는 가운데 하나님의 명령을 지키는 자는 자신이 하나님의 명령을 참으로 지키는 자라는 착각 속에 율법주의자로 전락하고 만다. 또한 다른 사람들이 지키지 못하는 하나님을 명령을 자신은 지킨다는 특권의식을 갖고 교만한 자가 된다. 죄를 지적해도 회개하지도 않을 뿐더러 할 수도 없는 자가 된다.

왜 이런 자리에 빠지게 되는가? 이스라엘 백성이 왜 하나님의 명령을 지켜야 하는지는 하나님께서 십계명을 주시면서 하신 말씀에 있다. 그것은 "나는 너를 애굽 땅, 종 되었던 집에서 인도하여 낸 너희 하나님 여호와로라"는 말씀이다.출 20:2 이 말씀은 이스라엘 백성에게 십계명을 주신 하나님이 이스라엘 백성을 사랑하여 주신 계명이라는 사실이다. 다시 말해서 하나님께서 그들을 얼마나 사랑하시는가를 보여주는 말씀이다. 그러나 이스라엘 역사가 실제로 보여주는 것은 이 정도의 사랑에 근거하여 주신 하나님의 명령으로는 이스라엘 백성을 우상숭배와 탐심에서 벗어날 수 없었다는 점에 있다.

긍정적 응답

이런 상황에도 도 불구하고 예레미야는 이스라엘 백성에 대한 회개의 촉구와 하나님을 향한 간구를 멈추지 않았다. 예레미야는 계속하여 하나님께서 조상들과 더불어 맺은 언약에 근거하여 "여호와여 우리가 우리의 악과 우리 조상의 죄악을 인정하나이다 우리가 주께 범죄하였나이다 주의 이름을 위하여 우리를 미워하지 마옵소서 주의 영광의 보좌를 욕되게 마옵소서 주께서 우리와 세우신 주의 언약을 기억하시고 폐하지 마옵소서"라고 애절하게 기도하였다.렘 14:20~21

드디어 언약에 근거하여 절망하지 않고 끊임없이 간구하는 예레미야의 기도에 하나님께서 긍정적으로 응답하기 시작하셨다. 아니 하나님께서 이 일을 위하여 예레미야로 낙심하지 않고 기도하게 하셨다. 그것은 하나님께서 이스라엘 백성을 그들이 살고 있는 땅에서 쫓아내었다가 날이 이르면 다시 그들에게 준 땅으로 돌아오게 하리라고 약속하신 것이다.

예레미야가 이 약속을 믿었다. 그 증거는 그가 이스라엘 백성이 바벨론으로 가는 것은 하나님의 뜻으로 받아들였다는 사실에 있다. 그는 다른 선지자들이 평안을 선포할 때 예레미야는 바벨론으로 쫓겨 가는 것이 하나님의 뜻이라고 선포하였다. 유다의 멸망을 선포하는 예레미야는 거짓 선지자들의 핍박을 면할 수 없었다. 그러나 예레미야는 굴하지 않고 유다의 멸망을 선포하는 가운데 유다가 바벨론에게 칠십년 간 포로생활 할 것과 그 후에 하나님께서 바벨론을 멸망시킬 것을 깨닫게 되었다.렘 25:11~12 하나님으로부터 들은 모든 말씀들을 한 말도 감하지 말고 전하라는 명을 받은 예레미야는 그대로 전하다가 죽을 지경에 이르게 되었다. 그러나 사반의 아들 아히감이 예레미야를 보호하여 백성의 손에 내어주지 아니하므로 죽음을 면하게 되었다.렘 26장

예레미야가 목숨 걸고 기도하고 목숨 걸고 순종하여 회개를 촉구하는

말씀을 선포하는 중에 전과 다른 하나님의 말씀이 임하기 시작하였다. 그것은 바벨론에서 칠십년이 차면 하나님께서 이스라엘 백성을 다시 살던 곳으로 돌아오게 할 것이라는 말씀이었다.렘 29:10 이스라엘 백성이 돌아오는 날은 아무 의미가 없는 어느 한 날이 아니라 하나님의 진노의 기간이 지나고 축복이 시작되는 날이었다. 백성의 기도를 듣지 않겠다고 하신 하나님께서 바벨론 포로생활에서 돌아오게 하시겠다는 말씀에 이어서 "너희를 향한 나의 생각을 내가 아나니 재앙이 아니라 곧 평안이요 너희 장래에 소망을 주려하는 생각이라 너희는 내게 부르짖으며 와서 내게 기도하면 내가 너희를 들을 것이요 너희가 전심으로 나를 찾고 찾으면 나를 만나리라 나 여호와가 말하노라 내가 너희에게 만나지겠고 너희를 포로 된 중에서 다시 돌아오게 하되 내가 쫓아 보내었던 열방과 모든 곳에서 모아 사로잡혀 떠나게 하던 본 곳으로 돌아오게 하리라 여호와의 말이니라 하셨느니라"는 놀라운 약속의 말씀이었다.렘 29:11~14

7_ 새 언약의 약속과 귀환

새 언약의 약속

진노 중에라도 긍휼을 베푸시는 언약의 하나님을 믿는 믿음 안에서 목숨 걸고 기도하던 예레미야는 하나님으로부터 바벨론 포로생활에서 돌아오게 되는 '그 날'을 약속받았던 것이다. 그는 더 이상 절망의 선지자가 될 수 없었다. 그는 위로의 선지자가 되었다. 소망의 선지가가 되었다. 위로와 소망의 선지가가 된 예레미야는 그가 쓴 예레미야서 30장부터 33장까지에서 하나님의 위로와 약속의 말씀들을 전하였다. 물론 예레미야의 현실은 여전히 그대로다. 절망할 수밖에 없는 전혀 소망을 가질 수 없는 현실이다. 그러기에 고통도 아직 존재하며 슬픔도 있었다. 그럼에도 불구하고 그가 위로와 소망의 선지자로 바뀐 것은 하나님의 약속의 말씀이 있었기 때문이었다. 드디어 예레미야에게 새 언약을 약속하시는 하나님의 계시가 임하였다. 그 계시의 말씀이 예레미야 31:31~34에 기록된 새 언약의 약속이었다.

이 새 언약은 출애굽 직후 시내산에서 맺은 옛 언약과 다른 언약이라고 하였다. 그러나 언약의 당사자는 하나님과 이스라엘이라고 하였다. 이 언약은 전적으로 하나님께서 이루시는 언약이라고 하신다. 그러나 주목되는 것은 하나님과 이스라엘 사이에 존재하는 법은 옛 언약 하에 주신 율법과 다른 법이 아니라 동일한 법이라고 하신다. 다만 새 언약 하에서는 그 율법을 마음속에 두시겠다고 하신다.[렘 31:33] 또한 하나님께서 이스라엘 백성의 악행을 사하고 다시는 그 죄를 기억하지 아니하리라는 말씀이다.[렘 31:34]

이와 같은 약속들에 근거하여 추론할 수 있는 것은 새 언약백성은 옛 언약 백성들이 할 수 없는 그것, 즉 하나님의 명령을 지킬 수 있도록 하나님께서 하시겠다는 축복의 약속임을 알 수 있다. 이제부터 새 언약의 약속을 좀 더 구체적으로 고찰하겠다.

예레미야 31:31~32

예레미야 31:31~34에 기록된 새 언약의 약속은 둘로 나누어 검토하려고 한다. 첫째 부분은[신 31:31~32] 여호와께서 이스라엘 백성의 조상과 맺었던 언약을 대신하여 새 언약을 맺으시겠다고 선언하신 배경과 의의를 검토하는 것이다. 둘째 부분은[신 31:33~34] 새 언약의 두드러진 특성들을 열거한 것으로, 특히 옛 언약과 새 언약 간의 연속성(continuity)과 불연속성

(discontinuity)을 다루려고 한다. 이 부분에서 고찰하는 범위는 새 언약의 배경과 내용이 예레미야 31장을 전후로 하는 문맥에 비추어 어떻게 이해되었는가 하는 점에 국한하려고 한다. 예레미야 31:31~34은 이스라엘의 회복에 대한 하나님의 약속을 주제로 한 위로의 책(Book of Comfort, 30~33장)이라는 문맥 속에서 이해하여야 할 것이다.

> 나 여호와의 말씀이니라. 보라 날이 이르리니 내가 이스라엘 집과 유다 집에
> 새 언약을 맺으리라. 나 여호와가 말하노라. 이 언약은 내가 그들의 조상들의
> 손을 잡고 애굽 땅에서 인도하여 내던 날에 맺은 것과 같지 아니할 것은 내가
> 그들의 남편이 되었어도 그들이 내 언약을 깨뜨렸음이니라 여호와의 말씀이
> 니라.(렘 31:31~32)

새 언약의 약속은 "나 여호와가 말하노라. 보라 날이 이르리니"로 시작된다. 이 문구는 예레미야서에서 가끔 발견되는 것으로 심판의 때렘 7:32; 9:25; 19:6와 동시에 구원의 때23:5, 7; 30:3; 31:27, 31, 38; 33:14와 관련되어 있음을 볼 수 있다. 본문에서 사용된 이 문구는 미래의 구원에 대한 약속과 관련되어 있음이 분명하다. 예레미야 30:3의 "보라 날이 이르리니"라는 표현은 이스라엘 백성이 바벨론에서 귀환하는 것과 관련되어 있다. "나 여호와가 말하노라. 내가 내 백성 이스라엘과 유다의 포로를 돌이킬 때가 이르리니"라는 말씀이 이 사실을 뒷받침한다.

동일한 구절이 예레미야 31:27에서는 이스라엘과 유다 집을 다시 심는 것과 관련하여 사용되었음을 "여호와의 말씀이니라 보라 내가 사람의 씨와 짐승의 씨를 이스라엘 집과 유다 집에 뿌릴 날이 이르리니"라는 말씀을 통하여 볼 수 있다. 예레미야 31:38에서는 이 문구가 영원히 남아 있을

예루살렘 도성의 건축과 연관되어 있음이 분명하다. 우리의 관심사인 예레미야 31:31~34에서는 이 문구가 새 언약의 성취와 관련해서 나타난다. 그런데 이 언약의 성취가 미래의 일인 것은 분명하지만 그 시기에 대해서는 언급되지 않았다.

비록 그 시기에 대하여 분명히 언급하지는 않지만, 분명한 것은 새 언약이 "그 날 후에" 이루어질 것이라는 점이다. 여기에서 언급된 "그 날 후에"라는 구절에 대해서는 해석이 다양하다. 이 문구가 "어두운 현실"을 암시한다고 해석하는 반면에 이것을 포로 귀환으로 인한 회복의 때가 도래한 후에 새 언약이 실행될 것과 연관 짓기도 한다. 이 문구를 "때가 이르면"이라고 번역하여 "날이 이르리니"라는 문구와 동등한 것으로 이해한다. 따라서 "그 날(들)"은 예레미야의 시대를 포함하여 새 언약이 성취되기 전의 환란과 역경의 시기를 의미하는 것이라 할 수 있다. 그러므로 여기에서의 "그 날(들) 이후"는 바벨론에 포로로 잡혀간 자들이 환난과 역경을 겪고 그 포로생활로부터 돌아온 귀환 이후를 말하는 것으로 이해될 수 있다.

예레미야의 시대는 이스라엘 백성의 완고한 불순종으로 말미암은 심판과 파멸의 때였다. 그런데 예레미야는 이미 이스라엘 백성들이 회개하지도 않을 것이며 또한 회개할 수도 없다고 결론지었다.렘 5:1~9; 6:27; 17:9~10 그래서 그는 심판을 선포했고 이스라엘 백성들에게 그 심판을 겸손히 받아들이도록 촉구했다. 그렇다면 예레미야가 선포한 새 언약의 약속은 이스라엘 자신에 의해 심판과 파멸의 상황이 점진적으로 개선될 것이라는 의미로 이해될 수는 없다. 오히려 예레미야의 선언은 하나님께서 앞으로 주도하여 행하실 근본적으로 새로운 시작으로 이해되었을 것이다.

그런데 본문은 정확히 언제 이 일이 일어날지에 대해서는 말하지 않는다. 본문이 보여주고 있는 것은 단지 "그 날 이후"라는 것뿐이다. 그럼에도 불구하고 "나 여호와가 말하노라"라는 표현은 이 약속의 권위와 확실성을 보증하고 있다. 이 표현은 본문에서 네 번씩이나 발견된다.렘 31:31,32,33,34 이 표현의 반복(전반부의 시작과 끝, 또한 후반부의 시작과 끝)은 하나님께서 자기 백성과 새로운 언약을 맺으시겠다는 것이 예레미야 자신의 기대나 소망이 아니라 하나님의 약속임을 강조하고 있다.

이 본문의 전반부에서는 이스라엘의 집과 유다 집의 재결합을 공포하고 있다. 이스라엘의 집과 유다의 집을 미래의 축복의 약속과 관련하여 언급하는 것은 장래에 두 나라가 연합할 것이라는 것을 보여준다.렘 5:1~6; 13:23; 17:1~9 그런데 예레미야 31:33에서는 이 두 나라 다음에 유다 집이 언급되지 않는다. 그 이유는 두 나라가 하나로 연합된 후에는 굳이 두 나라의 이름을 언급할 필요가 없다는 사실을 보여준다고 할 수 있다.

새 언약 하에서의 이스라엘 집과 유다 집의 재결합과 관련하여, 예레미야서에서는 "남은 자"라는 용어가 유대 땅에서 쫓겨난 자들은 물론렘 23:3; 31:7; 44:12,14,28 유대에 머물러 있는 자들에게도렘 40:11,15; 42:2,9 적용되었음을 주목할 필요가 있다. 그러나 흥미 있는 사실은 하나님의 백성이라고 하는 개념은 쫓겨났다가 돌아온 자들에게만 적용되었다는 점이다. 이것은 그가 포로생활에서 돌아온 자들만 "내 양 무리",렘 23:3 "주의 백성"렘 31:7이라고 부른 것을 보아 알 수 있다. 24장이나 40-44장에서 언급하는 장차 하나님의 백성으로 양육될 자들은 유대 땅에 머물러 있었거나 게달리아의 암살 후 애굽으로 피난간 자들이 아니라 바벨론으로 잡혀간 자들임을 분명히 하고 있다.렘 24:8 따라서 이스라엘 집과 유다 집의 재결합에 대한 약속은 새 언약의 백성이 이스라엘 백성 전체가 될 것임을 암시한다고 가정할 필요는 없다. 오히려 이미 언급한 바와 같이 장자(長子)가 있으면 차자(次子)가 있듯이 이 재결합은 암시적으로 이스라엘과 이방인이 한데 어우러져 새 언약 백성이 될 것을 보여주는 것이라고 해석할 수 있다.

예레미야 31:33~34

그러나 그 날 후에 내가 이스라엘 집에 맺을 언약은 이러하니 곧 내가 나의 법을 그들의 속에 두며 그들의 마음에 기록하여 나는 그들의 하나님이 되고 그들은 내 백성이 될 것이라 여호와의 말씀이니라. 그들이 다시는 각기 이웃과 형제를 가리켜 이르기를 너는 여호와를 알라 하지 아니하리니 이는 작은 자로 부터 큰 자까지 다 나를 알기 때문이라. 내가 그들의 악행을 사하고 다시는 그 죄를 기억하지 아니하리라. 여호와의 말씀이니라.

이 단원에서는 새 언약의 선언과 관련하여 도대체 어떤 점이 옛 언약과 근본적으로 "더 이상"[34절] "같지 않은"[32절] 새로운 것들인가라는 질문이 제기된다. 이 질문과 관련해서 33절의 불변사 '그러나'(히. '키')의 역할이 중요하다. 이 불변사는 반의적으로 사용되었다. 이 단어는 새 언약이 옛 언약과 대조를 이룬다고 지적하는 데서 한 걸음 더 나아가 그 내용이 무엇인가 적극적으로 전환점을 이룬다는 것을 보여주고 있다. 다음으로 이 불변사는 새로운 관계를 성립시킬 하나님의 행동을 선언함으로써 새 언약의 약속을 종결짓는 역할을 하고 있다.

이 불변사가 전반부[31~32절]에는 나타나지 않는다. 그러나 후반부[33~34]절에서는 세 번이나 나타난다. 이 불변사는 새 언약과 옛 언약을 대조하기 위해서, 또한 새 언약의 새로운 면을 강조하기 위해서 사용되었다고 생각된다. 물론 새 언약의 새로운 면은 이 불변사뿐 아니라 32절과 34절에 나타난 부정어 '아니'(히. '로')라는 단어에 의해서도 강조되고 있다. 여기에서는 네 가지 영역의 주제들을 다루려고 한다.

첫째 주제는 하나님과 새 언약 백성 간의 내면적 관계에 대한 것이다. 이 사실은 "내가 이스라엘 집에 세울 언약은 이러하니 곧 내가 나의 법을 그들 속에 두며 그들의 마음에 기록하여 나는 그들의 하나님이 되고 그들은 내 백성이 될 것이라"는 말씀에 근거한다. 이 말씀은 이전 언약을 어긴 것이 율법을 마음속에 기록하시겠다는 약속의 배경이 되었음을 알 수 있다. 율법을 마음에 기록하겠다는 약속은 율법의 내면화를 말씀하심이다. 이 율법의 내면화를 새로운 율법으로 이해할 수 없다. 33절에서는 율법의 내용을 세밀히 명시하지는 않고, 더욱이 새로운 율법을 말하지도 않는다. 33절은 단지 하나님께서 스스로 새 언약 백성의 마음속에 하나님의 법(나의 법, 히. '토라티')을 두실 일에 대해서만 언급하고 있다. '나의 법'이라는 말은 새 언약의 율법이 시내산 언약의 근거가 된 그 율법과 다른 것이 아님을 분명히 지적하고 있다.

이 내면화를 구약에서 율법을 마음속에 둔다고 말하는 것과 연관하여 이해할 수 있다. 시편에는 율법을 마음에 둔다고 말하는 몇몇 구절들이 있다.시 37:31; 40:8; 119:34; 참조. 시 119:11; 신 6:6; 30:6,14 이러한 시편들의 문맥을 살펴보면 율법을 마음에 둔다는 것은 분명히 율법을 지키는 일과 관계된다. 예레미야서에도 율법의 내면화를 의미하는 요소들이 있다. 예레미야를 부르시는 장면1:4~10은 그의 선지자 직분이 내면화된 소명에 의한 것임을 시사한다. 예레미야의 소명을 위한 어떠한 외적인 사건도 일어나지 않았다.

실제로 그의 소명은 어떠한 사건으로 묘사되지 않고, 자신이 선지자로 부름을 받았다는 예레미야 자신의 깨달음으로 묘사된다. 그는 "내가 주의 말씀을 얻어먹었사오니 주의 말씀은 내게 기쁨과 내 마음의 즐거움이오나"라고 고백한다.렘 15:16

시편에서의 내면화는 몇몇 개인들에게 국한된 것이다. 게다가 이 내면화에 대한 하나님의 역할에 대해 언급하지 않는다. 그러나 이와는 대조적으로 새 언약 하에서의 내면화는 어떤 개인들에게 국한된 것이 아니라 이스라엘의 작은 자로부터 큰 자에 이르기까지 전체를 포함하고 있다. 그뿐 아니라 이 일은 인간의 노력을 통해 이루어지는 것이 아니라 하나님 자신에 의해 성취될 것이다.

근본적으로 이 내면화를 하나님께서 자신과 이스라엘 사이에 영원한 언약을 세우기 위하여 이스라엘 백성의 마음속에 하나님에 대한 경외심을 넣어주시겠다는 선언과 관련하여 이해하여야 한다. 예레미야는 예레미야 32:39~40에서 하나님께서 이스라엘 백성의 마음속에 하나님을 경외하는 마음을 심으셔서 그들이 하나님을 결코 떠나지 않을 것이라고 선언한다.참조. 렘 24:7; 출 20:20; 신 4:10; 31:12 문맥상으로 볼 때, 하나님에 대한 경외심은 하나님과 그들 사이에 영원한 언약을 세우기 위해 바벨론에서 귀환한 자들에게 주어질 것이다.렘 32:37~41 하나님에 대한 경외심을 마음속에 둠으로써 이스라엘 백성들은 율법을 지키는 결과에 이르게 된다.렘 32:40; 참조. 렘 5:23~24

둘째 주제는 예레미야 31:33에 나오는 율법의 내면화에 대한 약속의 성취에 대한 것이다. 이 약속은 인간이나 혹은 천사를 막론하고 어떠한 중재자도 없이 하나님 자신에 의하여 성취된다. 새 언약 하에서는 하나님께서 자신의 율법을 기록하는 장소가 마음이라는 사실을 주목할 필요가 있다. 구약에서 "마음"은 감정의 좌소(seat)를 의미하는 것으로 사용되었을 뿐 아니라 의지와 도덕적 삶의 좌소를 뜻하는 것으로도 사용되었다. 더욱이 구약에서 "마음"이라는 말은 감정보다는 의지에 비중을 두고 있다는 점을 감안할 때,예. 사 10:7 율법을 마음속에 두신다는 말의 의미는 하나님께서 그의 백성들에게 율법을 지킬 의지와 힘을 주신다는 것이다. 그러므로 율법의 내면화의 약속은 하나님께서 새 언약 백성의 마음을 그의 창조적인 능력으로 변화시켜서 그들로 하여금 율법을 지키게 하시겠다는 의미로 이해될 수 있다고 생각된다. 이로 말미암아 순종이 마음속에서 우러나오기 때문에 그들은 율법을 자발적으로 지키게 되고 따라서 새 언약을 깨뜨리지 않게 되는 것이다.

한 걸음 더 나아가 이러한 견해는 성령의 역사를 새 마음과 관련하여 예언한 에스겔의 예언을 통해 더욱 지지를 받는다. 에스겔은 다음과 같이 말한다.

또 새 영을 너희 속에 두고 새 마음을 너희에게 주되 너의 육신에서 굳은 마음을 제거하고 부드러운 마음을 줄 것이며 또 내 신을 너희 속에 두어 너희로 내 율례를 행하게 하리니 너희가 내 규례를 지켜 행할지라. 내가 너희 조상에게 준 땅에서 너희가 거주하면서 내 백성이 되고 나는 너의 하나님이 되리라 (겔 36:26~28; 참조. 겔 11:19~20).

에스겔 36장의 새 마음에 대한 약속은 율법을 지키는 일과 긴밀한 관계가 있다. 에스겔은 율법을 마음속에 기록한다는 개념과 하나님에 대한 경외심을 마음속에 주신다는 개념을 동일한 한 가지 사실, 즉 새 언약에 속한 백성들은 주님의 능력으로 율법을 지킨다고 하는 사실을 지시하는 것으로 이해한 것처럼 보인다. 결과적으로, 율법을 마음속에 두어 율법을 지킨다고 하는 에스겔의 선언은 이스라엘 백성이 율법을 지킬 수 있도록 "부드러운 마음"과 "신을 (마음)속에 두신다"는 말씀과 일치한다.겔 36:26~27 더욱이 여기에서 주목할 점은 이스라엘 백성이 율법을 지키게 될 새로운 상황을 "내 백성과 너희 하나님"이라는 언약적인 표현으로 묘사했다는 사실이다.겔 36:28 에스겔 37:23 이하를 살펴보면 에스겔이 이러한 새로운 상황을 하나님과 그의 백성 사이에 수립될 영원한 언약과 관련지었음을 알 수 있다. 따라서 율법을 마음에 기록한다고 하는 예레미야 31:33의 개념은 새 언약의 백성들이 율법을 지킬 수 있도록 그들에게 부드러운 마음을 주고 신을 (마음)속에 둔다는 의미로 이해될 수 있을 것이다.

결론적으로 예레미야 31:33의 율법의 내면화는 시편에 나타난 율법을 마음속에 둔다고 하는 개념에 비추어 생각할 수 있을 것이며,시 37:31; 40:8; 119:34 또한 시편의 율법에 대한 이해가 새 언약 개념과 연관되었을 가능성도 인정한다. 그러나 예레미야 31:33에서 말하는 율법의 내면화가 작은 자로부터 큰 자에 이르기까지 이스라엘에 속한 모든 백성을 포함한다는 사실은, 비록 시편에서 발견되는 개념이 예레미야 31장의 약속을 이해하는 데 연관성을 제공하기는 하지만 이 언약을 오직 시편의 개념에만 관련시켜 이해할 수는 없다는 점을 보여준다. 그러므로 율법의 내면화는 시편의 개념과 더불어, 하나님께서 그의 백성의 마음속에 율법을 지킬 수 있도록 하나님을 경외하는 마음을 넣어주신다는 약속과 관련하여 이해되어야 할 것이다.

셋째 주제는 모든 백성이 하나님에 대한 직접적인 (중개자 없는) 지식을 갖는 것에 대한 것이다. 34절은 새 언약 백성이 작은 자로부터 큰 자까지 모두 하나님을 알기 때문에 그들에게 하나님을 알라고 가르칠 필요가 없다고 말한다. 이 구절은 새 언약 백성들이 하나님에 대한 개인적인 지식을 가지고 살 것이기 때문에 새 언약 하에서의 하나님과 그의 백성의 관계가 직접적인 것임을 암시한다. 따라서 이 말은 새 언약의 백성에게는 언약의 하나님을 가르칠 선생이 필요하지 않다는 의미를 내포한다. 그런데 새 언약 하에서 선생이 필요하지 않다는 말이 정확히 무엇을 의미하는지를 결정하는 것은 쉽지 않다. 그럼에도 불구하고 이와 관련하여 몇 가지 점들을 지적할 수 있을 것이다.

34절의 '알다'(히. 야다)라는 동사가 보여주는 대로 선생이 필요하지 않은 이유는 새 언약 백성 모두가 하나님을 알기 때문이다. 하나님과 새 언약 백성의 관계를 말하면서 이 동사를 사용한 점은 의미심장하다. 왜냐하면 구약에서는 이 동사가 하나님께서 이스라엘 백성을 자신의 언약 백성으로 인식하신다는 사실을 나타낼 때 사용되었기 때문이다. 본문에서 이 동사는 새 언약 백성이 하나님을 언약의 하나님으로 안다는 것을 암시한다고 여겨진다. "나는 그들의 하나님이 되고 그들은 내 백성이 될 것이라."33절 예레미야서에서 "하나님을 아는 것"(또는 하나님을 알지 못하는 것)은 율법에 순종(혹은 불순종)하는 것과 밀접하게 연결된다.렘 2:8; 4:22; 9:24; 10:25 이와 같은 사실을 통해 볼 때 가르침이 필요하지 않은 이유는 율법을 마음속에 내면화시켰기 때문임을 알 수 있다.

다음으로 34절에서 다시 사용된 이 동사가 보여주는 것처럼 가르침이 필요하지 않다는 것은 죄 사함과 관련이 있음을 알 수 있다. 백성들의 죄악이 사해졌고 또한 율법이 내면화된 상태에서는 언약의 하나님을 알게 하기 위하여 가르칠 필요가 없는 것이다. 이와 관련하여 예레미야서에

등장하는 선생들은 거짓 교훈으로 다른 사람들을 속이는 자들로 묘사되어 있다는 것은 흥미로운 일이다. 예레미야 8:8 상반절은 예레미야 당시에 이스라엘에는 율법에 대한 자신들의 지식을 자랑하는 자들이 있었음을 보여준다. 그들은 "우리는 지혜가 있고 우리에게는 여호와의 율법이 있다"고 공언했다. 그러나 예레미야는 이렇게 말하는 자들을 향하여 "참으로 서기관의 거짓 붓이 (율법을) 거짓되게 하였나니"라고 반박했다. 서기관들은 율법을 취급하는 자들이며 율법을 가르치는 선생 노릇을 하는 자들이었다.

그럼에도 불구하고 예레미야는 예루살렘에 사는 거민들이 거짓을 고집하고 여호와께로 돌아오는 것을 거절하였다고 말하고 있다.렘 8:5 그러므로 "하나님을 알라"고 가르칠 선생이 필요하지 않으리라는 선언은 율법을 지키는 일뿐 아니라 하나님에 대한 지식이 더 이상 어느 특수 계층의 사람들에게만 주어진 특권이 아니라는 사실을 보여준다. "작은 자로부터 큰 자까지"라는 구절은 어느 누구도 우월한 입장에서 다른 사람을 가르치거나 거짓으로 그들을 속일 수 없다는 것을 암시한다고 볼 수 있을 것이다.

넷째 주제는 새 언약 백성의 죄악이 하나님에 의해 사해질 것에 관한 것이다. "내가 그들의 악행을 사하고 다시는 그 죄를 기억하지 아니하리라 여호와의 말이니라." 그들의 죄를 사해 주신다는 이 선언은 어떤 의미로 이해될 수 있을 것인가? 예레미야 31:31 이하에서는 죄가 어떠한 방법으로 사해지는지에 대해서는 언급하지 않는다. 그러나 죄를 사해주신다는 이 선언이 어떻게 성취될 것인가에 대해서는 죄 사함에 대해 말하고 있는 구약의 다른 구절들을 통해 고찰할 수 있을 것이다.

우선 하나님께서 죄를 사해주시는 것은 그의 자비(loving kindness)와 은혜에 관련된 문제로 이해할 수 있다.출 34:6~7; 민 14:18; 시 51:1~2; 103:11~12; 욜

2.13; 욘 4:2; 미 7:18 위의 구절들을 통해 볼 때 죄 사함은 언약 백성에 대한 하나님의 자비로우신 태도에 근거한 것이다.

다음으로 죄 사함은 성전에서 드리는 희생제물과 연관하여 이해될 수 있다. 그러나 죄 사함의 선언을 단지 동물로 드리는 희생제사와만 관련시켜 이해할 수는 없다. 왜냐하면 유다의 죄가 그들의 마음 판과 제단의 뿔에 새겨졌다는 단언은렘 17:1,9 본문에서 말하는 죄 사함을 동물의 희생과 관련하여 생각할 수 없다는 것을 보여준다. 예레미야 13:23에서는 "구스 인이 그 피부를 표범이 그 반점을 변할 수 있느냐"고 질문한다. 예레미야가 여기에서 강조하고 있는 것은 "한 번 짓게 되면 그것으로부터 벗어날 수 없다"는 것이다. 예레미야 5:15~20과 17:1에서 죄와 마음이 긴밀하게 연결되어 있음을 볼 수 있다. 여기에서 강조하는 바는 마음으로부터 죄를 제거하는 일은 짐승의 피로 말미암아 이루어질 수는 없다는 것이다. 왜냐하면 속죄제의 피는 마음 판에 새겨진 죄를 씻을 수 없고, 단지 제단 뿔에 발라지기 때문이다.

'마음'(히. 렙)은 예레미야 5:20~25에서 세 번 나온다. 21절에서는 백성들이 "지각(마음)이 없다"는 말은 '어리석은'이라는 말과 병행하여 사용되었다. 마음이 없으면 감각기관들은 무용지물이 된다. 23절에서 백성들의 배교가 그들의 완고하고 반역한 마음 때문이라고 지적하는 반면에 24절에서는 하나님의 자비가 백성들의 양심(마음)에까지 스며들지 못했다고 지적한다. 예레미야 17:1에서 속죄제물의 피가 제단 뿔에 발라지는 일과 관계된 속죄 행위에 대한 암시를 발견할 수 있다. 유대 민족의 죄는 너무나 깊게 자리 잡고 있어서 백성들의 죄를 씻어낼 것으로 기대되었던 속죄제물의 피가 발라질 제단 뿔에까지 새겨져 있었다. 죄가 사람의 마음속에 새겨져 있는 한 죄 사함은 불가능하다. 사람이 제물로서 자신이 받아야 할 죄의 형벌을 대신할 수는 없다. 하나님께서 죄를 용서하시기 위해서는 마음속에 새겨진 죄를 지우셔야 하며, 그 마음을 율법으로 대신 채우셔야 한다. 마음을 율법으로 채운다는 말은 하나님의 말씀을 순종하는 마음으로 바꾼다는 의미이다.

새 언약의 약속에서 죄 사함이 어떤 특별한 시기, 즉 "그 날 이후"와 관련되어 있음을 주목할 필요가 있다.렘 31:33 예레미야는 50:20에서 "그 날 그 때에 이스라엘의 죄악을 찾을지라도 없겠고 유다의 죄를 찾을지라도 발견치 못하리니 이는 내가 나의 남긴 자를 사할 것임이니라"고 선언한다. 그런데 예레미야 50:5이 보여주는 대로 그 날과 그 때는 하나님께서 이스라엘의 죄악을 사하시는 때로서, 하나님께서 이스라엘과 맺는 영원한 언약과 밀접하게 연관되어 있다. 이 언약은 예레미야 31장에서 말하는 새 언약과 동일한 언약으로 볼 수 있다.

결론적으로, 죄가 마음에 뿌리박고 있다는 예레미야의 생각과, 그 날과 그 시에 유다의 죄를 찾을 수 없다는 사실은 옛 언약에 대비되는 새 언약 하에서의 죄 사함의 두드러진 특징이다. 옛 언약 하에서는 죄 사함이 아직도 죄악 중에 머물러 있는 자들에게 주어졌다고 한다면 새 언약 하에서는 하나님께서 백성들의 죄를 사하실 것이며 더욱이 그들의 죄가 더 이상 발견되지 않을 것이라는 점이다. 이것은 율법의 내면화에 대한 약속과 관계되는 것으로 보인다. 왜냐하면 하나님께서는 그들이 결코 하나님으로부터 떠나지 않게 하시려고 그들의 마음속에 있는 죄를 용서하시고 그곳에 그의 율법을 채우실 것이기 때문이다.렘 32:39~40 달리 말한다면 새 언약 하에서는 백성들의 죄가 발견되지 않을 것이다.렘 50:20

예레미야 31:31~34에 나타난 새 언약의 미래적인 성격은 주목할 만한 것이다. 언약을 '세운다 혹은 맺다'(히. 카라트)라고 하는 동사는 언약의 체결을 나타내는 전문적인 용어로서, 31절과 33절에서 미완료적인 의미로 사용되었다. 이러한 미완료 용법의 사용은 새 언약을 옛 언약과 대조시키는 역할을 한다. 왜냐하면 이 동사는 새 언약을 미래와 관련지어 생각하도록 하기 때문이다. 새 언약의 진정한 의미는 이 언약이 약속을 포함한다는 사실에 있다. 그러나 이미 언급한 대로, 예레미야가 이 약속이 언제 이루어질 것으로 생각했는지를 추정하는 것은 불가능하다. 그럼에도 불구하고 예레미야가 확신하는 바는 반드시 그 날은 오고 만다는 사실이다. 또한 그가 확신하는 것은 '그 날 이후'라는 사실이다. 다시 말해서 그 날은 바벨론 포로생활에서 귀환하기 전에는 그런 일이 절대 없고 반드시 포로 귀환 이후의 사건일 것이라는 점이다.

포로생활에서의 귀환

하나님께서 이스라엘 백성이 바벨론 포로생활 칠십년이 차면 포로생활에서 귀환할 것을 약속하셨다. 그러나 이 기간은 그냥 교도소 안에서 가만히 앉아서 시간만 채우면 교도소 문을 나오게 되어있는 그런 기간이 아니었다. 그 기간은 바벨론 포로로 잡혀간 이스라엘 백성이 조상의 죄와 자신들의 죄를 회개하면서 목숨 걸고 하나님의 말씀을 지키는 기간이었다. 왕의 진미와 그의 마시는 포도주로 자기를 더럽히지 않기 위하여 뜻을 정한 다니엘과 그의 뜻에 동조하는 세 친구가 있었다.[단 1:8,16] 그의 친구들은 극렬히 타는 풀무 불에서 자신들을 건져내실 하나님을 믿었던 자들이다.

더욱이 그들은 하나님께서 뜻이 있어 그 풀무 불에서 건져내지 '아니하실지라도' 금신상 앞에 절할 수 없다는 고백을 한 자들이었다.단 3:17~18 다니엘은 왕의 진미만을 거부한 것이 아니라 사자 굴을 마다하지 않고 하루에 세 번씩 자신의 방에서 예루살렘으로 향하여 열린 창에서 무릎을 꿇고 기도하며 하나님께 감사하였다.단 6:7,10

자신의 생명의 위협을 느끼는 일이기에 할 수 없다는 에스더에게 "네가 왕후의 자리를 얻은 것이 이 때를 위함이 아닌지 누가 알겠느냐"고 말하는 모르드개가 있었다.에 4:14 그의 말에 대답하여 "나도 나의 시녀로 더불어 이렇게 금식한 후에 규례를 어기고 왕에게 나아가리니 죽으면 죽으리라"고 결심하고 실행한 에스더가 있었다.에 4:16 이들은 임박한 죽음의 날이 다가오는 데도 그것도 모르고 있는 동족의 운명을 바꾸어 놓은 자들이었다. 이들은 동족을 죽음을 통과한 민족으로 바꾸어 놓았다. 어찌 그들뿐이랴? 바벨론으로 포로 되어 간 자들은 바벨론의 여러 강변에 앉아서 시온을 기억하며 울었다.시 137:1 시편 137편의 저자는 "예루살렘아 내가 너를 잊을진대 내 오른손이 그 재주를 잊을지로다 내가 예루살렘을 기억하지 아니하거나 내가 가장 즐거워하는 것보다 더 즐거워하지 아니할진대 내 혀가 내 입천장에 붙을지로다"라고 노래하였다.시 137:5~6

이 모든 자들은 '그 날'의 그 새벽을 깨우는 자들이었다. 하나님께서 그들을 그 새벽을 알리는 파수꾼으로 사용하셨다. 하나님께서 그들의 삶을 지켜보시고 '그 날'을 약속하신 것이 아니라 먼저 '그 날'을 약속하시고 그들을 준비시켜 사용하신 것이다. 하나님께서 예레미야를 통하여 약속하신 '그 날'은 바벨론으로 포로 되어 갔던 자들이 가나안 땅으로 돌아오는 날이 되었다. 따라서 이 '그 날'을 두 번째 출애굽이라고 부르기도 한다.

첫 출애굽은 하나님께서 고통 중에 부르짖는 이스라엘 백성의 신음소리를 들으시고 아브라함과 이삭과 야곱에게 맺은 언약을 기억하사 언약 백성을 권념하심으로 시작되었다. 두 번째 출애굽 역시 새벽을 깨우는 자들을 중심으로 조상들과 자신들의 세대 사람들이 지키지 않고 있었던 옛 언약을 죽음도 불사(不死)하며 지키나가는 가운데 시작되었다.

애굽에서 해방과 바벨론에서 귀환을 비교하면 커다란 차이를 볼 수 있다. 첫 출애굽은 하나님께서 열 가지 재앙으로 완악한 바로에 두려움을 심어 출애굽을 허락하게 하므로 시작되었다. 그러나 두 번째 출애굽인 바벨론에서의 귀환은 "바사 왕 고레스 원년에 여호와께서 예레미야의 입으로 하신 말씀을 이루게 하시려고 바사 왕 고레스의 마음을 감동시키시매 그가 온 나라에 공포도 하고 조서"를 내림으로 시작되었다.[에 1:1] 고레스의 조서의 내용은 "하늘의 하나님 여호와께서 세상 나라를 내게 주셨고 나를 명령하사 유다 예루살렘에 전을 건축하라 하셨나니 이스라엘의 하나님은 참 신이시라 너희 중에 그 백성 된 자는 다 유다 예루살렘으로 올라가서 이스라엘의 하나님 여호와의 전을 건축하라 그 남아 있는 백성은 … 예루살렘 하나님의 전을 위하여 예물을 즐거이 드릴지니라"이었다.[에 1:2~4]

바벨론에서의 귀환의 특징은 처음부터 끝까지 마음의 감동으로 이루어졌다. 다시 예루살렘으로 돌아간 자들도 하나님의 감동으로 그렇게 하였다. 고레스의 조서를 받은 "유다와 베냐민 족장들과 제사장들과 레위 사람들과 무릇 그 마음이 하나님께 감동을 받고 올라가서 예루살렘 여호와 전을 건축하고자 하는 자가 다 일어났다."[에 1:5] 예루살렘으로 돌아가기까지 첫 출애굽과 같은 불평과 원망으로 인한 반역의 역사는 없었다. 그들의 감동은 하나님의 감동이었기 때문이었다. 거기에는 즐거움이 있었다. 하나님의 감동이 있는 곳에 즐거움이 있었다. 이것은 마지못해서 하는 외적인 형식적인 부흥이 아니라 마음속 깊은 곳에서부터 감격하여 솟아나는 기쁨과 더불어 일어나는 진정한 부흥인 것이다. 시작부터 끝까지 하나님으로 말미암아 약속되고 준비되고 진행되고 성취된 다시 돌아오는 부흥의 역사인 것이다. 첫 출애굽은 외적인 강압적인 역사로 시작되었다. 둘째 출애굽이라고 불리는 바벨론에서의 귀환은 내적인 감동에 의한 것이었다. 그럼에도 불구하고 포로 귀환 이후에 기록된 구약성경 어느 책에도 예레미야를 통하여 주신 새 언약이 성취되었다는 기록을 찾아볼 수가 없다.

에스라는 에스라서 1:1에서 포로 귀환이 "여호와께서 예레미야의 입으로 하신 말씀"을 성취하시기 위한 것이라고 지적한다. 그렇다면 에스라는 포로 귀환을 예레미야 31장의 새 언약의 성취라는 관점에서 이해했는가? 여기에서 "여호와의 말씀"은 새 언약을 가리키는 것이 아니라 단지 칠십년 후에 바벨론으로부터 돌아오게 하시겠다는 약속을 가리키는 것으로 보인다.렘 25:11 이하; 29:10; 참조, 단 9:2 포로시대 이후에 기록된 구약성경 가운데서는 예레미야 31장의 새 언약의 약속이 당시의 유대 공동체 가운데서 성취되었다고 주장하는 구절을 찾아볼 수 없다.

이 시대에 기록된 성경에는 새 언약이라는 용어가 사용되지 않았으며 이 약속이 성취되었다는 어떠한 암시도 찾아볼 수 없다. 포로시대 이후에 기록된 성경들 가운데에는 새 언약의 약속이 유대 공동체 가운데서 실현된다는 개념이 없다. 오히려 포로 귀환 이후에 기록된 구약성경은 하나님께서 옛 언약에 대하여 신실하심을 강조하면서 조상과 자신들의 죄를 회개하며 새 언약이 아닌 옛 언약을 지켜 나가는 모습을 다음 몇 가지 점들을 통하여 알 수 있다. 중간사 시대에 에세네파 중에 사해 가까이 살았던 쿰란 공동체 사람들이 구약성경이 아닌 자신들의 문서인 '다마스커스' 문서에서 새 언약이라는 용어를 처음으로 사용했다. 이는 여기서 다루는 주제와 상관이 없으므로 고찰을 생략하기로 한다.

신실하신 하나님

포로시대 이후에 기록된 구약성경의 공통적인 특징으로는 이스라엘 백성들의 과거 및 현재의 죄를 지적하는 것이다.에 9:6~7; 1:13; 느 1:6~7; 참조, 슥 1:2~6; 말 2:10~12 다른 하나는 하나님과 이스라엘 사이의 언약 관계가 하나님에 의해서 견고하게 지속되고 있다고 확신이다.느 9:5, 6; 학 2:5; 슥 9:11 에스라가 제사장과 레위인을 포함한 이스라엘 백성들이 이방인과 통혼하여 율법을 어긴 사실을 들었을 때 그는 이스라엘의 죄악을 이렇게 고백한다.

> 나의 하나님이여 내가 부끄러워 낯이 뜨거워서 감히 나의 하나님을 향하여 얼굴을 들지 못하오니 이는 우리 죄악이 많아 정수리에 넘치고 우리 허물이 커서 하늘에 미침이니이다. 우리 조상들의 때로부터 오늘까지 우리 죄가 심하매 우리의 죄악으로 말미암아 우리와 우리 왕들과 우리 제사장들을 여러 나라 왕들의 손에 넘기사 칼에 죽으며 사로잡히며 노략을 당하며 얼굴을 부끄럽게 하심이 오늘날 같으니이다(에 9:6~7).

그는 계속하여 "우리의 악한 행실과 큰 죄로 인하여 이 모든 일을 당하였사오나"라고 고백한다.에 9:13 그들이 바벨론으로 잡혀간 이유가 그들 자신과 그들의 조상들의 죄 때문이었던 것으로 이해한 것이 분명하다.^{에 9:14} 이와 비슷한 고백들이 느헤미야의 기도와 그 외의 성경에서도 발견된다.^{느 1:6~7; 슥 1:2~6; 말 2:10~12} 선지자 학개는 "여호와의 전을 건축할 시기가 이르지 아니하였다"^{학 1:2}고 말하는 자들에게 성전 건축의 중단으로 말미암아 땅이 황폐하여질 것을 경고하였다.^{학 1:5~11} 종교적 타락이나 도덕적 방종은 성전 건축이 중단되었을 때는 물론 성전 건축 이후에도 유대 사회에 존재하였음을 지적하고 있다. 선지자 말라기는 성전 완성 이후에도 유대 사회에 종교적 나태가 있음을 지적하였다.^{말 2~3; 참조. 학 2:14~15} 그는 제사장들의 직무 수행에 있어서의 무질서, 이방인과의 통혼, 십일조를 드리지 않는 문제를 인하여 개탄하고 있다. 그는 회개하고 여호와를 경외할 것을 촉구하면서 "돌이키지 아니하면 두렵건대 내가(여호와가) 와서 저주로 그 땅을 칠까 하노라"고 선언하였다.^{말 4:6}

다른 한편으로 이 시대에 기록된 성경들은 이스라엘의 범죄에도 불구하고 하나님과 이스라엘 사이에 언약 관계가 지속되고 있다는 점을 강조하고 있다. 느헤미야는 하나님과 이스라엘 간의 언약 관계의 기초가 하나님께서 아브라함과 맺은 언약이라고 생각하였다. 이는 느헤미야 당시 이스라엘 백성들이 모세 율법의 계명들을 지키지 못하였음에도 불구하고 하나님과 이스라엘 사이의 언약 관계가 지속될 수 있는 근거가 된다고 생각하였다.^{느 9장} 느헤미야 9장에 보면 백성들은 모세의 율법 책을 경청한 후에, 하나님께서 아브라함을 택하시고 그의 자손에게 가나안 땅을 주시기 위하여 그와 언약을 맺으셨다고 고백한다. "(하나님이) 시내산에 강림하시고 하늘에서부터 저희와 말씀하사 정직한 규례와 진정한 율법과 선한 율례와 계명을 저희에게 주"셨고,^{느 9:13} "그들의 굶주림 때문에 그들에게 양식을 주시며 그들의 목마름 때문에 반석에서 물을 내시고 또 주께서 옛적에 손을 들어 맹세하시고 주겠다고 하신 땅을 들어가서 차지하라 말씀하셨"
다.느 9:15 더욱이 이스라엘 백성의 고백은 그들과 하나님과의 언약의 약속
과 사랑의 관계가 자신들의 완고한 불순종에도 불구하고 계속된다고 그들
이 확신했다는 사실이 이를 강력하게 뒷받침한다.느 9:16 이하

하나님과 이스라엘 사이의 언약의 연속성은 포로 귀환의 의미에 대한
성경 저자들의 해석에서도 발견된다. 그들은 포로 귀환이 하나님께서 행하
신 은혜로운 사건이라고 생각하였다. 에스라 1:1은 "여호와께서 예레미야
의 입으로 하신 말씀을 응하게 하시려고 바사 왕 고레스의 마음을 감동시
키시매"라고 말하고 있다. "예레미야의 입으로 하신 말씀을 응하게 하시려
고"라는 구절은 이스라엘 백성이 예루살렘으로 돌아갈 것에 대한 약속의
예언을 가리킨다. "고레스의 마음을 감동시키시매"라는 구절은 에스라가
이스라엘 백성의 귀환이 고레스 자신으로 말미암아 이루어진 것이 아니라
하나님으로 말미암아 이루어진 것임을 확신했다는 점을 보여준다. 에스라
는 포로 귀환 자체가 바로 예레미야를 통해 주신 하나님의 약속의 성취이
며,에 1:1 이하; 참조. 렘 25:11 이하; 29:10 이스라엘을 향한 하나님의 변함없는
사랑의 확증이라고 지적한다.에 9:8~9 느헤미야도 포로 귀환과 성전 재건과
관련하여 동일한 고백을 하고 있다. 그는 "주는 은혜로우시며 불쌍히 여기
시는 하나님"이라고 고백하면서 하나님을 "언약과 인자를 지키시는 하나
님"이라고 표현하고 있다.느 9:31~32 학사 에스라에 의하면 하나님께서
이스라엘을 포로생활로부터 구출하신 목적 가운데 하나는 예루살렘에
주님의 성전을 재건하는 일이었다.에 1:34 에스라는 백성들이 주님의 성전
의 기초를 놓을 때 "주는 지선하시므로 그 인자하심이 이스라엘에게 영원
하시도다"고 노래했다고 말한다. 에 3:11; 참조. 시 107:1; 118:1, 29; 대하 5:13; 7:3;

20:21 선지자 스가랴는 하나님이 친히 시온에 있는 성전에서 그 백성 가운데 거하신다고 하였다.슥 1:16; 2:10~13; 8:3; 참조. 느 1:9

위에 언급한 내용들을 한마디로 요약하면 이 시대의 성경 저자들은 공통적으로, 그들과 그들의 조상들이 모두 하나님의 계명들을 범하였으나 하나님과 그들과의 관계는 계속된다고 확신했다는 사실이다. 그들은 자신들이 죄를 범하였을지라도 신실하신 하나님께서 그들의 조상 아브라함과 맺은 언약을 기억하시고 그들을 포로생활로부터 예루살렘으로 돌아오게 하셨으며 또 그들 중에 거하시기 위해서 성전을 재건하게 하셨다는 사실을 근거로 이렇게 주장한 것이다.

바벨론 포로에서 돌아온 이스라엘 백성의 지도자들은 하나님과 조상들 사이에 맺은 언약 관계가 하나님과 그들 사이에 아직도 견고하게 지속되고 있다고 주장하였다. 이렇게 함으로써 그들은 자연스럽게 언약 관계를 보여주는 율법과 성전의 중요성을 강조하였다. 또한 성전이 파괴된 정황 속에서 성전 개건 역시 강조할 수밖에 없었다.

율법의 중요성 강조

포로 후기 성경들이 모세 율법의 준수를 강조하고 있다는 사실은 쉽게 알 수 있다. 첫째로, 율법의 준수는 이스라엘의 종교적 순결성을 유지하기 위해 강조되었다. 에스라는 주위의 이방인들과의 통혼을 절대적으로 반대하면서, 백성들에게 "이스라엘 백성과 제사장과 레위인들이 이 땅 백성들에게서 떠나지 아니하고 가나안 사람들과 … 함께 가증한 일을 하였다"고 지적한다.에 9:1 에스라 9:14에서도 그는 주위의 이방인들을 "가증한 일을

행하는" 자들이라고 지적하였다. 유월절을 지키는 자들을 가리켜 "사로잡
혔다가 돌아온 이스라엘 자손과 자기 땅에 이방 사람의 더러운 것으로부터
스스로 구별하여 이스라엘 사람들에게 속하여 이스라엘 하나님 여호와를
찾는 자들"에 6:21이라고 묘사하는 것을 주목할 필요가 있다. 여기서 율법의
준수를 강조하는 것은 이스라엘을 하나님의 언약 백성으로서 구별시키기
위한 것으로 이해되어야 한다. 따라서 통혼을 금지하는 것은 국민적 동질
성을 유지하기 위한 것이라기보다는 하나님의 언약 백성으로서의 신앙적
순결성을 지키는 것과 관계가 있다.

둘째로, 율법 연구가 언약 갱신에 있어서 중요한 역할을 하고 있다.에
7:10; 10:1; 느 8:8 레위 사람들이 백성들에게 율법을 가르친 사건에 대하여
느헤미야는 그들이 "율법 책을 낭독하고 그 뜻을 해석하여 백성으로 그
낭독하는 것을 다 깨닫게 하니"라고 기록하였다.느 8:8 여기서 "그 뜻을
해석하여"라고 번역된 말은 그 의미가 정확히 무엇인지를 결정하기는
어렵다. 그러나 아마 이 구절은 율법을 아람어로 번역하여 백성들이 이해
할 수 있도록 한 구절씩 강해했다는 것을 뜻하는 것으로 보인다.

느헤미야 8:13의 "율법의 말씀을 밝히 알고자 하여"라는 구절도 단순히
율법 책을 읽는 것 이상을 의미하는 표현이다. 율법을 강해했을 것이라는
주장은 에스라가 율법 책을 연구하기를 간절히 소원했었다는 사실과, 그의
율법 연구가 그를 훌륭한 교사로 만들었고 그의 가르침은 청중들에게
확신을 심어주었다는 사실에 의해 지지를 받는다.에 7:10; 느 8:3 에스라의
율법 책 낭독에 대한 청중들의 즉각적인 반응은 여호와께 경배하고,느
8:6; 9:3 초막절을 지키며,느 8:13~18 자신들의 죄를 자백하고 하나님의 긍휼

하심을 고백하는 것으로에 9:5 이하 나타났다. 이러한 반응은 에스라의 낭독이 율법 강해와 현재 상황에의 적용이 포함되었을 것이라는 사실을 암시한다. 위에서 언급한 것처럼 포로 후기 성경 저자들은 바벨론으로 포로 되어 간 것을 이스라엘이 범죄하고 모세를 통해 주어진 하나님의 명령을 어긴 결과라고 받아들였다.에 9:10~14; 느 1:6~7 한 걸음 더 나아가 에스라는 만일 백성들이 하나님의 계명을 지키지 않는다면 하나님께서는 그들, 곧 남은 자들까지도 멸망시키실 것이라는 점을 암시한다.에 9:14

율법과 언약의 긴밀한 관계는 느헤미야 8장과 9장에서도 발견된다. 이스라엘 자손이 칠월에 수문 앞 광장에 모였을 때 에스라는 모세의 율법 책을 낭독하였고 모든 백성들은 그 율법 책에 귀를 기울였다.느 8:1 이하 이 행사는 며칠간 계속되었다.느 8:18 이 행사의 결과가 느헤미야 9장에 기록되어 있는데 같은 달 24일에 이스라엘 백성들이 함께 모여 베옷을 입고 금식하며 자신들과 그들의 조상들의 죄악을 자백하였다. 또한 그들은 아브라함과 언약을 맺으신 여호와 하나님께서 자신들과 그들의 조상들의 죄악에도 불구하고 당신의 언약을 그들의 시대에도 지키신다고 고백하였다.느 9:7 이하

에스라 9장과 10장에 기록된 언약 갱신의 예식은 이스라엘 자손들이 이방인과 통혼하여 율법을 범한 일을 염두에 두고 그것에 반대하여 행해진 것이다.에 10:3 언약 갱신 예식에 있어서 하나님과 언약을 맺은 당사자는 에스라가 아니라 백성들이었고, 또한 하나님께서 명하신 대로 행할 것을 서약한 것도 그들이었다.에 10:3 이하 느헤미야 8~10장에 기록된 언약 갱신은 율법의 계명들에 대한 불순종, 특히 안식일을 율법에 정한 대로 지키지 못하는 것과참조. 느 10:31~32 여호와의 성전에 대한 책임을 다하지 못하는

것에는 10:32 이하 대한 반동으로서 행해진 것이었다. 여기에서도 역시 언약을 세워 기록한 것은 느헤미야가 아니라 백성들이었다.느 9:38~10:1 그들은 스스로 모세를 통해 주신 율법을 따르고 주의 모든 계명과 규례와 율례를 지킬 것을 저주로 맹세하였다.느 10:29 안식일을 바로 지키는 것과 여호와의 전에 대한 책임을 다하는 것은 율법에만 관계된 것이 아니라 하나님과의 언약 관계를 유지하는 일에도 긴밀하게 연관된다. 백성들이 자진하여 율법을 지키겠다고 한 것은 책임을 인식하고 하나님과의 언약 관계를 신실하게 지킬 것에 대한 표지일 뿐 아니라 언약 백성의 신분을 유지하는 유일한 길로 여겼다는 점을 시사한다.

성전의 중요성 강조

포로 후기 성경 저자들이 성전의 중요성을 강조했다는 사실은 다음과 같은 주제들을 통해 분명히 드러날 것이다. 그것은 성전 재건의 중요성과 미래에 나타날 성전의 영광, 성전과 언약과의 긴밀한 관계를 강조하는 점에서 알 수 있다.

이 시기의 성경 저자들은 성전 재건의 의의에 대해 다음과 같이 강조한다. 첫째로, 그들은 하나님께서 성전 재건의 주도권을 행사하셨다고 지적한다. 에스라는 하나님께서 바사 왕 고레스의 마음과 이스라엘 백성들의 마음을 감동시키셨다고 강조한다.에 1:1,5 선지자 학개는 하나님께서 스룹바벨과 여호수아와 남은 바 모든 백성의 마음을 흥분시켜 하나님의 전 역사를 하게 하셨다고 지적한다.학 1:13 선지자 스가랴는 성전이 하나님의 신의 능력으로 중건될 것이라고 말하면서 백성들을 격려하였다.슥 4:6; 참조.

학 2:3~5 이들은 모두 비록 성전 재건이 인간의 노력으로 이루어지는 것처럼 보일지라도 실제로는 하나님의 강한 뜻과 그의 신의 역사로 말미암아 이루어짐을 분명히 가르쳐주고 있다.

둘째로, 성전 재건은 하나님의 축복과 연결되어 있다.학 2:6 이하 선지자 학개는 성전 재건의 기초가 놓이기 전과 놓인 후의 이스라엘 백성의 상태를 엄격하게 구분하고 있다. 그는 이스라엘 땅이 열매를 맺지 못하는 불모지같이 된 원인은 여호와의 전이 황폐한 중에 있는데도 이스라엘 백성들이 성전 건축에는 관심이 없었기 때문이라고 지적한다. 그러나 그는, 성전 재건이 마쳐진 후에는 하나님께서 이곳 성전에 평강을 주실 것이라고 선언하였다.학 2:9 이스라엘 백성들이 성전 기초를 놓은 후에 선지자 학개는 "너희는 오늘 이전을 기억하라. 아홉째 달 이십사일 곧 여호와의 전 지대를 쌓던 날부터 기억하여 보라. 곡식 종자가 아직도 창고에 있느냐 … 그러나 오늘부터는 내(여호와)가 너희에게 복을 주리라"고 선언하였다.학 2:18~20 동일한 의미를 담은 말을 스가랴서에서도 찾아볼 수 있다.슥 8:9 이하 이러한 말씀들은 솔로몬이 첫 번 성전을 봉헌하고 나서 드린 기도에 대한 하나님의 응답에서 볼 수 있는 것과 동일한 축복을 연상케 한다.대하 7:1 이하

셋째로, 성전 재건의 의의는 에스라가 기록한 고레스의 말 가운데서 발견될 수 있다. 고레스는 "이스라엘의 하나님은 참 신이시라. 너희 중에 그의 백성 된 자는 유다 예루살렘으로 올라가서 이스라엘의 하나님 여호와의 성전을 건축하라. 너희 하나님이 함께 하시기를 원하노라"고 하였다.에 1:3 분명히 에스라에게 있어서 성전 재건은 하나님께서 그의 백성 중에 거하시는 것을 의미한다.참조. 에 3:10 이하

선지자 학개는 미래에 나타날 성전의 영광을 예견하였다. 그는 새

성전이 첫 성전의 영광과 비교해 볼 때 보잘 것 없는 것임을 고백하였다.^학 ^{2:3} 그럼에도 불구하고 그는 새 성전의 나중 영광이 이전 영광보다 클 것이라는 의미로 "이 성전의 나중 영광이 이전 영광보다 크리라. 만군의 여호와의 말이니라"고 선언하였다.^{학 2:9}

그의 선언과 관련하여 두 가지 질문이 제기될 수 있다. 언제 이 새 성전의 영광이 이전 성전의 영광보다 더 크게 될 것인가? 또 어떤 의미에서 그러하단 말인가? 이 두 질문은 서로 연관이 있다. 일반적으로 사람들은 선지자 학개가 성전 건축이 완성될 때 영광에 대한 예언이 성취될 것으로 기대하였다고 생각한다. 물론 성전의 영광은, 첫 성전이 그러했던 것처럼, 시온산에 재건된 성전에 하나님이 거하신다는 사실과 밀접한 관계를 갖고 있다.^{학 1:8; 슥 2:14; 참조. 대하 7:1 이하} 그러나 중요한 것은 학개가 그 성전의 영광을 만국의 보배가 그 성전에 드려지는 일과 관련시키고 있다는 사실이다.^{학 2:7} 선지자 스가랴도 이와 유사하게 "그 날에 많은 나라가 여호와께 속하여 내 백성이 될 것이요"라고 선포하고 있다.^{슥 2:11} 이 두 본문은 모든 나라들이 이스라엘의 위대함을 인정하여 예루살렘에 경의를 표할 뿐만 아니라, 이스라엘과 함께 하나님의 백성으로서 하나님께서 베푸시는 구원에 동참할 것이라고 말하고 있다.

여기에서 그들이 기대한 영광의 성취는 성전의 재건뿐 아니라, 많은 민족들이 하나님의 백성으로 영입되는 일과도 관계된다. 선지자 학개와 스가랴는 성전 재건을 성전 영광이 실현되는 시작으로 보았음이 분명하다. 더 나아가서 그들은 여러 민족들이 하나님의 백성으로 영입될 미래의 그날에 성전의 영광이 최종적으로 완성될 것이라고 생각하였다는 사실도 분명하다. 성전의 영광에 대한 약속은 포로시대 이후 유대 공동체가 갖는 종말론적 소망의 두드러진 특징 가운데 하나이다. 오늘 우리의 관점에서 볼 때 구약 선지자들이 기대한 성전 영광은 새 언약의 성취와 더불어 시작되었음을 알 수 있다.

옛 언약 갱신과 부흥

포로시대 이후에 기록된 성경에서는 바벨론으로의 추방과 귀환을 하나님과 이스라엘 간의 언약 관계 속에서 이해한다. 이 시기의 성경 저자들은 추방이 그들과 더불어 그들의 열조들의 죄악의 결과라고 지적한다. 그뿐 아니라 자신들의 죄악도 고백하였다. 그럼에도 불구하고 그들은 하나님께서 그들의 열조와 맺은 언약에 근거하여 자신들을 바벨론에서 돌아오게 하셨다고 확신하였다. 그들은 비록 하나님과 맺은 언약을 깨뜨렸으나 신실한 하나님께서 언약에 근거한 약속을 지키셨다고 고백하는 감동 속에 귀환하였다. 이미 위에서 언급한 바와 같이 예루살렘 귀환의 특징은 처음부터 끝까지 마음의 감동으로 이루어졌다. 예루살렘으로 돌아오기까지 첫 출애굽과 같은 불평과 원망으로 인한 반역의 역사는 없었다. 예루살렘에 돌아온 후에도 얼마동안은 마음속 깊은 곳에서부터 감동이 사라지지 않았다.

예루살렘에 돌아온 자들은 곧바로 예루살렘 전 건축을 시작하였다.에 3장 그러나 얼마 지나지 않아 사마리아 인들의 방해로 말미암아 바사 왕 아닥사스다 왕의 지시로 성전 건축이 중단되었다.에 4장 사마리아인의 방해로 중단된 성전은 바사 왕 다리오의 허락을 받아 재건되었다. 이러한 일련의 성전 건축과 중단과 재건축 과정을 거치면서 예루살렘에 돌아온 자들

속에서 일어났던 감동은 식어갔다. 예루살렘에 돌아온 자들이 이런 정황하에 있을 때 에스라가 바벨론에서 돌아오게 되었다. 에스라와 그와 함께 돌아온 자들의 정황은 마치 고레스 시대에 첫 번째 귀환한 자들과 비슷하였다. 아닥사스다 왕은 예루살렘에 올라갈 뜻이 있는 자는 에스라와 함께 가도록 조서를 내리고 물질적인 후원까지 하였다(성전 건축 중단을 명했던 왕은 아닥사스다 1세이고 에스라에게 조서를 내린 왕은 아닥사스다 2세 임). 이 두 번째 귀환 역시 감동의 역사였다.

두 번째 귀환이 첫 번째 귀환과 다른 점은 무엇보다도 두 번째로 귀환한 자인 에스라에게서 찾을 수 있다. 첫 번째 귀환자들 중에는 그들의 가슴 속에 감동이 식어가고 하나님의 규례와 법도에서 떠나 갈 때 그들을 하나님 말씀으로 깨우치고 회개시킬 준비된 지도자가 없었다. 그러나 두 번째 귀환자들 중에는 에스라가 있었다. 그는 제사장이면서 율법에 완전한 학사 이었다. 그는 이스라엘 자손들 중에 지도자급에 속한 자들이 이방 족속과 통혼하는데 앞장섰다는 보고를 받고 속옷과 겉옷을 찢고 머리털과 수염을 뜯으며 하나님의 전 앞에 엎드려 울며 기도하며 죄를 자복하였다. 그 때에 에스라의 뒤를 이어 이스라엘 백성 중에 많은 자들이 심히 통곡하며 회개하는 역사가 일어났다.

에스라가 귀환한 지 13년이 지난 후 바사 왕 아닥사스다 20년에 느헤미야가 예루살렘으로 귀환하였다. 느헤미야 역시 예루살렘 성이 훼파되고 성문이 불타버렸고 이스라엘 백성이 환란과 능욕을 당하고 있다는 소식을 접하고 수일 동안 슬퍼하고 금식하며 하나님께 기도하는 자로 하나님께서 준비한 자이다. 그는 왕의 허락을 받아 예루살렘으로 돌아와 적들의 많은 방해를 물리치고 예루살렘 성벽을 재건한 자이다. 무엇보다도 여기서 우리의 주제와 관련하여 주목할 바는 느헤미야가 백성들을 수문 앞 광장에 모이게 하고 에스라를 초청하여 새벽부터 오정까지 율법 책을 읽게 하고 백성들로 그 율법 책에 귀를 기우리도록 한 점이다. 율법에 완전한 에스라는 율법 책을 백성에게 읽어주고 그 뜻을 해석하여 백성으로 그 낭독한 것을 다 깨닫게 하였다.

그 다음 날 역시 백성들이 율법의 말씀을 알고자 하여 에스라 앞에 모였다. 백성의 지도자들이 에스라가 율법을 읽고 해석하는 것을 듣고 초막절 절기를 지켜야 할 것을 깨닫고 모세의 율법에 기록한 대로 초막절 절기를 지켰다. 에스라는 첫날부터 마지막 날까지 날마다 하나님의 율법 책을 낭독하였다. 이스라엘 자손이 같은 달 24일에는 한 곳에 다 모여 금식하며 굵은 베를 입고 티끌을 무릅쓰고 죄를 자백하고 회개하는 역사가 일어났다. 마침내 그들은 하나님의 종 모세로 주신 하나님의 율법을 좇아 여호와의 모든 계명과 규례와 율례를 지키기로 맹세하기에 이르렀다. 느헤미야는 백성들과 합력하여 예루살렘 성곽을 완성하고 성벽 봉헌식을 거행하였다.

느헤미야는 때를 같이하여 여러 가지 개혁도 단행하였다. 개혁 중에 중요한 부분은 성전과 관련된 제사장들의 직무에 관한 것과 그들의 성결에 대한 것들이었다. 이와 같은 일련의 과정들을 에스라와 느헤미야에 의한 옛 언약의 갱신과 부흥의 역사라고 부른다. 이 언약의 갱신과 함께 일어났던 부흥 역시 시간에 지남에 따라 시들어져 갔음을 구약 마지막 선지서인 말라기서를 통하여 알 수 있다.

하나님께서 선지자 말라기를 통하여 에스라와 느헤미야를 통하여 이루신 하나님의 부흥을 보여주는 언약 갱신을 레위와 세운 언약이라고 하셨다. 그 언약은 "생명과 평강의 언약이라 내가 이것으로 그에게 준 것은 그로 경외하게 하려 함이라 그가 나를 경외하고 내 이름을 두려워하였으며 그 입에는 진리의 법이 있었고 그 입술에는 불의함이 없었으며 그가 화평함과 정직함으로 나와 동행하며 많은 사람을 돌이켜 죄악에서 떠나게 하였느니라"고 하였다.^{말 2:5~6} 그러나 세월이 흘러 말라기 선지자 시대에 제사장을 중심한 레위인들이 레위의 언약을 깨뜨렸다. 하나님께서 당시 제사장들에게 "너희는 옳은 길에서 떠나 많은 사람을 율법에 거스르게 하는도다 나 만군의 여호와가 이르노니 너희가 레위의 언약을 깨뜨렸느니라 너희가 내 길을 지키지 아니하고 율법을 행할 때에 사람에게 치우치게 하였으므로 나도 너희로 하여금 모든 백성 앞에 멸시와 천대를 당하게 하였느니라"고 경책하셨다.^{말 2:8~9}

선지자 말라기는 당시의 이스라엘 백성들이 조상들의 언약을 욕되게 하였음을 지적하고 이에 대한 하나님은 심판을 선언한다.^{말 2:10 이하} 그럼에도 불구하고 여호와께서 두 사자를 보내겠다고 약속하신다. 첫 번째 사자는 두 번째로 오실 언약의 사자를 예비하는 사자이다. 두 번째 오실 사자는 주이시며 언약의 사자이다. 언약의 사자가 와서 성전에서 제사 드리는 제사장들을 심판하고 성전을 청결케 하실 것을 말한다. 그러나 언약의 사자가 오시는 근본적인 목적은 파멸을 위한 것이 아니라 하나님과 이스라엘의 관계를 회복하기 위한 것이다. 선지자 말라기는 성전을 언약과 관련지어 말한다. 그는 하나님께서 성전에 오실 것이라고 선언할 뿐만 아니라,^{말 3:1} 하나님의 오심을 그의 백성에 대한 심판의 경고와 구원의 약속의 성취로서의 언약의 사자의 오심으로 말한다.

더욱이 선지자 말라기는 언약의 사자가 맡은 임무 가운데 하나가 하나님의 백성, 특히 레위 자손을 깨끗케 하여 그들이 드리는 유다와 예루살렘의 헌물이 여호와께 기쁨이 되도록 만드는 것이라고 지적한다.말 3:2~4 이와 같은 사실은 선지자 말라기가 언약의 사자의 임무를 하나님과 이스라엘 간의 언약 관계와 연관시켜 이해했다는 것이다. 그는 제사장들 스스로 레위의 언약을 파기하였고 그 결과 하나님의 심판 아래 놓이게 되었다고 경고한다.말 2:8~9 또한 그는 백성들이 그들의 조상들의 언약을 욕되게 하였다고 지적한다.말 2:10 이하

이와 더불어 말라기서에서 볼 수 있는 또 다른 측면은, 그가 하나님의 이름이 해 뜨는 곳에서부터 해지는 곳까지의 이방 민족 중에서 크게 될 것이며 각처에서 분향과 깨끗한 제물들이 여호와의 이름을 위하여 드려질 것이라고 말한다.말 1:10~11 이러한 진술이 의미하는 바는 하나님과 그의 백성과의 언약 관계가 하나님과 이스라엘 민족 사이에만 국한된 것이 아니라 이방 민족에게까지 확장될 것이라는 점이다. 말라기는 이 모든 일이 언약의 사자가 성전에 임함으로 말미암아 이루어질 것이라고 예언함으로써 성전과 언약을 긴밀하게 연결시키고 있다.

하나님께서 예레미야를 통하여 이스라엘 백성에게 주신 약속은 바벨론에서 귀환만이 아니었다. 예레미야가 전한 약속의 말씀들 중에 저 놀라운 새 언약의 약속이 들어있다. 하나님께서 약속하신 새 언약은 그저 돌아와서 성전 짓고 옛 언약을 갱신하여 전과 같이 살기 위한 그런 언약이 아니었다. 이 언약은 이스라엘 백성이 다시 죄를 범함으로 깨어질 그런 언약이 아니었다. 그것은 새 창조 시대에 걸 맞는 새 언약의 약속이다. 이것은 하나님께서 시작하시고 끝을 맺는 그런 새 언약의 약속이다. 하나님께서 이 언약을 "그 날 후"에 이루시겠다고 약속하셨다. 여기 그 날은

분명히 포로생활에서 귀환을 말한다. 그렇다면 이제 하나님께서 예레미야를 통하여 약속하신 새 언약을 이루실 그 때를 기대할 만하다고 생각할 수 있겠다.

그러나 하나님께서 예레미야를 통하여 약속하신 새 언약의 성취는 구약성경에 관한 한 이미 성취된 사건이 아니라 미래에 성취될 사건임이 분명하다. 포로생활 귀환 이후에 기록된 성경에 따르면 예레미야 31장의 새 언약은 유대 공동체 내에서 성취된 것으로 간주되었다는 암시가 전혀 없다. 그럼에도 불구하고 이미 우리가 살펴본 대로 포로 후기 구약의 선지자들은 그 날이 오기를 소망하였다. 이제 구약에서 그렇게 소망 중에 기다리며 고대하였던 새 언약의 약속이 어떻게 성취되어졌는가를 다음 장에서 고찰하도록 하겠다.

8_ 새 언약의 성취

성경은 구약과 신약으로 구분할 수 있다. 구약은 주로 약속과 예언의 책이다. 구약은 하나님께서 인류의 조상 아담과 하와를 창조하시어 에덴동산에 살게 하신 이후 여러 시대를 거쳐 오면서 여러 방법을 통하여 약속하고 그 약속을 이루시기 위하여 준비하시는 시대의 역사에 대한 기록이다. 신약은 그 예언과 약속의 성취에 대한 역사를 기록한 책이다. 신약은 그 약속을 성취시킬 예수 그리스도께서 이 땅에 오심을 알리는 세례 요한으로 시작한다. 예수 그리스도는 구약에서 약속한 여인의 후손으로,^{창 3:15} 모세와 같은 선지자로,^{신 18:15} 이새의 뿌리의 한 가지로,^{사 11:1} 여호와의 종으로,^{사 42:1} 말라기 선지자를 통하여 예언하신 대로 새 언약을 세우실 언약의 사자로,^{말 3:1} 한마디로 요약한다면, 메시아로 이 땅에 오신 것이다.

구약이나 신약이나 그 주제가 예수 그리스도인 점을 생각한다면 성경은 두 권의 책이 아니라 한 권의 책이라 하겠다. 특히 마태복음은 구약의 직접 인용과 암시가 100회 이상 사용하여 예수 그리스도가 구약의 메시아 예언을 성취하신 이스라엘의 메시아이며 약속된 왕국을 세우실 그리스도라고 증거하고 있다. 이러한 목적으로 기록된 마태복음은 한 권의 책으로서 구약과 신약의 내용의 흐름을 자연스럽게 연결시켜 준다. 이 사실은 마태복음의 첫 구절인 마태복음 1:1이 구약과 신약을 연결시켜 주는 다리와 같은 역할을 하는 점에서 잘 드러나 있다. 이 부분에서는 주로 마태복음을 통하여 예수 그리스도께서 새 언약의 약속을 성취하기까지의 구속사적 과정을 고찰하겠다.

예수 그리스도의 족보

마태복음은 예수 그리스도가 아브라함과 다윗의 자손이라고 하면서 그의 족보를 소개함으로 시작한다. 마태는 왜 마태복음을 족보로부터 시작하고 있는가? 족보의 의미는 무엇인가? 그리고 예수 그리스도를 아브라함과 다윗의 자손이라고 하였는데 아브라함과 다윗을 선택하여 지칭한 이유는 무엇인가? 마태복음에서 예수 그리스도의 족보가 아브라함에게까지만 거슬려 올라간 것은 그가 그 이상은 거슬려 올라갈 수 없어서가 아니라고 생각된다. 누가복음에서는 예수의 족보가 아담에게까지 거슬려 올라감을 볼 때 그러하다.눅 3:23~38 그러므로 마태가 그렇게 한 것은 어떤 분명한 목적이 있음을 알 수 있다.

헬라어 성경 마태복음 1:1은 '예수의 세계'라는 말로 시작한다. '세계'를 직역하면 '계보의 책'이라는 말이다. 이것이 우리 성경에서는 계보,

족보 또는 약전으로 번역되었다. 흥미로운 것은 마태복음 1:1에서 이 말을 히브리어 '톨레돗'으로 번역한 현대 히브리어 신약성경이 있다는 점이다. 위에서 언급한 대로 구약에서 이 말은 인류 역사를 크게 구분하는 분기점을 나타낼 때 사용되었다. 족보는 가장 압축된 형태의 역사로서 어떤 역사의 줄기를 시사해 주고 그 역사의 근원(혈통의 근원)을 제시한다. 족보를 언급하는 이유는 역사가 전환점을 맞아 새 시대로 변혁되어 가려할 때 그 역사의 근원과 이제 새롭게 시작되는 역사와의 연속성을 강조하기 위하여 제시된다.

그러므로 마태복음 1:1의 족보는 예수 그리스도로 말미암아 시작되는 새 시대는 하나님께서 구약 시대를 통하여 하신 약속과 예언의 성취의 시대인 것을 보여주기 위한 목적이 분명하다. 이 새 시대의 주인공이신 예수 그리스도는 이미 구약을 통하여 약속하신 여인의 후손이요,^{창 3:15} 만민이 그로 인하여 복을 받도록 약속된 아브라함의 자손이심을 보여주기 위하여 그의 족보를 아브라함에게까지 거슬려 올라감을 알 수 있다.^창
12:1~4; 22:18; 사 55: 3; 갈 3:16

하나님께서 아브라함을 우르에서 부르신 배경을 살펴보면 하나님께서 그로 더불어 새 시대를 시작하시기 위함임을 알 수 있다. 창세기 1~11장은 하나님의 은혜에 대하여 인간의 배은망덕으로 인한 인간의 삼대 실패를 보여준다. 아담과 하와의 범죄(3장)와 하나님의 아들들이 사람의 딸들과의 결혼(6장)과 바벨탑을 쌓아 하늘에 닿게 하려는 계획(11장)이 바로 그것이다. 그러나 하나님은 인간의 배은망덕에도 불구하고 자신의 영원한 작정을 이루시기 위하여 실패한 인생을 찾아 오셔서 하나님 자신이 실패한 그들을 통하여 새 역사를 이루시겠다고 언약하시고 그 언약을 이루어 가심을 알 수 있다.

아담의 범죄 후에 여인의 후손을 약속하셨다. 인류를 홍수로 멸망시키면서도 노아와 그의 가족을 보존시켰다. 바벨탑을 허물었으나 아브라함을 부르셨다. 창세기 11:10~32을 보면 셈의 자손들의 족보가 나온다. 모든 자손들이 자녀를 낳고 번창하였으나 아브라함만이 자녀를 낳지 못했다. 그런데 하나님께서는 아브라함을 불러 언약을 맺고 그와 동행하심으로 불가능한 그를 통하여 새 역사를 이루어 가실 계획이었다. 아브라함을 통하여 이루신 새 시대의 특징은 하나님께서 셈 족속 가운데 한 사람을 택하여 그와 언약을 맺고 자신의 구속역사 사역을 수행하여 나아가는 점이다.

아브라함과 맺은 언약은 그에게만 국한된 것이 아니라 그의 자손에게도 계속되었다. 그러므로 하나님의 새 역사의 사역은 아브라함을 조상으로 한 한 민족을 통하여 계속되었다. 그러나 기억하여야 할 중요한 점은 하나님께서 아브라함을 선택하심은 새 역사가 아브라함과 그의 자손에게만 국한된 것이 아니라 전 인류와 관계되어 있다. 하나님께서 아브라함을 선택하심은 만민을 위한 특별한 수단으로서의 선택이다. 그 근거는 하나님께서 그를 부르실 때 "땅의 모든 족속이 너를(아브라함) 인하여 복을 받으리라"고 하심에 있다.창 12:3

아브라함과 이삭과 야곱으로 이어져 내려온 이스라엘은 하나의 민족을 이루어 출애굽을 통하여 하나님이 다스리시는 신정(神政) 조직을 이루었다. 모세와 여호수아와 사사들을 거쳐 사무엘 때에 사울을 왕으로 세움으로 신정 왕국이 조직되었다. 이스라엘 백성들이 왕을 구하는 것을 하나님께서 원치 않으셨음은 분명하다.삼상 8장 그러나 하나님께서 왕국 자체를 원하지 않으셨다고 말할 수는 없다. 왜냐하면 왕의 제도는 이미 신명기에서도 말씀하시고 있기 때문이다.신 17:14~20 그렇다면 하나님께서 원치 않으신 것은 왕 제도 자체보다도 왕을 구하는 그들의 동기와 목적이 하나님의 마음에 합하지 않았기 때문인 것이다.삼상 8:1~6

따라서 하나님께서 사울을 왕으로 세우심은 그가 하나님의 마음에 합해서라기보다는 열방과 같이 우리에게 왕을 세워 달라는 그들의 눈높이에 어느 정도 맞추면서 그를 통하여 하나님의 왕국과 하나님의 마음에 맞는 왕의 참된 개념을 가르쳐 주시기 위한 것으로 이해된다. 예수 그리스도의 족보에 다윗의 이름이 두 번 거명되었다. 그 이유는 아브라함에서부터 다윗까지의 역사를 통하여 이스라엘 왕국의 건국 준비 과정을 보여주기 위해서다. 아브라함에서 시작하여 다윗까지 14대는 하나님께서 아브라함에게 약속하신 것의 일차적인 성취가 다윗을 통하여 이스라엘 왕국을 세우시는 준비 과정으로 이스라엘 왕국을 위한 배경사, 즉 형성사이다. 아브라함은 이스라엘 왕국을 위하여 하나님께서 준비한 첫 번째 인물이라면 다윗은 그 준비를 위하여 마지막으로 예비한 자이다.

다윗은 이스라엘 왕국을 위하여 하나님께서 준비한 자로서 마지막 인물임과 동시에 진정한 이스라엘의 시작을 위하여 준비한 자이다. 그런 의미에서 다윗은 신정국가를 세우기 위하여 준비된 자로서 끝인 동시에 새로운 신정국가를 시작하는 자로서 처음이었다. 하나님께서 아브라함을 부르심과 다윗을 세우심에는 공통점이 있다. 그 공통점은 두 사람이 하나님의 새로운 시작을 준비하는 데 사용되었다는 점이다.

다윗은 하나님께서 아브라함을 택함과 같이 인간의 실패 뒤에 세움을 입었다. 달리 말하면 하나님께서 이스라엘이 원해서 세운 왕, 사울의 실패

후에 그를 폐위하고 다윗을 세워 새로운 역사를 시작하셨다는 점이다. 다윗은 이스라엘 백성들이 구해서 세운 왕이 아니라 하나님의 마음에 합해서 세움을 받았다.삼상 16장; 행 13:22

다윗과 맺은 언약은 하나님께서 아브라함과 맺은 언약과 같이 그의 자손을 통하여 이루실 새로운 역사로서 미래 지향적이다. 이 면에 대해서는 여러 가지 증거를 제시할 수 있다. 비록 다윗이 하나님의 마음에 맞는 왕이라 하였을지라도 하나님은 그를 통하여 하나님께서 그의 백성 중에 거하시는 성전 짓기를 원하지 않으셨다. 하나님께서는 그의 아들을 통하여 성전을 건축하도록 하셨고 그 아들은 또한 하나님의 아들이 되리라고 하셨다.삼하 7:14 그러나 다윗의 자손 중에 솔로몬을 위시하여 그 어느 누구도 하나님의 아들과 같은 고귀한 개념을 완전하게 실현시킨 자는 예수님 이전에는 없었다. 다윗 이후 이스라엘 왕국은 쇠퇴의 길을 걷다가 결국 14대만에 바벨론에 포로로 갔다. 특별히 성전이 파괴되고 이스라엘은 멸망한 사실이 이를 단적으로 증명한다.

그러나 하나님께서 다윗과 맺은 언약은 영원한 언약으로서 반드시 이루어지게 되어 있다. 이 영원한 언약의 성취를 위한 기간이 바벨론 포로로부터 예수 그리스도까지 14대에 걸친 이스라엘 나라의 회복과 완성을 위하여 최종적으로 준비하는 기간이요 메시아를 기다리는 기간이다. 이스라엘의 형성과 설립에서 멸망(유다의 일부 왕들은 족보에서 삭제됨), 그리고 멸망에서 다시 회복되는 기간이 각각 14대가 되게 하심은 우연의 결과가 아니라 하나님의 섭리 아래 된 것으로 강조하고 있다.

이 기다림의 기간 동안 유대인들은 고난의 나날을 보내었다. 유대인들은 고난이 더 할수록 그들의 기다림은 더욱 간절하고 애절하였다. 바벨론에서 포로귀환 이후 성전은 회복되었으나 과거에 이스라엘을 다스렸던 다윗 왕통은 바벨론 포로 귀환 이후에도 회복되지 못하고 그 왕통은 평범한 한 평민의 가문으로 전락하고 말았다. 성전 회복과 더불어 새로운 통치세력이 형성되었는데 그들이 바로 제사장과 서기관 계층의 사람들이었다. 그 결과로 하나님께서 아브라함과 다윗에게 약속한 대로 하나님의 아들이 되는 고귀한 개념을 실현시킬 자는 반드시 다윗의 자손이어야 한다는 확신이 사라지는 듯한 시기도 있었다.

그럴 때마다 하나님께서는 과거에도 그러하셨듯이 이 사실을 짚고 넘어가셨음을 본다(중간사 시대 묵시문학).참조 사 11장; 41:8; 55:3; 렘 23:5 따라서 예수님 당시의 유대인들은 다윗 계통의 메시아를 기다리는 가운데 살고 있었다. 그들은 메시아가 오시면 이방을 멸하고 이스라엘 중에서 죄를 제하고 이스라엘로 더 이상 하나님을 배반하지 않는 메시아 왕국을 건립할 것으로 내다봤다. 달리 말한다면 하나님이 그들의 하나님이 되고 그들은 하나님의 백성이 되며 하나님께서 그들 중에 거하시는 하나님의 나라를 고대하고 있었다. 이런 유대인들에게 아브라함과 다윗의 자손으로 오신 예수야말로 그들이 기다리는 메시아라고 마태복음 1장은 예수님의 족보를 통하여 소개하고 있다.

임마누엘과 예수님의 세례 받으심

마태복음 1:18에서 1장 마지막까지는 메시아이신 예수 그리스도께서 성령으로 말미암아 동정녀 마리아에게 나심으로 여인의 후손으로 오셨다고 말한다.롬 16:20; 계 12:9 여인의 후손은 인류의 대표인 아담이 실패한 후 하나님께서 그의 영원한 계획, 즉 인류를 자기 아들들로 삼으시고 영광을 받으시려는 계획을 이루시기 위하여 죄와 원수가 되시고 죄 문제를 해결해 주실 분으로 약속된 분이시다.^{창 3:15} 그러기에 하나님께서는 그의 사자를 통하여 요셉에게 마리아의 모태에 잉태된 자가 "자기 백성을 그들의 죄에서 구원할 자"로서 이름을 예수라고 부르라고 현몽하셨다.^{마 1:21} 또한 그의 이름은 임마누엘로 저가 자기 백성을 저희 죄에서 구원하신 결과로 자기 백성들이 그들의 하나님께서 그들과 함께 하시는 축복누릴 것을 명하셨다.^{마 1:23}

이 임마누엘의 축복은 하나님과 그의 언약 백성이 함께 사는 신인(神人) 공동체를 이루는 축복이다. 이 신인 공동체의 시작은 창조주 하나님과 피조물인 아담과 하와가 함께 살았던 에덴동산이었다. 그러나 이 최초의 신인 공동체는 아담과 하와의 범죄로 파괴되고 하나님과 그들은 이산가족이 되고 말았다. 그러함에도 불구하고 하나님께서 이 파괴된 공동체를 새롭게 건설하여 이산가족을 재결합시키려고 구약을 통하여 준비를 마치시고 난 후 그 신인 공동체를 완성하시려고 예수 그리스도를 세상에 보내셨다. 예수 그리스도는 여인의 후손으로 이 세상에 오셔서 자기 백성의 대표자로 그들의 죄를 대신하여 십자가에 죽으심으로 자기 백성의 죄 문제를 해결하시고 신인 공동체를 건설하셨다.^{눅 22:20; 요 19:30}

성경신학적 입장에서 주목할 바는 마리아의 예수 그리스도의 임신 의의를 죄 문제 해결과 신인 공동체인 임마누엘에 있다. 이 공동체는 예수 그리스도의 재림과 더불어 이 모든 것이 완성되리라는 것을 내다보는 것이다. 이 공동체의 완성을 위하여 아브라함이나 다윗을 통하여 시작된 새 시대는 미래 지향적이었다. 이 미래 지향적인 면이 예수 그리스도를 통하여 성취되었다. 이 성취도 미래의 최종 완성을 향하여 나아가고 있다. 그러나 미래를 향하여 나아감은 보완이나 수정이나 발전이 필요하기 때문이 아니라 예수 그리스도에 의하여 이룩된 성취를 만민에게 적용시키기 원하시는 하나님의 크신 사랑 때문이다.

요한계시록 21장이 보여주는 대로 새 하늘과 새 땅에서 하나님의 장막이 사람들과 함께 하여 하나님께서 친히 그의 백성 중에 거하심으로 새롭고 영원한 신인 공동체가 완성될 것이다.계 1:1~3 이 완성된 신인 공동체에는 눈물이나 사망이나 곡하는 것이나 아픈 것이 다시 있지 않다고 말한다.계 21:4 달리 말한다면 그 공동체는 죄가 없으며 또 공동체 구성원들에게 죄지을 내적 외적 요소가 없기 때문에 파괴될 수 없는 영원한 신인 공동체임을 알 수 있다.

구약성경이 하나님 나라를 직접적으로 언급하고 있지는 않지만 주 하나님의 왕 되심을 통하여 하나님 나라를 말하고 있다. 주 하나님의 왕 되심은 두 가지 의미로 선포되었다. 하나는 하나님께서 천지를 지으신 창조주로서 전 세계와 모든 국가 위에 임하시는 보편적 능력으로 통치하심을 뜻한다.출 15:8; 삼상 6:5; 시 47:3; 103:19 또 다른 하나는 이스라엘과의 특별한 관계에서다. 이것은 하나님과 이스라엘과의 언약 관계에 기초한 것으로 이스라엘이 곧 하나님의 언약 백성이요 그의 나라라는 개념이다.민 23:21; 삿 8:23; 삼상 8:7; 시 48:3; 사 41:21 그러나 이스라엘에게 계시된 하나님의 왕 되심과 실제 역사 발전 사이에는 강한 긴장이 계속되었다. 이러한 긴장은 선지자들을 통해서 하나님의 왕 되심에 의한 심판이 선포되고 구원에 대한 예언적 메시지에 의해 하나님 나라 오심을 대망하는 것으로 승화되었다.

이 예언적 메시지에 대한 대망은 그 약속하신 하나님이 사람이 되어 아브라함과 다윗에게 약속하신 나라를 완성하시려고 이 땅에 오셨다고 마태복음 1장은 알리고 있다. 하나님 나라 백성을 다스릴 왕이 예수(구원자)요 임마누엘(우리와 함께 하신 하나님)이란 이름으로 영원한 통치자로 오신 것이다. 그러므로 마태복음 1장은 하나님께서 아브라함에게 약속하신 하나님 나라 건설이 완성되는 새 역사가 예수 그리스도에 의해 펼쳐진다는 역사적 대 전환점을 알리는 팡파르라고 할 수 있겠다.

따라서 세례 요한이 "회개하라 천국이 가까웠느니라"고 선포한 것은 지극히 당연하다.^{마 3:2} 또한 예수님께서 "때가 찼고"라고 말씀하심은 하나님 자신이 그 분의 왕적 영광을 충분히 계시하시겠다고 약속하신 그 거대한 전환점이 예수 그리스도 그분에 의해 이루어졌다고 밝히는 것이다.^{막 1:15} 그러나 성경에서는 천국이 '왔다'는 말과 더불어 '올 것이다'라고 말한다. 이 표현들은 두 개의 천국을 말하는 것이 아니라 하나의 천국의 두 가지 면을 뜻한다. 즉 현재 실현된 천국과 장차 실현될 천국의 두 면이다. 하나님 나라 완성 단계를 셋으로 나눌 수 있다. 첫 단계는 예수님 자신의 인격적 임재로 이루어진 천국이다. 둘째는 예수님의 부활로 높아지심 이후 재림 때까지 이루어 갈 천국이다. 마지막 단계는 예수님 재림으로 이루어질 천국이다.

그리스도께서 재림하시면 먼저 하나님과 그의 언약 백성의 교제를 파괴하기 위하여 온갖 방해 책략을 써왔던 사단을 완전히 멸하시고 적그리스도와 거짓 선지자를 불 못에 던지실 것이다. 예수님 재림으로 이루어질 천국에서는 모든 대적을 멸하신 예수 그리스도께서 새 하늘과 새 땅에서 그의 언약 백성을 영원토록 통치하시고 그의 백성들은 신부가 그 신랑을 위하여 단장한 것처럼 하나님과 영원한 교제를 나누며 하나님이 지으신 만물 위에서 왕 노릇을 할 것이다. 예수 그리스도께서는 이 모든 것을 요한에게 보이시고 속히 오시겠다고 하셨다. 사도요한의 대답은 "아멘 주 예수여 어서 오시옵소서"이었다.계 22:20 사도 요한처럼 아멘 할 수 있는 자에게는 그의 오심은 영원한 축제의 시작을 알리는 나팔 소리가 될 것이다.

예수님의 '길을 예비하는 사자'인 세례 요한은 요단강에서 이스라엘 백성들에게 "죄사함을 받게 하는 회개의 세례를 전파"하였다. 유대 전역에서 많은 사람들이 그에게 나아와 자신들의 죄를 자복하고 그에게 세례를 받았다. 예수님도 세례 요한에게 나아와 그에게 세례를 받았다. 그는 죄인들이 자신들의 죄를 회개하고 받아야 할 세례를 받으셨다.

그렇다면 죄 없으신 하나님의 아들이 왜 죄인들이나 받아야 할 세례를 받아야 했을까? 그 의의는 예수님께서 세례를 받으심으로 자신이 이스라엘에게 어떻게 소개되었는가와 세례 받으실 때 일어난 현상들 자체들을 고찰함으로 알 수 있다.

예수님이 이스라엘에게 소개됨

예수님께서 세례 요한에게 세례 받으심은 그가 죄인들과 하나 되는 것을 분명히 보여주는 사건이다. 요한복음에서 세례 요한은 예수님께 세례 베푸는 목적에 대하여 이렇게 말한다. "나도 그를 알지 못하였으나 내가 와서 물로 세례를 베푸는 것은 그를 이스라엘에 나타내려 함이라."요 1:31 이처럼 그의 세례는 예수님을 이스라엘에게 소개하는 것이었다. 이 사실은 세례 요한이 예수님에게 세례를 베푼 후, 마치 자신의 사명을 완수하고 더 이상 그 땅에 존재할 필요가 없음으로 그 땅을 떠나는 자처럼 역사의 장에서 사라져 간 사실에서 더욱 그러하다. 그렇다면 예수님께서 세례 받으심으로 그가 이스라엘에게 어떻게 소개되었는지가 주목된다.

예수님께서 세례 요한에게 죄인들이 받아야 할 회개의 세례를 받으심으로 그가 죄인들과 하나 되신 분으로 소개되었다. 죄 없으신 예수님께서 죄인들이 받는 세례를 받으신 것은 우선적으로 그의 겸손을 나타내기 위한 목적이 아니라 그가 죄인들과 하나 되신 분으로 소개하기 위함이었다. 예수님께서 죄인과 하나 되심에 대한 증거는 요단강에서 죄인들이 받아야 할 회개의 세례를 받음으로 시작되었다.

예수님은 세상 죄를 지고 가는 하나님의 어린양으로 소개되었다. 이 소개는 문맥적으로 볼 때 예수님께서 세례 요한에게 세례 받은 것과 깊은 연관이 있다.^{요 1:29, 32~33,36} 예수께서 세상 죄를 지고 가는 자가 되기 위해서는 죄인과 하나 되는 것이 필요하다. 죄인들과 하나 되실 뿐 아니라 그들의 대표자가 되어야 한다. 한마디로 예수님께서 요한에게 세례를 받음으로 백성들의 죄를 해결하실 대표자로 그의 백성들에게 소개되는 순간이었다. 이것은 예수님의 십자가를 통한 구속사역을 전제하고 소개하는 말이다.

예수님께서 세례를 받으신 후에 하나님의 아들로 소개되셨다. "성령이 비둘기 같은 형체로 그의 위에 강림하시더니 하늘로부터 소리가 나기를 너는 내 사랑하는 아들이라 내가 너를 기뻐하노라."^{눅 3:22} 예수님께서 하나님의 아들 되심은 죄인들의 죄를 없애는 일에 절대로 필요한 것이다. 그 이유는 죄인은 다른 죄인의 죄를 대신할 수 없기 때문이다. 예수님께서 하나님의 아들 되심을 소개하는 하늘로서 들려진 소리는 두 부분으로 나누어진다.

첫째 부분은 "이는 내 사랑하는 아들이라"이다. 이 첫째 부분은 그 표현으로 볼 때 시편 2:7을 인용한 것이다. 그러나 예수님께서 세례 받을 때에 들린 소리 중에 특기할 만한 사항이 있다. 복음서에는 '사랑하는'이라는 수식어가 덧붙여졌다. 이 수식어가 아들이나 딸이라는 말에 함께 사용될 때 '유일한'이란 의미를 갖는다. 이에 근거하여 예수가 구약에서 하나님의 아들이라고 불리는 이스라엘 백성이나출 4:22 그들의 왕보다 하나님과 더 독특하고 긴밀한 관계를 가진 아들임을 보여준다. 이는 예수님께서 하나님을 '압바'라고 부른 사실이 더욱 뒷받침한다. 어쨌든 시편 2편은 하나님께서 열방을 유업으로 줄 다윗의 마지막 자손에 대한 예언이다. 이 다윗의 마지막 자손은 약속의 자손으로 그와 하나님과는 부자의 관계를 말한다.시 2:7~8; 참조 삼하 7:14 사무엘하 7장과 연결시켜 생각하면 예수님께서 하나님의 아들로서 나단 선지자를 통하여 예언하신 하나님의 성전 짓는 사명을 가지고 계시는 것으로 나타난다.

예수님이 고난의 종으로 소개되었다. 이 사실은 두 번째 음성을 살펴보면 더욱 분명하다. 하늘 음성의 둘째 부분은 "내가 너를 기뻐하노라"이다. 이 부분은 표현에서 이사야 42:1을 인용하고 있다. 이 구절은 이사야 후반부에 나오는 여호와의 고난의 종에 대한 예언의 일부분이다. 이사야 4:1~4에 의하면 여호와께서 그의 종이 열국에 공의를 베풀도록 자신의 영을 그 고난의 종에게 부어 주시겠다고 하신다. 여호와의 종의 사역은 순종과사 50:4~5 고난의 사역이다.사 53장 여호와께서 그에게 주신 이 고난의 신적 사명을 완수할 수 있도록 여호와의 영, 즉 성령을 그에게 부어주실 것으로 예언한다.^{42:1; 61:1} 특히 이사야 53장은 여호와의 종이 고난과 죽음의 사역을 통하여 구속을 완성하시고 그 후 영광 받으실 것이라고 예언한다.^{사 53:12} 또한 여호와의 종은 하나님과 그의 백성의 언약 관계를 세우실 분이다.^{사 42:6; 49:8; 참조 55:3} 이사야 55:3에서는 여호와의 종을 통하여 세울 언약도 다윗에게 허락한 은혜라고 말한다.

요약하면, 예수님은 다윗에게 약속한 성전을 건축할 하나님의 아들이시다. 또한 예수님은 이사야 선지자를 통하여 약속한 대로 성령으로 기름부음을 받고 죽음의 사역을 통하여 하나님의 백성을 구속하고 다윗에게 허락한 언약을 세워 하나님의 언약 백성을 모으실 자로 소개되었다. 예수님은 세례를 받으심으로 이스라엘 백성이 고대하는 마지막 시대의 장을 여는 언약의 사자로서 새 언약을 세우실 분으로 소개되었다.

성령과 불의 세례 예언

세례 요한은 예수님을 성령과 불로 세례를 베푸실 분으로 소개하였다. 여기에서 고려하여야 할 점은 예수님께서 성령과 불로 세례를 베푸실 것이라는 세례 요한의 예언을 어떻게 이해되어야 하는 문제이다. 구약을 통해서 보면 하나님께서 선지자에게 예언의 영을 부어 주셨다.^{삼하 23:2; 암 3:8; 7:14~16; 미 3:8; 슥 7:12} 또한 하나님의 영을 왕에게도 부어 주셨다.^{삼상 10:1, 6; 16:13} 그러나 불행스럽게도 왕에게 주신 하나님의 영의 역사가 세월이 지남에 따라 왕에게서는 찾아볼 수 없게 되었다. 그런데 이사야는 하나님께서 "이새(다윗)의 줄기에서 한 싹이 나며 그 뿌리에서 한 가지가 나서 결실할 것이요 그 위에 여호와의 영, 즉 지혜와 총명의 영이요 모략과 재능의 영이요 지식과 여호와를 경외하는 영이 강림하실 것"이라고 예언하였다.사 11:1~2 이 예언에 대한 소망(기다림)은 중간사 문헌에서도 찾아볼 수 있다.솔로몬의 시편 17:37

구약은 선지자나 왕 외에도 백성 중 몇 사람들에게도 하나님의 영을 부어 주셨다고 말한다.출 31:3; 민 11:29; 잠 1:23 구약의 이런 배경과 함께 특별한 관심을 일으키는 바는 이사야를 통하여 주신 예언의 말씀으로 여호와께서 고난의 종에게 그의 영을 부어주시는 것은 물론 그 고난의 종과 함께 그의 성령을 그의 백성에게 보내실 것을 예언하신 점이다.사 48:16 이 예언은 어떤 개인에 국한된 것이 아니라 이스라엘 백성 전체와 연관된 예언인 것이 분명하다. 이 사실은 여러 선지자들을 통하여 다양하게 말씀하셨다.

예레미야 선지자는 예레미야서에서 여호와의 영에 대한 언급을 하지는 않았다. 그러나 예레미야 31:31~34을 통하여 이스라엘 백성 전체의 마음이 새로워지는 변화의 역사가 일어날 새 언약의 시대가 올 것이라고 말하였다.참조 렘 32:38~41 이 새 언약 성취 내용은 에스겔서를 통하여 더욱 구체화되었다. 그것은 여호와께서 그의 언약 백성을 맑은 물로 씻고 굳은 마음을 부드럽게 하며 그들의 마음속에 그의 신을 두시므로 그 언약 백성이 주의 율례를 지키게 된다는 것이다.겔 36:25~27 요엘서는 "그 후에 내가 내 영을 만민에게 부어 주리니 너희 자녀들이 장래 일을 말할 것이며 너희 늙은이는 꿈을 꾸며 너희 젊은이는 이상을 볼 것이며 그 때에 내가 또 내 영을 남종과 여종에게 부어 줄 것"이라고 하였다.욜 2:28~29

중간사 시대 문헌들에서는 여호와의 신은 우선적으로 메시아와 관련하여 "여호와께서 그를 성령으로 능력 있게 하실 것이다"고 하였다.솔로몬의 시편 17:37 이스라엘 전체와 관련해서도 이 시대의 문헌에서 언급되고 있음은 흥미롭다. '희년서'(Jubilee)에 따르면 "여호와께서 그들(이스라엘)을 위하여 거룩한 영을 창조하실 것이며 그들을 정화시키므로 그들이 여호와의 계명들을 지킬 것"이라고 강조한다.희년 1:23 그러나 주목을 끄는 바는 유대인들이 선지자 말라기 이후 세례 요한의 출현 전까지는 예언이 사라졌다고 간주하였다는 것이다. 다시 말하면 세례 요한의 출현과 더불어 다시 성령의 역사를 말한다는 것은 메시아 시대의 도래를 알리는 것이다.

이러한 사실들을 종합하면, 언약 백성인 이스라엘에게 성령으로 세례를 베풀 수 있는 자라면 적어도 그가 메시아라고 간주할 수 있다. 이 사실은 그가 성령으로만이 아니라 불로써 세례를 베푸시는 분으로 소개함으로 더욱 분명해진다. 메시아의 사역은 그의 백성을 다스리며 보호하는 일에서만 두드러지는 것이 아니라 이스라엘을 억압하고 박해하는 악한 세력을 멸하시는 일에서 더욱 두드러지게 강조된다. 구약에서 불은 능력이나 은혜를 상징하는 것보다 심판을 상징하는 경우가 많다. 그렇다면 예수님께서 성령과 불로써 세례를 베푸실 것이라고 소개된 것은 곧 그가 이방을 심판하고 이스라엘은 구원하실 메시아로 이해될 수 있다.

예수님께서 세례 요한에게 세례를 받으시고 성령이 비둘기같이 그위에 임한 후에 즉시로 그가 성령과 불로써 세례를 베풀지 않았다. 성령이 비둘기같이 임함이 예수님께서 곧바로 성령과 불로써 세례를 베풀기 위한 것이 아니라면 그 이유는 무엇일까? 예수님께서 성령과 불로써 세례를 베풀기 전에 이루어야 할 사명이 있음을 보여준다. 예수님의 표현대로 말한다면 그가 받아야 할 또 다른 세례가 있기 때문이었다.눅 12:49~51 다른 곳에서는 이것을 그가 받아야 할 (고난의) 잔이라고 하였다.막 10:38; 눅 22:42

그것은 곧 예수님의 십자가에서 죽으심을 가리킨다. 왜 십자가를 세례라고 표현한 것인가?

예수님께서 죄인과 하나 되심에 대한 증거는 요단강에서 죄인들이 받아야 할 회개의 세례를 받음으로 시작되었고 이에 대한 최종적인 증거는 십자가에서 죄인들과 함께 죽으심이다. 이는 예수님께서 성령과 불로써 세례를 베풀기 전에 죄인들의 대표로서 그들을 대신하여 죄를 없애는 일이 우선함을 말한다. 이러한 중차대한 일을 앞에 두고 있는 그에게 요단 강에서의 성령 강림은 그로 하여금 그의 사명 수행을 위하여 능력을 부여 받는 순간이라고 생각할 수 있다. 이것은 이사야를 통하여 여호와의 고난 의 종이 백성의 죄를 대신 당하는 고난의 사역을 완수할 수 있도록 그에게 성령을 충만하게 주실 것에 대한 예언의 성취임을 알 수 있다.사 42:1 한마디 로 말한다면 요단강에서 세례 받으실 때 임한 성령의 강림은 하나님 나라 건설을 위하여 부어주심이요 그 사명을 완수하기까지 성령이 늘 함께 하신다는 것을 보여주는 것이다.

예수님이 성취하신 새 언약

예수님께서 광야 시험 이후 첫 사역들 중에 주목되는 사역은 안식일에 자신이 자라난 나사렛 회당에서 하신 일이다. 그는 그곳에서 "주의 성령이 내게 임하셨으니 이는 가난한 자에게 복음을 전하게 하시려고 내게 기름을 부으시고 나를 보내사 포로 된 자에게 자유를 눈먼 자에게 다시 보게 함을 전파하며 눌린 자를 자유롭게 하고 주의 은혜의 해를 전파하게 하려 하심"이라는 이사야서의 일부를 찾아 읽으셨다.눅 4:18~19 그리고 자신을 주목하는 자들에게 "이 글이 오늘 너희 귀에 응하였느니라"고 선언하셨다. 눅 4:21 예수님은 이 때로부터 은혜의 해를 전파하셨다. 예수님은 죄 사함의 선포와 치유 사역을 통하여 은혜의 해를 이루어가셨다. 은혜의 해는 달리 말한다면 희년을 뜻한다.

희년은 모든 것이 제 자리로, 주인에게로 돌아가는 해이다. 모든 약속이 성취되는 해이다. 예수님께서 최후의 만찬석상에서 새 언약을 세우기까지 은혜의 해, 즉 천국 복음을 전파하시고 가르치시고 은혜의 해의 축복을 누리도록 치유 사역을 계속하셨다. 또한 예수님께서 자신의 뒤를 이어 이 사역을 감당할 수 있도록 열두 제자들을 선택하셨다. 이런 사역을 삼년 동안 계속하면서 새 언약 성취의 날을 향하여 제자들과 함께 나아가셨다. 드디어 그 날이 왔다. 예수님께서 십자가에 죽으시기 전 날 밤이다.

최후의 성만찬

예수님께서 최후의 만찬석상에서 많은 사람들을 대신하여 흘리는 자신의 피를 근거하여 열두 제자들이 보는 앞에서 새 언약을 세우셨다. 마 26:28~29; 막 14:23~24; 눅 22:20; 고전 11:25 위의 사실은 매우 중요하다. 왜냐하면 최후의 만찬석상에서 예수님이 세우신 새 언약은 예레미야 31:31 이하에 나오는 새 언약 약속에 대한 성취이기 때문이다. 이것에 대한 논증은 할 필요가 없다. 그 이유는 히브리서 저자가 예레미야 31:31 이하를 히브리서 8장에 인용한 사실은 초대교회가 예레미야의 새 언약 약속의 성취라고 믿었다는 증거이기 때문이다. 그러나 이 부분에서 논증하고자 하는 바는 이미 언급한 대로 예수님의 십자가의 죽음을 예레미야 31장의 죄 사함과 관련지을 수 있는가 하는 점이다. 여기에서 특별히 고찰하고자 하는 것은 예레미야 31:34의 죄 사함을 피와 관련시켜 생각할 수 있다는 점이다.

예레미야 31:31 이하에서 예레미야는 이스라엘이 하나님께서 그들의 조상들과 맺은 언약을 깨뜨렸음에도 불구하고 하나님께서 그들과 함께 언약을 맺을 것이며 또한 그들의 죄를 용서하실 것이라고 선언한다. 죄 용서에 대한 이러한 선언은 언약을 파기함으로 말미암아 처하게 된 저주로부터 구제되는 것을 전제하기 때문이다. 이 사실은 예레미야 34장에 보면 당시 이스라엘 사람들은 자기 조상들에게 지워졌던 동일한 언약 하에서 반드시 행하여야 할 책무 아래 놓여 있었음을 말한다. 예레미야 34:16~17은 그들이 언약 하에서 지켜야 할 의무를 행하지 못하므로 죄를 범하고 있었다는 사실을 보여준다. 예레미야 34:17 상반절에서 이스라엘 백성의 일부가 언약을 어긴 사실을 지적하고, 언약을 어긴 결과로 주어지는 저주에 대하여는 17절 하반절부터 21절까지 자세하고 엄중하게 언급한다.

그러므로 여호와께서 이와 같이 말씀하시니라 너희가 나에게 순종하지 아니하고 각기 형제와 이웃에게 자유를 선포한 것을 실행하지 아니하였은즉 내가 너희를 칼과 염병과 기근에게 자유를 주리라 여호와의 말이니라 내가 너희를 세계 여러 나라 가운데에 흩어지게 할 것이며 송아지를 둘에 쪼개고 그 두 조각사이로 지나매 내 앞에 언약을 맺었으나 그 말을 실행하지 아니하여 내 계약을 어긴 그들을 곧 송아지 두 조각 사이로 지난 유다 고관들과 예루살렘 고관들과 내시들과 제사장들과 이 땅 모든 백성을 내가 그들의 원수의 손과 그들의 생명을 찾는 자의 손과 너희에게서 떠나간 바벨론 손에 붙이리니 너희 시체가 공중의 새들과 땅의 짐승의 식물이 될 것이며 또 내가 유다 왕 시드기야와 그 고관들을 그 원수의 손과 그 생명을 찾는 자의 손과 너희에게서 떠나간 바벨론 군대의 손에 붙이리라 여호와의 말씀이니라 보라 내가 그들에게 명령하여 이 성읍에 다시 오게 하리니 그들이 이 성을 쳐서 빼앗아 불사를 것이라 내가 유다의 성읍들을 주민이 없어 처참한 황무지가 되게 하리라(렘 31:17~21).

위의 말씀은 이스라엘이 하나님과 맺은 언약을 어긴 결과로 자신들에게 저주를 불러들이게 된 사실을 말하고 있다. 이것은 언약을 어기는 자에게 주어지는 언약의 저주가 죽음이라는 사실을 언약 예식을 통하여 상징적으로 보여준다. 이미 앞에서 예레미야 31:31 이하를 다루면서, 하나님께서 어떻게 죄를 사하실 것인가에 대해서는 언급하지 않았으나, 새 언약 하에서의 죄 사함의 선언은 새로운 방편의 죄 사함으로 이해될 수밖에 없다는 것을 설명하였다.

예레미야서의 언약 예식에서 동물의 죽음이 상징적으로 언약을 어긴 자에게 주어지는 언약에 의한 저주를 대신하는 사실로 인정할 수 있다면, 예수님의 죽음은 하나님과 그의 백성 사이에 새로운 언약 관계를 세우는 죽음으로 이해할 수 있을 것이다. 이러한 관점에서 볼 때 갈라디아 3:10 이하는 특별히 주목할 만하다.

바울은 갈라디아 3:13 상반절에서 "그리스도께서 우리를 위하여 저주를 받은바 되사 율법의 저주에서 우리를 속량하셨으니"라고 선언한다. 여기에서 제기되는 질문은 "율법의 저주"와 "우리를 위하여 저주를 받은바 되사"라는 구절들이 언약의 저주로부터의 구원과 연관시켜 이해할 수 있는가 하는 점이다. 이 질문에 답변하기 위해서는 갈라디아 3:10을 주목할 필요가 있다. 바울은 10절 하반절에서 "누구든지 율법 책에 기록된 대로 모든 일을 항상 행하지 아니하는 자는 저주 아래 있는 자라"고 단언한다. 이 표현은 신명기 27:26의 인용으로 알려져 왔다. 신명기 27:26은 에발

산에 서서 모세가 레위 제사장들과 함께 선언한 12가지 저주의 총 결론이다. 그 때에 모든 백성들은 아멘으로 응답해야 했다.^{신 27:9~26} 축복의 선언으로 이어지는 이 과정은 언약 갱신 예식의 일부로 이해되었음이 틀림없다.^{참조. 출 24; 신 29; 수 24; 느 9~10; 1QS 2:1~18}

그러므로 신명기 27:26의 저주는 언약을 범한 것과 연관하여 선언된 것이 틀림없다. 율법의 저주와 언약을 어긴 자와의 긴밀한 연계는 바울이 신명기 21:23 하반절 "나무에 달린 자마다 저주 아래 있는 자라"를 인용함으로 더욱 지지를 얻게 된다. 신명기 21:23 "그 시체를 나무 위에 밤새도록 두지 말고 당일에 장사하여 네 하나님 여호와께서 네게 기업으로 주시는 땅을 더럽히지 말라 나무에 달린 자는 하나님께 저주를 받았음이니라"는 말씀은 언약에 의하여 주어지는 기업과 연관시켜 이해할 수 있다. 갈라디아 3:13 상반절의 "그리스도께서 우리를 위하여 저주를 받은바 되사"라는 구절에서 '우리'가 누구를 의미하든지 간에 13절은 바울이 예수님의 죽음을 언약 백성을 언약의 저주로부터 풀어 주는 방편으로 이해하였음을 보여준다. 14절에 나오는 "아브라함의 복", "성령의 약속"이라는 표현들도 바울이 예수님을 (이방인들을 위하여) 언약을 세우는 방편으로서 이해하고 있다는 것을 암시한다.

십자가

예수님의 십자가 죽으심은 최후 성만찬에서 그의 피를 상징하는 포도주로 세우신 새 언약을 실제로 인치는 예식이라고 말할 수 있다. 십자가에서 하신 말씀 중에 예수님께서 "다 이루었다"고 선언하시고 그 영혼이 돌아가셨다는 말씀은 의미심장하다. 이 말씀은 예수님이 분명한 목적을 가지고 일생을 사신 것을 말하여 준다. 예수님은 이 땅에 나시기 전부터 이 땅에 오셔서 하실 목적이 정해진 분이다. 마태복음 1:21의 "아들을 낳으리니 이름을 예수라 하라 이는 그가 자기 백성을 저희 죄에서 구원할 자이심이라 하리라 하니라"와 23절의 "보라 처녀가 임신하여 아들을 낳을 것이요 그의 이름을 임마누엘이라 하리라 하셨으니 이를 번역한즉 하나님께서 우리와 함께 계시다 함이라"가 보여 주는 대로 예수님은 우리의 죄 문제를 해결하시려고 이 땅에 오셨고 또한 하나님께서 자기 백성과 함께 하시기 위하여 오신 것이다.

예수님이 이 세상에 오신 목적은 예수님 자신의 뜻을 이루는 것이 아니라 자신을 이 세상에 보내신 아버지의 뜻을 이루는 것이었다. 예수님께서 "내가 하늘로서 내려 온 것은 내 뜻을 행하려 함이 아니요 나를 보내신 이의 뜻을 행하려 함이니라 나를 보내신 이의 뜻은 내게 주신 자 중에 내가 하나도 잃어버리지 아니하고 마지막 날에 다시 살리는 이것이다"고 하셨다.요 6:38~39 예수님은 자신의 뜻을 행하기 위하여 사신 것이 아니라 그를 보내신 아버지의 뜻을 행하는 것을 목적으로 사셨다는 것에 대한 극적인 증거는 겟세마네에서도 나타났다.

"아버지여 만일 아버지의 뜻이면 이 잔을 내게서 옮기시옵소서 그러나 내 원대로 마옵시고 아버지의 원대로 되기를 원합니다."라는 기도에 잘 나타나 있다.눅 22:42 여기에서 주목되는 것은 예수님께서 "아버지의 원대로 하십시오."라고 기도한 것이 아니라 "아버지의 원대로 되기를 원합니다"고 기도한 점이다. 헬라어 성경을 보면 '원하다'는 동사를 명령법으로 사용하고 있다. 헬라어의 명령법은 때로 소원을 표시할 경우에 사용한다. 본문에서 헬라어 명령법이 사용된 것을 볼 때 예수님은 하나님의 뜻이 이루어지기를 간절히 소원하고 있다. 하나님의 뜻을 이루고자 하는 예수님의 목적은 천국에서도 계속될 것을 바울은 "그(그리스도 예수)는 하나님 우편에 계신 자요 우리를 위하여 (지금도 계속하여) 간구하시는 자"라고 말한다.롬 8:34

예수님께서 "다 이루었다"고 하신 말씀은 예수님께서 십자가에서 피 흘려 죽으심으로 최후 성만찬에서 선언하신 "내 피로 세우신 다는 새 언약을 확정하심으로 하나님께서 예레미야를 통하여 약속하신 새 언약을 이루신 것을 말한다. 다음으로는 새 언약이 성취됨으로써 예수님께서 세례 요한에게 세례를 받으실 때 "이제 허락하라 우리가 이와 같이 하여 모든 의를 이루는 것이 합당하니라"고 하신 말씀이 이루어졌다는 것을 의미한다.마 3:15 여기서 말하는 '모든 의'란 '하나님의 의'로서 달리 말한다면 '하나님의 뜻'을 가리킨다. 예수님께서 세례 요한에게 세례를 받는 목적이 모든 의를 이루기 위한 것이었다는 말씀은 그가 십자가에서 '다 이루었다'는 선언 속에 성취되었다고 말할 수 있다. 여기에서 특별히 주목해야 할 것은 예수님의 십자가의 죽으심 그 자체가 하나님의 모든 의를 이루는 사건이라는 것이다. 예수님의 십자가의 죽으심은 하나님께서 그의 언약 백성에게 약속하신 새 언약을 성취하기 위한 화목제물로서 죽으심이기 때문에 하나님의 모든 의를 다 이루신 죽음이었다.

이 점에 대하여 바울은 로마서 3:21 이하에서 잘 설명하고 있다. 로마서 3:21~31은 하나님의 의가 예수의 죽음 안에서 결정적으로 나타났으며 그 예수를 믿는 믿음으로 구원에 이르게 된다고 설명한다. 예수를 믿음으로 말미암아 얻는 구원은 율법에 반대되는 것이 아니라 오히려 율법이 요구하는 속죄를 위한 희생제물로서의 죽음으로 하나님의 의를 이방인에게까지 미치게 하는 하나님께서 마련하신 방법이다. 이 구절들을 크게 둘로 나눌 수 있다. 먼저는 21~26절로서 하나님의 의가 예수님의 죽음 안에서 결정적으로 나타났다고 설명한다. 다음은 27~31절로서 하나님은 유대인과 이방인에게 동일한 하나님이 되신다고 말하고, 또한 율법이 유대인들로 하여금 의를 이루지 하지 못하게 하였으나 율법을 폐할 수 없다고 단언한다.

바울은 3:21에서 "이제는 율법 외에 하나님의 의가 나타났으니 율법과 선지자들에게 증거를 받은 것이라"고 선언한다. 여기 '이제는'이라는 단어는 바울이 자신의 논증에서 새로운 국면으로 전환하고 있음을 보여준다. 바울은 3:20에서 율법은 구원을 주는 것이 아니라 죄를 깨닫게 하는 역할을 한다고 결론을 내리고, 21절에서 '이제는'이라는 말을 사용하여 그리스도에 의하여 이루어진 종말론적 구원에 대하여 전하기 시작한다. 바울은 '이제는'이라는 단어를 때로는 논리적 대조를 나타낼 때 사용한다.롬 7:7; 고전 12:8; 13:13

그러나 대체로는 시대적 대조를 나타낼 때 사용한다.롬 15:23, 25; 고후 8:22; 몬 9,11 시간적인 대조를 나타낼 때는 개인이 기독교로 개종하기 이전과 이후뿐 아니라롬 6:22; 7:6; 골 1:22; 3:8 한 시대(epoch)에서 다른 새로운 시대 안으로 들어 온 사실을 선언하는 표현이기도 하다. 본문에서 말하는 '이제는'은 새로운 시대로의 전환을 의미하는 것으로 종말론적 '이제'이다.참조 롬 5:9~11; 8:1; 11:30~31; 13:11; 고전 15:20; 엡 2:20 그렇게 해석하는 이유는 그전 시대에 속하여 있는 것들을 새롭게 변형시키는 결정적인 새로운 요소에 근거하여 '이제는'이라고 선언하기 때문이다. 본문의 문맥 속에 나타난 새로운 요소는 율법 외에 그리스도로 말미암아 나타난 하나님의 한 의이다.

바울의 '이제는'이라는 이 선언은 이 세상과 오는 세상을 구분 짓는 말이다. 오는 세상은 구약적인 관점에서 볼 때는 메시아의 약속과 관련된 미래적인 사건이다. 그러나 바울에게 있어 오는 세상은 시간적으로 미래적인 사건이 아니라 이미 이 세상에 와 있다는 것이다. 그 근거는 메시아인 그리스도의 초림과 더불어 그 시대가 도래되었기 때문이다. 그러므로 그리스도 안에 있는 자는 이미 구약의 관점에서 볼 때 미래적인 오는 세대에 살고 있다. 다만 오는 세대와 관련하여 주어진 모든 약속이 완전히 성취되지 않았으므로 이미 왔으나 그러나 아직 미래에 성취될 요소가 남아 있는 가운데 살고 있다. 그러므로 그리스도 안에 살고 있는 자는 두 세대를 살고 있는 것이다. 바울은 두 시대의 분기점이 그리스도를 통하여 주어지는 구원이므로 그리스도 안에서 구원받은 자는 이미 오는 시대 안에 살고 있음을 확신하고 '이제는'이라는 단어를 사용하고 있다.

이 사실은 3:20과 21절의 대조를 통하여 보여주는 '율법'과 '하나님의 의' 간의 이중적 관계에서 볼 수 있다. 그것은 부정적이면서도 긍정적인 면을 보여준다. 부정적인 면은 20절에서 말하는 대로 율법의 행위로는 의에 이르지 못하고 다만 죄를 깨닫게 하는 역할을 한다는 것이다. 긍정적인 면은 21절이 보여주는 대로 비록 하나님의 의는 율법 외에 그리스도로 말미암아 나타난 의이지만 그 의는 율법과 선자자의 증거를 받았다는 점이다. 바울이 "율법 외에 나타난 하나님의 의"를 말함에 있어 '율법 외'라는 말이 무엇을 의미하는가?

바울이 '율법 외에'라는 말을 율법 자체를 떠나서라는 의미로 사용한 것이 아니라 율법의 행위 외에 라는 의미로 사용되었다는 것이 일반적인 견해이다. 여기에서 우리의 관심은 '하나님의 의'는 무엇을 의미하는지를 아는 것은 중요하다. 하나님의 의에 대한 설명은 22절에서 볼 수 있다. 구약에서 '하나님의 의'는 하나님께서 이스라엘 백성과 맺으신 언약과 긴밀한 관계를 맺고 있다. 우리는 구약성경을 통하여 하나님께서 그의 언약을 기억하시어 이스라엘 백성을 괴롭히는 이방의 세력을 멸하시고 자기 백성을 구원하실 때 하나님은 의로우신 하나님으로 칭송된 것을 볼 수 있다.

바울은 25절에서 "이 예수를 하나님이 그의 피로써 믿음으로 말미암는 화목제물로 세우셨으니 이는 하나님께서 길이 참으시는 중에 전에 지은 죄를 간과하심으로(간과하심에 대한) 자기의 의로우심을 나타내려 하심이니"라고 말한다. 바울은 이 구절에서 예수 그리스도를 믿는 자가 어떻게 예수 그리스도를 인하여 구속함을 받으며 왜 구속이 그런 방법으로 이루어졌는가에 대하여 설명하고 있다. 먼저 구속이 예수 그리스도의 피와 관련되어 있다고 말한다. 구속은 죄에서의 구속인데 죄에서의 구속은 피와 관련되어 있기 때문이다. 성경은 죄의 삯은 사망이라고 한다.참조. 롬 6:23 사망은 생명이 끊어지는 것을 말하는데 성경은 생명은 피에 있다고 말한다.레 17:10~11 따라서 피를 흘리는 것은 사망을 의미한다. 그러므로 생명이 피에 있으므로 피가 죄를 속한다고 말한다.레 17:11; 참조. 히 9:22

그리스도의 피가 구속과 관련된 이유는 예수 그리스도가 죄를 속하는 화목제물로 세우심을 입었기 때문이다. 바울이 사용한 '화목제물'이라는 단어가 70인 역에서는 언약궤의 뚜껑을 의미하는 시은소, 즉 속죄의 장소로출 25; 레 16:12~19 번역하는 데 쓰였다. 화목제물은 그 단어 자체가 말해주듯이 죄를 덮는 역할을 한다. 이와 같이 예수 그리스도께서 화목제물로 죽으심으로 하나님의 진노가 죄인으로부터 그리스도에게로 돌려진다. 바울이 사용한 이 단어가 또한 속죄를 의미한다. 전후 문맥 속에서 이 단어가 예수 그리스도의 속죄 사역을 분명히 보여주기 때문이다. 특별히 하나님께서 화목제물을 제공하시는 분으로 묘사되기 때문이다. 구약에서 속죄를 원하는 죄인은 제물을 성소에 가지고 가서 그 희생제물의 손을 얹고 안수함으로 자신을 희생제물과 일치시킨다.레 4:4, 15, 24, 29, 33: 참조 민 8:10: 27:18, 23: 신 39:4

이러한 제사 의식은 죄인의 죄는 흠 없는 희생물에 옮기는 제의(祭儀)이다. 또 다른 제의는 희생물의 피를 속죄소에 뿌림으로 죄인의 죄가 속죄하는 의식이다.레 16:15~22 이와 같이 희생제물이 죄를 제거한다.롬 8:23: 고후 5:14, 21 하나님께서 희생제물을 제공하시는 분이심과 동시에 속죄제물을 받으시는 분이시라고 바울이 말하는 화목제물로서의 예수 그리스도의 역할은 화목과 속죄를 포괄한다. 하나님께서 예수 그리스도를 화목제물로 '세우셨으니'라고 말할 때 '세우셨다'는 동사의 의미는 '목적하다', '의도하다', '제시하다', '보이다'(설명하다)라는 뜻으로 종말론적으로 속죄제물로 드려진 예수 그리스도의 죽음의 공개적인 성격을 보여준다.

이 공개적인 성격은 대속죄일에 희생의 피가 지성소 안에서 대제사장에 의하여 비공개적으로 드려진 것과 대조를 이룬다. 따라서 이 '세우셨다'는 말은 '나타내셨다'는 말과 연결이 된다. 다시 말한다면 "나타내시기 위하여 세우셨다"는 말이다. 하나님께서 보여주고 확증하시기 위하여 세우셨다는 뜻이다. '믿음으로 말미암는'이란 표현은 단순히 그의 피 자체를 믿는다는 의미라기보다는 22절에서 말하는 바와 같이 죄인들을 대신하여 피 흘려 죽으신 예수 그리스도를 믿는 믿음을 말한다. 하나님께서 예수 그리스도를 우리 대신 화목제물로 세우심을 믿음으로 말미암아 그 화목제물에 연합(동참)하는 자가 누리는 축복을 의미한다.

바울은 어떻게 그리스도를 인하여 구속함을 받는가에 대하여 설명한 후 이제 왜 하나님께서 이러한 제도를 통하여 구속함을 받게 하셨는가 하신 이유를 설명한다. 바울은 하나님께서 "길이 참으셨다"고 말한다. 이 말은 구약시대에 행한 속죄 제도가 속죄 문제를 안전히 해결하지 못했다는 의미를 내포한다. 하나님께서 전에 지은 '죄를 간과하셨다'는 말이 이 해석을 지지하는 증거이다. 그렇다면 우선 '참으셨다'는 것은 무엇을 의미하는가? 구약의 속죄제사가 죄를 해결하는 완전한 것이 되지 못함으로 하나님께서 죄에 대하여 진노하여야 하심에도 불구하고 참으셨다는 말이다. 하나님께서 이스라엘 백성이 희생 제사를 잘 지키기 때문이 아니라 그의 긍휼하심에 근거하여 인내하시면서 참으신 것이다. 그 근거는 하나님께서 전에 지은 죄를 간과하심에 있다. '간과하다'는 말은 '넘어가다'는 의미이다. 이 말은 무시의 의미가 아니라 법정 용어로 벌하지 않은 채로 '징벌을 면제한다'는 뜻이다. 구약의 희생 제도는 잠정적(임시적)인 것으로 죄의 문제를 처리하는 적절하고 최종적인 제도가 아니다. 그리스도의 희생만이 죄 문제를 종말론적으로 처리하는 유일의 방법이다.

여기에서 전에 지은 죄를 간과하심과 하나님의 의로우심이 무슨 관련이 있는가라는 질문을 할 수 있다. 이에 대하여 대답하려면 개역성경 번역의 미흡한 점을 지적할 수밖에 없다. 개역개정판에서는 "죄를 간과하심으로 자기(하나님)의 의로우심을 나타내려 하심이니"라고 했다. 그러나 원문의 뜻은 이제 예수 그리스도를 화목제물로 세우심으로 죄를 벌하시지 않고 그 동안 면제하심에 대한 하나님의 공의로우심이 드디어 나타나게 되었다는 의미이다. 달리 말한다면 하나님께서 지금까지 죄를 벌하지 않고 간과하심에 '대한' 하나님의 의로우심을 나타내려고 예수 그리스도를 화목제물로 세우셨다는 의미이다. 따라서 "죄를 간과하심'으로' 자기(하나님)의 의로우심을 나타내려 하심이니"라는 번역은 "죄를 간과하심에 '대한' 자기(하나님)의 의로우심을 나타내려 하심이니"라고 할 때 그 의미가 더욱 분명해진다.

왜 예수 그리스도를 화목제물로 세우심이 '자기(하나님)의 의로우심을 나타내심'이 되는가? 이미 간략하게 언급하였지만 아래와 같이 설명할 수 있다. 하나님의 공의에 입각하여 말한다면 사람이 죄를 지었으면 죄를 지은 사람이 그 벌을 받아야만 한다. 그러나 예수 그리스도가 십자가의 대속의 죽음을 죽기 전까지는 짐승의 피로써 사람이 지은 죄를 대신 속하는 속죄제사를 허락하여 왔다. 이와 같은 일은 하나님의 공의에 어긋나는 일이다. 왜냐하면 죄는 인간이 짓고 그 벌은 짐승이 대신 당하기 때문이다. 만일 내가 옆집 아들을 본의이든 아니든 간에 살해하고 그 대신 염소 한 마리를 죽인다면 그것을 어떻게 하나님이 인정하는 공의로운 일이라고 말할 수 있겠는가? 그러나 구약의 모든 속죄제사가 앞으로 하나님의 아들이 인간으로 오셔서 인간의 대표자로서 모든 인간을 대신하여 십자가의 죽으실 것을 예표로 보여주는 것이라면 그것은 정당한 것으로 받아드릴 수 있다. 그러므로 하나님께서 예수 그리스도를 십자가에 화목제물로 세우심으로 구약의 속죄제사를 통하여 죄를 속죄하심에 대한 정당함을 입증하셨을 뿐 아니라 예수 그리스도의 십자가에 피 흘려 죽으심은 하나님의

의(구원의 은혜)를 나타내시는 것이다. 달리 말하면 예수님의 십자가 사건은 하나님께서 구약을 통하여 약속하신 언약의 내용을 성취하신 사건이므로 이 일을 통하여 하나님께서 자신의 의로우심을 나타냈다고 말할 수 있다.

26절은 하나님께서 예수 그리스도를 화목제물로 세우신 때를 '이 때(카이로스)'라고 하였다. "곧 이때에 자기의 의로우심을 나타내사 자기도 의로우시고 또한 예수를 믿는 자를 의롭다 하려하심이니라." 헬라어에는 시간에 대하여 세 가지 다른 단어를 사용한다. '크로노스'는 일정한 기간의 때를 나타낼 때 사용하는 말이고,^{마 2:7; 행 1:7} '호라'는 주로 하루 중에 시간을 나타낼 때 사용하는 단어이다. 본문에서 '때'는 '카이로스'라는 말이다. 이 단어는 '정한 때', '의미를 가지고 있는 때', '기회의 때'라는 뜻으로서 과거는 물론 미래와 연결되어 있는 때를 의미한다.^{13:11; 고전 7:29; 고후 6:2} 성경에서 이 단어는 약속된 때가 성취될 시점이 이르렀거나 이루어진 그 시점을 말할 때 이 단어를 사용한다. 구체적으로 예를 든다면 '카이로스'는 창세전에 이미 계획되었고 구약을 통하여 약속된 때가 그 약속의 성취를 위하여 모든 준비를 완료된 후에 이르게 된 '때'를 말한다. 달리 말하면 구속 역사의 '때가 찬' 때이다. 이 '때'는 종말론적 색체를 가지는 때^{8:18; 11:5; 고후 6:2}로서 그리스도의 죽음 및 부활과 관계된 '때'이다. 지금은 종말론적 약속들이 성취되었고 또한 성취되는 '때'이다. 그러나 아직 최종적으로 완성된 것은 아니다. 최종적인 완성의 때는 예수 그리스도의 재림의 '때'이다.

이 '때'에 예수 그리스도를 화목제물로 세우신 목적은 "자기도 의로우시며" 또한 "예수를 믿는 자를 의롭다 하려 하심이니라"고 바울은 밝힌다. 이 일로 하나님께서 자신의 의로우심을 나타내게 되는 이유는 하나님께서 추상적이며 이상적인 공의와 일치하게 행하심에 의해서가 아니라 그 자신이 언약의 주로서 그리스도를 화목제물로 그의 약속들이 성취되도록 행하셨기 때문이다. 그뿐만 아니라 인간이 자신의 노력이나 율법의 행위로서 속죄 또는 구원할 수 없음이 명백히 드러난 때에 예수 그리스도를 세우셨기 때문이다.

믿는 자들을 의롭게 하려 하심은 첫째로 의롭다 함을 받는 자가 유대인만 국한시키는 것이 아니라 이방인까지 포함시키려는 목적이다. 예수 그리스도의 죽음과 부활의 실체는 언약의 약속들을 성취시켰고롬 4~5장 그 약속이 이방인들에게까지 미치게 한다.갈 3장 둘째로 여기서 예수를 믿는 자는 할례를 받은 자롬 4:12나 율법에 속한 자롬 4:14,16와 대조되는 것으로 그의 삶이 예수 그리스도를 믿는 행동에 의하여 결정되고 그리스도를 신뢰하는 태도로 일관되는 자를 말한다. 하나님은 의로우시며 또한 의롭게 하시는 분으로서 단순히 죄를 벌하시기도 하며 죄가 있음에도 죄인을 용서하시는 하나님이 아니라 죄 문제를 그리스도의 속죄로 해결하실 것과 하신 것에 근거하여 죄인을 용서하시는 분이시다.

우리는 지금까지 예수님이 십자가에서 "다 이루었다"는 선언이 하나님께서 약속하신 것을 다 이루었다는 관점에서 특히 하나님께서 예레미야를 통하여 약속하신 새 언약이 예수 그리스도의 죽음을 통하여 성취된 관점에서 하나님의 의와 죄 사함을 바울이 전한 로마서를 중심으로 고찰하였다. 이 점에 대해서는 이제 새 언약의 주요 특징들을 살펴보는 가운데 좀 더 구체적으로 다루도록 하겠다.

새 언약의 주요 특징

새 언약을 약속한 예레미야 31:31~34은 31~32과 33~34 두 부분으로
나누어진다. 첫 부분은 하나님과 이스라엘 백성의 언약 관계가 파기된
사실과 하나님께서 그 언약과는 다른 새 언약을 맺으시겠다고 약속하는
내용이다. 둘째 부분은 새 언약이 옛 언약과 같은 부분은 무엇이며 다른
부분은 무엇인가를 말한다. 특별히 다른 부분 중에 주요 특징은 죄 사함과
율법의 내면화이다. 따라서 이 부분에서는 예수님께서 이루신 새 언약이
예레미야의 새 언약 약속 내용의 주요 특징인 죄 사함과 율법의 내면화를
어떻게 말하고 있는가를 살피겠다.

죄 사함

히브리서 저자는 예레미야 31:31~34을 히브리서 8:8~9에서 인용한다.
히브리서가 이렇게 인용한 이유는 초대교회가 예레미야 31:31~34의 약속
이 이루어져 가고 있는 것으로 확신했기 때문이다. 히브리서 10:16~17에서
다시 예레미야 31:31~34을 인용하는데, 그 구절은 사람들의 죄를 대속하는
희생 제물로서의 그리스도의 죽음을 죄 사함과 관련된 약속의 성취로
이해했다는 것이다. 히브리서는 옛 언약 하에 속죄제사 제도가 죄 사함
받기에 불충분한 것이었다고 천명한다. 왜냐하면 레위 계통의 제사장이
드리는 희생 제물로는 실제로 죄를 없애 버리지 못하고 다만 죄를 기억나
게만 하기 때문이다.^{히 10:1~4} 그러므로 히브리서 저자는 예레미야 31:34의
죄 사함의 약속이 레위 제사장을 통한 속죄제사가 아닌 그리스도의 대속의
죽음에 의해 성취되었다고 지적한다.^{히 8:8~9; 9:13~28; 10:1~18}

●옛 언약 하에서는 죄 사함이 불충분하다. 히브리서는 죄 사함을 위한 레위 계통의 제사장직의 불충분성에 대하여 세 가지 중요한 점을 지적한다. 먼저는 대제사장의 연약성이고, 다음으로는 제사장직이 본질적으로 단지 천상적 실재(heavenly reality)에 대한 모형과 그림자일 뿐이며, 마지막으로는 짐승의 피로 드리는 제사가 불완전하다는 것이다.

첫째로, 대제사장들은 그들 자신이 연약성을 가지고 있는 가운데 대제사장으로 임명되었다.^{히 7:28} 대제사장의 연약성은 크게 두 가지 측면으로 나타난다. 즉 대제사장은 죽을 수밖에 없는 자들이며 또한 죽음으로 말미암아 한 사람이 그 직분을 영원히 계속할 수 없기 때문에 많은 수가 필요하였다.^{히 7:23} 다른 하나는 제사장들도 역시 죄인들이기 때문에 그들은 백성의 죄를 위하여 희생 제물을 드리기 전에 먼저 자신들의 죄를 위하여 희생 제물을 드려야만 하였다.^{히 7:27} 제사장들과 희생 제물이 다수(多數)라는 사실 그것 자체가 죄 사함을 위한 레위 계통의 제사장직의 불충분성을 드러내는 것이다.

둘째로, 아론 계통의 제사장은 하늘에 있는 것의 모형과 그림자 역할을 한다는 것이다.^{히 8:4~5} 5절의 '모형과 그림자'는 성막이 하늘의 참 성막과 연관됨을 보여준다. 여기에서 모형이라는 단어는 지상의 성막이 그것의 원형(archetype)인 천상적 실재의 모형임을 지적한다. 그림자가 그것의 실체(substance)를 전제하듯이, 여기에서 사용된 '그림자'라는 단어는 레위 계통의 제사장 직분이 그것의 실체가 되는 새로운 제사장 제도의 그림자에 불과하다는 사실을 보여준다.

그러므로 새로운 제사장직이 도래하면 그 새로운 제사장직은 모형과 그림자에 불과한 옛것을 대신할 뿐 아니라 옛것을 완성한다. 따라서 옛것은 새 실체에게 자리를 내어 주고 폐기되어야 한다. 왜냐하면 새로운 질서는 옛것의 원형이며 실체이기 때문이다.

셋째로, 레위 계통의 제사장들을 통해 드려진 희생 제물은 제사 드리는 자의 양심을 온전케 할 수 없다.[히 9:9] 히브리서는 황소와 염소의 피가 실제적으로 죄를 없이 할 수는 없다고 강조한다.[히 10:4] 히브리서에 의하면 짐승의 피로 드리는 희생 제사의 기능은 양심의 문제에는 영향력이 없고 단지 외적인 것에만 국한된다. 히브리서 9:10은 짐승의 피로 드리는 희생 제사가 단지 먹는 것과 마시는 것과 여러 가지 씻음(ablution)에 관한 예식, 즉 육체와 관계된 규정들로서의 기능밖에 없음을 보여준다. 그러므로 레위 계통의 제사직분으로는 제사 드리는 자의 양심을 온전케 할 수 없다.[히 10:1~14]

분명히 히브리서 저자에게 있어 레위 계통의 제사장직이 예시한 장래 좋은 일은 그리스도 안에서 성취되었다. 따라서 히브리서는 백성의 죄를 위하여 제물을 드릴 필요가 더 이상 없다고 강력히 주장한다. 그러므로 히브리서 저자에게 있어서는 장래 좋은 일의 모형이요 그림자인 희생제물은 죄 사함의 효력을 가질 수 없고, 백성의 죄를 위하여 자신을 단번에 제물로 드린 그리스도에 의해 대치되고 성취되었다. 이제 히브리서 저자가 어떻게 예레미야 31:34의 죄 사함에 대한 약속이 그리스도의 죽음을 통하여 성취되었다고 설명하는지에 대해 살피려고 한다.

● 죄 사함은 약속의 성취이다. 히브리서는 죄 사함에 대한 약속이 그리스도의 죽음으로 성취되었다고 생각한다. 그리스도는 백성의 죄를 대신하여 자신을 단번에(once for all) 제물로 드렸다.[히 7:6] 그리스도는 더

좋은 언약의 중보자,[히 8:6] 말하자면 새 언약의 중보자이시다.[히 9:15; 12:2] 히브리서 9:13 이하에서 그리스도가 새 언약의 중보자라고 단언한다. 왜냐하면 그리스도의 피가 그들의 양심을 죽은 행실로부터 깨끗케 하여 살아계신 하나님을 섬길 수 있게 만들기 때문이다.[히 9:14~15; 12:24] 히브리서는 그리스도가 첫 언약 하에서 죄를 범한 자들을 구속하여 영원한 기업을 얻도록 하는 중보자이시라고 지적한다.[히 9:15]

무엇보다도, 그리스도의 죽음으로 말미암은 죄 사함에 대해 고찰하기 위해서는 히브리서가 그리스도께서 자신을 대제사장으로서 백성의 죄를 위하여 단번에 제물로 드렸다고 확신하고 있다는 것을 주목할 필요가 있다.[히 7:27; 9:12, 26; 10:10~14] 그러므로 히브리서는 새 언약 백성의 죄가 그리스도의 희생으로 단번에 용서되었기 때문에 더 이상 죄를 위하여 희생 제물을 드려야 할 필요가 없다고 강조한다.[히 10:12~18] 히브리서는 이러한 점을 논증하기 위해 두 가지를 강조한다.

첫째는 그리스도께서 대제사장으로서 백성의 죄를 대신하여 희생 제사를 드리기 위하여 자신을 그의 형제들과 동일시하셨다는 점이다.[히 2:11~13; 5:1] 히브리서는 그리스도께서 "거룩하게 함을 입은 자들"을 형제들이라 부르기를 부끄러워하지 않으셨다고 한다. 히브리서는 그리스도가 단지 육신과 피를 가지시기만 한 것이 아니라 모든 점에 있어서 그의 형제들과 같이 되셨다는 사실을 강조한다.[히 2:14, 17] 히브리서 2:17은 그리스도가 자신을 인류와 동일시하실 필요성과 목적에 대하여 지적한다. " 범사에 형제들과 같이 되심"이라는 구절은 그리스도가 자신을 인류와 완벽하게 동일시하실 필요성을 보여주고 있다.

둘째는 그리스도가 아론 계통의 대제사장이 아니라 멜기세덱의 반차를 따른 대제사장이시라는 점이다. 구약에 의하면 대제사장은 레위 지파 가운데서 임명되어야 한다.레 16장 그러므로 구약의 전통에 의하면 유다 지파에 속한 그리스도는 대제사장이 될 자격이 없다. 그러나 히브리서는 시편 110:4과 창세기 14:8 이하를 히브리서 5:6 이하와 7:1 이하에서 언급함으로써 레위 계통의 제사장직을 통해서는 온전함을 이룰 수 없으므로 아론 계통이 아닌 다른 제사장직이 필요하다고 말한다.히 7:11~12 더욱이 히브리서는 그리스도께서 유다 지파에 속하기 때문에 그의 제사장직은 아론의 반차를 따른 것이 아니라 멜기세덱의 반차를 좇는 것이라고 단언한다.히 7:17

히브리서는 7:1 이하에서 멜기세덱의 제사장직과 관련하여 몇 가지 특징적인 점들을 말한다. 첫째로 그는 왕이다. 그는 의로운 왕이며 평화의 왕이다. 둘째로 그는 시간에 속하지 않는다. 아비도 없고 어미도 없고 족보도 없고 시작한 날도 없고 생명의 끝도 없다. 셋째로 그는 변함이 없다. 그는 영원 무궁히 제사장으로 존재한다. 히브리서는 창세기 기사가 멜기세덱의 출생과 죽음과 부모와 후손에 대해 침묵하고 있다는 사실을 지적하면서, 신비스런 방식으로 그를 소개하고 있다.

히브리서는 두 가지 방식으로 그리스도와 멜기세덱 간의 유사점을 설명한다. 첫째로 멜기세덱이 레위 지파에 속하지 않듯이 그리스도 역시 레위 지파에 속하지 않으므로 그는 육체에 관련된 율법의 요구에 따라 제사장이 된 것이 아니다.히 7:11~12 둘째로 멜기세덱이 시간에 속하지 않고 하나님의 아들과 방불하여 항상 제사장으로 존재하듯이 그리스도 역시 영원한 대제사장이다. 왜냐하면 그의 대제사장직은 파멸될 수 없는 생명의 능력으로 말미암아 된 것이기 때문이다. 시편 110편에 언급된 멜기세덱의 반차를 따른 제사장은 영원한 제사장이어야 한다. 따라서 이 제사장은 파멸하지 않는 생명의 능력을 가지고 있어야 한다. 히브리서는 죽으셨으나 다시 살아나셔서 영원히 살아계신 그리스도야말로 이러한 능력을 보여주신 분이라고 생각하였다.히 1:3; 8:1; 11:19

멜기세덱의 반차를 따른 그리스도의 제사장직은 영원무궁하다. 왜냐하면 그는 영원히 계시기 때문이다.히 7:24 물론 그리스도가 죽으셨다는 것은 사실이다. 그러나 히브리서는 그의 죽음이 그의 대제사장 직을 종결 짓는 것이 아니라 오히려 그 죽음은 대제사장으로서 백성들의 죄를 위해 드리는 필수 불가결한 제물이라고 생각하였다. 비록 히브리서에서는 부활에 대하여 언급하지는 않지만, 그리스도께서 부활하셔서 영원한 대제사장이 되셨다고 전제하고 있음은 틀림없다.참조. 1:3; 7:16; 8:1; 11:19 더욱이 그리스도는 거룩하고 악이 없고 더러움이 없고 죄인에게서 떠나 계신 분이시다.히 7:26~27 레위 계통의 제사장은 백성의 죄를 위하여 제물을 드리기 전에 자신의 죄를 위하여 먼저 제사를 드려야 한다. 반면에 그리스도는 죄가 없으시기 때문에 자신을 위하여 제사를 드릴 필요가 없다.

그리스도는 "장차 올 좋은 일"의 대제사장으로 오셔서히 9:11 그의 피로 말미암아 우리를 위하여 이 창조에 속하지 않은 더 크고 온전한 장막, 곧 참 하늘 성소인 하나님 앞에 나타나셨다.히 9:11~12,24 그리스도께서 하늘 성소에 들어가심은 은혜의 보좌 앞으로 나아가기를 원하는 모든 자에게 그 길을 열어 놓으신 것이다.히 4:19; 9:15,23; 10:19~21

그리스도의 피는 죄인들을 그들의 죽은 행실로부터 깨끗하게 하여 살아 계신 하나님을 섬길 수 있게 한다. 그리스도는 그의 피를 통하여 단번에 죄를 속하는 희생 제사를 드리셨다.히 10:14~15 히브리서는 그리스도의 단회적인 속죄제사의 완전성에 대해 두 가지 사실을 지적한다. 하나는 레위 계통의 제사장들이 짐승을 제물로 드렸던 반면에 그리스도는 자신을 제물로 드리셨다. 다른 하나는 그리스도께서 자신을 위해서는 아무런 희생 제물을 드릴 필요가 없다는 것이다. 왜냐하면 그는 거룩하고 흠 없고 순결하고 죄와는 상관없는 분이시기 때문이다.^{히 7:26; 참조. 8:14} 레위 계통의 제사장 제도 하에서의 반복되는 제사가 죄를 없애지 못한 반면에 그리스도는 단번에 자신을 희생 제물로 드림으로써 모든 시대의 죄를 용서하셨다.^{히 7:27; 9:12, 26; 10:10, 12, 14; 10:18}

요약해서 말하자면, 새 언약의 중보자이신 그리스도는 새 언약의 더 좋은 약속들에 근거하여 옛 언약 하에서 죄를 범한 자들을 구속하셨다. 한 걸음 더 나아가 히브리서 저자는 예레미야 31:31~34을 인용하면서 이제는 죄 용서가 이루어졌으므로 더 이상 죄를 위한 어떠한 희생 제사도 필요 없다고 주장한다. 히브리서 저자에게는 하나님께서 "그들의 불의를 긍휼히 여기고 그들의 죄를 다시 기억하지 아니하리라"고 하는 새 언약의 약속이 그리스도의 죽음으로 말미암아 성취되었다는 것은 의심할 여지가 없는 일이었다.^{히 8:12} 왜냐하면 그리스도께서 모든 때의 모든 사람들의 죄를 위하여 자신을 단번에 드리셨고, 동시에 그리스도의 피가 죄인들의 양심을 그들의 죽은 행실로부터 정결케 하기 때문이다. 그러므로 그리스도의 죽음으로 말미암아 예레미야 31:31~34의 죄 용서에 대한 약속이 종말론적으로 성취되었다고 결론지을 수 있다.

율법의 내면화

바울은 고린도후서 3장에서 모세의 사역과 새 언약 일꾼의 사역을 비교하면서 언약 백성은 성령 안에서 율법을 지킬 수 있다고 말한다. 고린도후서 3:18에서 바울은 마음의 완고함을 제거하는 일을 주의 형상으로 변화하는 일과 관련시킨다. 그는 수건을 벗은 얼굴로 주의 영광을 보는 자들은 주의 형상으로 변화된다고 지적한다. 바울은 성령의 역사를 "그와 같은 형상으로 변화하여 영광으로 영광에 이르게" 한다는 말로써 설명하고 있다.고후 3:18 여기에서 '같은 형상'이라는 말은 그리스도의 형상이라는 말로 이해되어야 한다. 왜냐하면 18절에서 "같은 형상"이라는 말과 관련된 '주의 영광'이라는 말이 바로 하나님의 형상이신 '그리스도의 영광'을 의미하는 것으로 해석될 수 있기 때문이다.고후 4:4; 참조. 4:6

바울은 고린도후서 3:18에서 신자들은 이미 그들의 현재의 삶에서 성령의 역사로 말미암아 그리스도의 형상으로 화하여 영광으로 영광에 이르는 일을 경험하게 된다고 말한다. 비록 그 영광이 그리스도께서 그들의 몸을 그의 영광의 몸으로 변케 하시는 부활의 날이 이르기까지는 완전한 것이 아니더라도 말이다.빌 3:21; 참조. 고전 15:49; 골 3:4 바울에게 있어서 그리스도의 형상으로 변화시키는 성령의 역사가 신자들이 그리스도의 영광에 참여하는 일과 밀접하게 관련된다는 사실을 발견할 수 있다.

그리스도의 형상으로 변화된다는 것이 곧 그리스도와 같이 되는 것, 다시 말해 그리스도의 삶의 특질들을 실제 삶에서 재현해 내는 것을 의미한다고 여기는 것은 당연하다. 또한 바울이 그리스도의 삶에 있어서 가장 두드러진 특질은 이웃에 대한 사랑이라고 여겼다는 것을 굳이 증명하려 할 필요는 없을 것이다. 바울은 신자들이 이웃 사랑의 실천을 통해 그리스도의 형상으로 변화해 간다고 생각하였다.롬 13:8~10; 갈 5:13~14; 6:2; 빌 2:1~4; 참조. 요 13:34 로마서 13:8 이하를 보면, 바울은 로마에 있는 신자들에게

"서로 사랑하라"[8~10절]고 훈계한 후에 또한 그들에게 "어두움의 일들을 벗어버리고"[12절] "주 예수 그리스도로 옷 입으라"[14절]고 권면한다. 그가 '옷 입으라'고 하는 명령형을 사용한 것은 신자들이 그들의 삶의 표준을 그리스도의 삶에 두어야 한다는 것을 의미한다.[참조. 골 3:9~10; 엡 4:24] 로마서 13:14의 "주 예수 그리스도로 옷 입으라"는 구절은 로마서 12:9의 "사랑엔 거짓이 없나니"라는 말로 시작되는 이웃 사랑에 대한 계명과의 관계 속에서 이해되어야 한다.

로마서 12:9~21에 예수의 가르침의 영향이 많이 나타나는 것으로 미루어 볼 때, 바울은 이웃과 원수에 대한 사랑을 주제로 한 예수의 말씀들을 잘 알고 있었던 것을 보여준다.[12:14와 눅 6:28; 12:17과 눅 6:27~36; 12:21과 눅 6:27~36; 참조. 14:10과 눅 6:37] 이러한 구절들이 의미하는 바는 바울이 "이웃을 사랑하는 일"을 온 율법의 요약인[롬 13:9] 동시에 율법의 성취[롬 13:8,10]라고 생각했다는 점이다. 로마서 13:8에서 바울은 "이웃을 사랑하는 자는 율법을 다 이루었다"고 말한다. 그는 9~10절에서 이것을 더 자세히 설명하는데, 9절에서 그는 십계명 가운데 몇 가지를 인용한 뒤에 "그 외에 다른 계명이 있을지라도 네 이웃을 네 자신과 같이 사랑하라 하신 그 말씀 가운데 다 들었느니라"고 말한다. 게다가 10절에서는 "사랑은 이웃에게 악을 행하지 아니하나니 그러므로 사랑은 율법의 완성이니라"고 말하고 있다. 로마서 15:2에서 바울은 또다시 "우리 각 사람이 이웃을 기쁘게 하되 선을 이루고 덕을 세우도록 할지니라"고 권고한다.

바울은 갈라디아서 5:13~6:2에서 같은 생각을 말하고 있다. 갈라디아서 5:13에서 그는 "형제들아 너희가 자유를 위하여 부르심을 입었으나, 그러나 그 자유로 육체의 기회를 삼지 말고 오직 사랑으로 서로 종노릇하라"고 말한다. 14절에서는 "온 율법은 네 이웃 사랑하기를 네 자신 같이 하라 하신 한 말씀에서 이루어졌나니"라고 함으로써 "서로 사랑하는 것"이 모든 율법의 완성이라는 사실을 다시 지적하고 있다. 갈라디아서 5:25~6:1 에서 그는 성령에 의해 인도함을 받는 자들은 성령으로 행해야 한다고 계속해서 강권하고 있다. 로마서 15:1~3의 격려와 병행을 이루는 갈라디아서 6:1~2에서 "다른 사람의 짐을 서로 지는 것"이 그리스도의 율법을 완성하는 일이라고 결론짓는다. 이러한 두 개의 병행 구절은 바울이 '그리스도의 율법'을 그리스도에 의해 해석된 율법, 다시 말해 사랑의 계명으로 해석했을 것이라고 하는 추측을 강화시켜준다.

바울에게 있어서 율법의 요구를 성취하는 일은 오직 "성령에 따라"롬 8:4 살아가는 사람들에게만 가능하다는 사실을 암시하고 있다. 갈라디아서 5:16 이하에서 바울은, 만일 신자들이 성령 안에서 살고 성령으로 행하기만 한다면 그들은 사랑의 열매를 맺을 수 있다고 지적한다.22~23절 성령은 신자들의 마음속에 그리스도의 사랑을 나누어주신다. 달리 말한다면 성령은 신자들에게 사랑할 수 있는 내적인 힘과 의지를 주셔서 그들로 하여금 율법, 즉 그리스도의 율법의 요구를 성취할 수 있게 만드신다. 여기에서 제기될 수 있는 질문은 그리스도의 율법의 성취가 모세의 율법을 준수하는 일을 수반하는가 하는 것이다. 이러한 의문은 바울이 무할례자도 율법을 지킬 수 있다고 주장했다는 사실을 통해 답변될 수 있을 것이다.

바울이 로마서 2:26 이하에서 의도한 것이 신자들은 성령으로 말미암아 율법을 준수한다고 하는 것임은 분명하다. 성령에 의해 율법을 준수한다는 것이 의식적인 법규들이나 외적인 요구 사항들을 지킨다는 것을 의미하지 않는다는 사실을 확실히 해 둘 필요가 있다. 왜냐하면 바울은 단지 율법의 이러한 계명들만을 준수하는 유대인들은 사실상 율법을 어기는 것이라고 지적하기 때문이다. 성령에 의해 율법을 준수한다는 것은 차라리 이웃을 사랑한다는 의미로 이해되어야 할 것이다.롬 13:8 율법을 지키는 문제와 관련하여 두 가지의 질문이 더 제기될 수 있다.

첫째는 새 언약의 백성들이 구약의 모든 법들을 지켜야만 하느냐이다. 이 첫 질문과 관련하여, 바울은 구약의 어떤 계명들은 더 이상 새 언약의 백성에게 구속력이 없다고 생각했음을 지적할 필요가 있다. 여기에는 할례고전 7:19와 이스라엘의 특별한 절기들갈 4:10; 참조. 골 2:16~17과 음식롬 14:2~3; 참조. 골 2:16~17에 관한 절기들이 포함될 수 있다. 또한 바울이 율법에서 도덕법과 의식법을 구별하지 않았다고 할지라도, 그는 분명히 율법 가운데에는 더 이상 그리스도인들에게 구속력을 갖지 못하는 법이 있다는 사실을 지적하였다. 반면에 그리스도인들은 온 율법의 강령인 "네 이웃을 네 자신과 같이 사랑하라"는 법을 완수해야만 한다고 주장한다. 더 나아가 비록 바울이 교회들에게 자세한 강령을 훈령 내리듯 한 것이 아니다. 따라서 교회들은 무엇을 지켜야 하고 무엇을 안 지켜도 되는지를 판단하는 데 있어서 어려움을 느끼지 않았을 것이다. 왜냐하면 바울은 유대인과 이방인 사이를 구분하는 계명들은 그리스도인들에게 더 이상 효력이 없다고 가르쳐 주었기 때문이다.

둘째는 그들이 그것을 완벽하게 지킬 수 있느냐이다. 이 질문과 관련하여, 바울이 육과 영을 대조시킨다는 사실을 주목할 필요가 있다.롬 8:5; 갈 5:16~17 갈라디아 5:16~17에서 바울은 "너희는 성령을 따라 행하라 그리하면 육체의 욕심을 이루지 아니하리라 육체의 소욕은 성령을 거스르고 성령은 육체를 거스리나니 이 둘이 서로 대적함으로 너희가 원하는 것을 하지 못하게 하려는 함이니라"고 말한다. 더 나아가 바울은 신자들이 새로운 세대 가운데 살 뿐만 아니라,^{고후 5:17; 6:2} 동시에 악한 세대 가운데서도 살아간다고 지적했다는 사실도 주목할 필요가 있다.^{갈 1:4, 13; 6:12; 엡 2:2; 참조. 롬 12:1~2} 여기에서 그리스도의 법을 지키려는 성령의 소욕과 그것을 거스르는 육체의 소욕이 가져오는 그리스도 안에서 새사람이 된 성도 안에 있는 긴장 관계가 육신을 벗는 그리스도의 재림의 날까지 공존한다는 사실을 기억하여야 할 것이다.

바울의 이러한 이해는 히브리서와 맥을 같이한다. 히브리서는 믿는 자들의 양심이 살아 계신 하나님을 섬길 수 있도록 하기 위하여 죽은 행실로부터 정결하게 되었다고 말한다.^{히 9:14} 더 나아가서 믿는 자들은 인내로써 하나님의 뜻을 행할 수 있도록 밝혀주심(enlightenment), 즉 성령의 내적인 역사를 경험하였다고 말한다.^{히 10:32, 36; 참조. 6:4; 10:29} 이러한 생각은, 마음을 정결케 하고 성령을 주시겠다는 말씀에 이어지는 율법의 준수에 관한 에스겔의 약속과도 맥락을 같이 한다.^{겔 36:25~27} 또한 히브리서 저자가 서로 사랑하라는 계명을 강조하는 것은 바울의 경우와 유사하다. 바울의 경우에는 '서로 사랑하는 것'이 율법의 완성이었다면, 히브리서 저자는 믿는 자의 새로운 삶의 양식이 사랑 안에서 서로 봉사하고 선행을 베푸는 것이라고 이해하였다. 이것은 예레미야 31:33에서 말하는 마음에 새겨진 율법과도 연결된다.

성령님이 일으키시는 부흥

부활하신 주님은 새 언약의 중보자가 되셨다. 새 언약의 중보자가 되신 부활하신 주님은 곧바로 승천하신 것이 아니다. 사십 일을 더 지상에 머무셨다. 부활하심으로 새 언약의 중보자가 되신 주님은 무엇보다도 먼저 자신을 부인하고 도망간 제자들을 찾아오셔서 정죄하고 심판하신 것이 아니라 하나님께서 예레미야에게 하신 말씀처럼 평안을 선포하시고 소망을 심어주셨다.^{렘 29:11} 주님이 부활하셨다는 소식을 듣고 빈 무덤까지 확인했음에도 불구하고 유대인들이 두려워 모여 있는 제자들을 찾아와 "너희에게 평강이 있을지어다 하시고 손과 옆구리를 보여 주시니 제자들이 주를 보고 기뻐하였다"고 하였다.^{요 20:19~20} 그 자리에 없었던 도마가 부활하신 주님이 자기들의 모임에 오셨다는 말을 믿지 못했을 때 주님은 찾아오셔서 너는 구제불능이라고 말씀하신 것이 아니라 "네 손가락을 내밀어 내 손을 보고 네 손을 내밀어 내 옆구리에 넣어보라 그리하고 믿음 없는 자가 되지 말고 믿는 자가 되라"고 하셨다.

그럼에도 불구하고 어떤 이유에서였든지 간에 "나는 물고기 잡으러 가노라"고 하고 갈릴리 바다로 돌아갔던 베드로와 그와 함께 했던 제자들에게 찾아와 다시 새 언약의 일꾼의 사명을 심어주신 부활의 주님이시다. 그 주님은 낙심하여 넘어져 있는 제자들을 다시 일으켜 세우셨다. 두려워하고 무기력한 그들의 심령에 부흥의 성령의 불을 지피셨다. 새 언약의 중보자가 되신 부활의 주님이 빌라도 앞에 간들 빌라도가 감히 "진리가 무엇이냐"고 묻지 못하고 도리어 엎드릴 수밖에 없을 텐데도, 아니 로마 황제 앞에 간들 "나는 로마 황제인데 너는 누구냐"고 물을 수 없을 텐데도, 주님은 그런 자들을 찾아간 것이 아니라 넘어진 자, 자신은 더 이상 쓸모없다고 생각하는 자, 모든 기회가 다 지나갔다고 하는 자, 감히 얼굴을 들고 내가 주님의 제자였노라고 말할 수 없는 자들에게 찾아가셨다. 부활하신 주님은, 눈에는 통한의 눈물이 있었고 다시 기회를 주신다면 주님을 똑바로 섬기겠다는 마음으로 그물을 던졌을 제자들을 찾아와 그들로 주님을 향한 사랑을 고백하게 하셨다. 주님은 그들을 새 언약의 일꾼으로 만들어 하나님 나라의 새 언약 백성들을 섬기도록 명하셨다.

누가는 예수님께서 하나님 나라 일을 가르치신 사역을 마치시고 승천하시기 직전에 제자들에게 하나님 아버지의 약속을 기다리라고 명하시면서 "요한은 물로 세례를 베풀었으나 너희는 몇 날이 못 되어 성령으로 세례를 받으리라"고 약속하셨다고 말한다.^{행 1:4~5} 따라서 제자들이 성령으로 세례를 받는 것은 하나님 아버지의 약속이요 새 언약의 중보자가 되신 예수님의 약속이다. 제자들의 성령 세례와 제자들에게 권능이 임하는 것이 하나님 나라와 하나님 나라의 실체가 되시는 예수 그리스도의 증인되는 일에 절대적으로 중요한 요소임을 알 수 있다. 물론 예수님께서 승천하시는 순간에도 그 일은 제자들 속에 일어나지 않았다. 그러나 예수님께서 그 일은 몇 날이 못 되어 제자들에게 일어날 것을 약속하시고 승천하셨다.

오순절 성령 강림과 새 언약의 일꾼

사도행전 2:1은 "오순절 날이 이미 이르매"라고 한다. 여기 "이르매"(헬. 슘푸레루스다이)라는 동사는 단지 어떤 정해진 시간이 되었다는 의미가 아니다. 여기에서 사용된 이 동사는 완료형 수동태로서 어떤 물건의 내부가 무엇으로 가득 채워지는 동작이 끝났다는 뜻이다. 이 구절은 오순절 날 성령 강림은 하나님의 작정된 날이며 하나님께서 이 날을 준비하시고 그 준비가 완료된 시점에서 성령 강림이 있었다는 것을 보여준다. 그러므로 오순절 성령 강림과 관련하여 기억해야 할 것은 오순절 성령 강림 이전에 제자들이 약속의 말씀을^{행 1:4~5,8} 믿고 전혀 마음을 같이 한 기도^{행 1:14}와 가룟 유다를 대신하여 맛디아를 사도로 제비 뽑힌 일이 있었다는 점이다.

제자들은 하나님 아버지의 약속임과 동시에 예수님의 약속 성취인 오순절 성령 강림이 있기 전에 성령 세례와 권능의 임함을 기대하며 마음을 같이하여 전심으로 기도한 내용이 무엇인가를 구체적으로 알 수는 없다. 그러나 추론할 수 있는 것은 제자들이 오순절에 이르기까지 기도한 내용은 자신들이 예수님과 함께 한 지난 과거의 삶에 대한 회고를 통한 회개와 미래에 대한 열망과 각오와 헌신을 다짐하는 내용이었을 것이다. 예수님과 함께 하였던 삶에 대한 제자들의 기도는 주로 회개하는 내용이라고 생각된다.

제자들은 마음을 같이하며 기도하는 중에 가룟 유다 대신에 자신들과 함께 부활하신 새 언약의 중보자이신 예수님의 증인이 될 자를 제비 뽑았다. 그들은 자신들의 마음에 합한 자를 뽑기를 원하지 않고 예수님의 마음에 합한 자가 뽑히기를 원하였다. 그들은 유다를 대신하여 "봉사와 사도직무"를 감당할 자를 예수님께서 보여주시기를 원했다. 맛디아가 뽑혔다. 그는 열한 사도와 함께 새 언약의 중보자이신 예수님을 증거하는 사도가 되었다.

사도행전 2:1이 보여주는 대로 예수님께서 십자가에 죽으심으로 새 언약의 중보자가 되심은 삼위일체 하나님의 영원한 작정이었듯이 제자들이 오순절 날 성령 강림과 함께 성령 세례와 충만함을 받아 새 언약의 일꾼들의 첫 번째가 된 것도 하나님의 영원한 작정이었다. 사도행전 2:2에서 "하늘로부터 바람 같은 소리가 온 집에 가득하였다"고 하였는데 이 경우에도 '슘푸레루스다이'라는 동사가 사용되었다. 또한 사도행전 2:28에서 "나로 기쁨이 충만하게 하시리로다"에서 '충만하게 하다'라는 동사가 바로 이 단어이다. 또한 신약성경에서 이 단어가 주로 사용된 다른 용례를 보면 약속된 것이 성취되었을 경우, 그 성취된 사실을 말할 때 이 단어가 사용되었다. 또 "주께서 선지자로 하신 말씀을 이루려 하심이나" 마 1:22라는 한 구절에서 쓰인 "이루다"라는 동사도 그와 동일한 단어이다.

　이 단어가 가득 충만하게 채우는 것과 약속을 이루는 두 가지 의미를 동시적으로 가지는 예를 요한계시록 6:11에서 볼 수 있다. "그들에게 흰 두루마리를 주시며 가라사대 그들의 동무 종들과 형제들도 자기처럼 죽임을 받아 그 수가 차기까지 하라"에서 볼 수 있다. "그 수가 차기까지 하라"가 보여주는 것은 그 수가 정해졌다는 말이다. 그러므로 정한 수에서 하나라도 부족할 경우 그것은 수가 찬 것이 아니다. 그러므로 그 수가 차기까지는 그 일을 중단할 수 없다. 그러나 만일 그 수가 차게 되면 그 수를 채우는 일은 끝이 난다. 다시 말해서 그 일은 완성된다. 따라서 그 일이 완성되었으므로 다른 일을 시작할 수 있게 된다. 요한계시록 6:10과 연결하여 문맥적으로 살펴보면 그 수가 차게 되면 다른 일, 곧 심판이 시작될 것을 말한다. 따라서 "오순절 날이 이미 이르매"는 "오순절 성령 강림 사건이 일어나도록 계획된 것이 준비되고, 부족한 것이 채워져, 오순절 사건이 일어나도록 되었다"는 것을 나타낸다. 예수님의 약속은 아무 의미 없는 날에 성취된 것이 아니었다.

　이와 같은 사실은 성령 강림이 다른 날이 아닌 오순절 날에 일어난 사실을 통해서도 알 수 있다.^{행 2:1~4} 예수님께서 약속을 이루실 때를 정하시고 제자들에게 명하시고 그들을 준비시키시고 난 뒤 그 의미 있는 날에 약속을 성취시키셨다. 신약의 오순절은 구약의 맥추절과 관련되어 있다.^{출 23:16; 레 23:15~21; 신 16:10; 대하 8:13; 행 20:16; 고전 16:8} 맥추절은 본래 농부들의 추수에 대한 절기로^{레 23:15 이하} 첫 열매를 하나님께 바치는 날이다.^{출 34:22; 민 28:26}

또한 누가가 요엘서를 인용하면서 "이후에"를 "말세에"라고 번역(변경)한 점이 누가가 성령의 은사를 마지막 날에 주어진 것으로 이해하였다는 것을 말하여 준다.^{행 2:17} 오순절 사건의 근본적인 의의는 예수님께서 제자들에게 성령으로 세례를 주셨다는 사실에 있다. 요단강에서는 하나님께서 예수님 앞에 놓여 있는 메시아 임무를 위하여 기름을 붓듯이 성령을 부어 주셨다. 다른 한편으로 오순절 날에는 예수님께서 그의 죽음과 부활과 승천에 따라 그의 제자들에게 성령의 은사를 부어 주셨다.

예수님은 성령으로 (말미암아 잉태되어) 인간의 삶을 시작하셨다.^{눅 1:35} 성령으로 기름 부음 받음으로 기름 부음 받은 자, 곧 성령의 유일한 자가 되셨다.^{눅 3:22; 4:18} 그는 승천하신 후 약속하신 (성)령을 그의 제자들에게 부어 주심으로 주의 영이 되셨다.^{행 2:33} 예수님께서 요단에서 성령으로 세례를 받음으로 새 시대와 새 언약의 중보자가 되시는 길을 시작하신 것처럼 제자들도 오순절 날에 예수님을 따라 새 시대와 새 언약의 일꾼의 길을 시작하였다. 예수님께서 요단에서 성령으로 세례를 받으심으로 새 시대와 새 언약 성취의 핵심이 되는 십자가로 향하는 길을 시작하셨다. 제자들도 오순절 날에 성령으로 세례 받음으로 예수님께서 성취하신 새 시대, 즉 새 언약 시대에 속하게 되었으며 그 새 언약 시대를 알리는 증인들의 길이 시작 되었다.

결론적으로 적어도 제자들이 오순절 날에 성령 세례를 받으므로 새로운 시대, 즉 성령과 하나님의 백성 사이에 새로운 관계를 맺는 시대의 장이 열린 것이다. 오순절 성령 강림은 제자들이 새 시대, 다시 말하자면 새 언약의 시대에 참여하는 시작인 것이다. 오순절은 사도들과 또 그들과 관계된 자들이 함께 어우러져 이룬 새 언약 공동체의 시작이요 출발점인 것이다. 이제 제자들의 새 언약 일꾼으로서의 사역에 대하여 고찰하기 전에 실제로 오순절 날에 무슨 일이 일어났는가를 간략하게 몇 가지 특징들을 살펴보겠다.

첫째는 오순절 날에 함께 모인 모든 자가 성령 강림을 체험하였다는 것이 강조된 점이다. 이 사실은 오순절 날에 다락방에 모인 자들 모두가 성령 세례와 충만을 받은 사실에 대한 몇 가지 표현들을 통하여 확인할 수 있다. 예를 들면, 사도행전 2:1에서 "그들이 다 같이 한 곳에 모였더니"와 2절에 "온 집에 가득하며"와 3절의 "각 사람 위에"와 4절의 "다 성령의 충만함을 받고"라는 표현들을 통하여 알 수 있다. 이것은 민수기 11장에 기록된 칠십 명 장로들에게 여호와의 신이 임하여 예언한 사실을 생각나게 한다. 우리가 주목하는 바는 이 두 사실의 비슷한 점과 이에 대한 모세의 소원을 담은 말이다. 비슷한 점은 오순절 성령 강림 때와 마찬가지로 칠십 명 장로 모두에게 여호와의 신이 임한 것이다. 사실 칠십 명 중 엘닷과 메닷은 다른 장로들과는 달리 회막에 있지 않고 진중(자신들의 천막)에 있었음에도 불구하고 다른 장로들처럼 예언하였다.[민 11:26]

더욱 주목하는 바는 여호수아가 이 사실을 듣고 모세에게 두 사람이 예언하는 것을 금하도록 하라고 하였을 때, "네가 나를 두고 시기하느냐 하나님께서 그 영을 그의 모든 백성에게 주사 다 선지자가 되게 하시기를 원하노라"고 하였다.[민 11: 29] 모세의 이 소망은 오순절 성령 강림 때까지 이루어지지 않았다. 그러나 오순절 날에 120여 명에게 임한 성령의 역사는 바로 같은 날에 3000명에게도 임한 것을 볼 수 있다. 우리는 여기에서 옛 언약의 일꾼인 모세가 소망하였던 것이 새 언약의 일꾼들인 제자들의 사역의 통하여 이루어짐을 볼 수 있다.

둘째는 모인 자들이 다른 방언으로 말하기를 시작한 것이다. 제자들과 및 그 함께 한 자들이 방언하는 것을 보고 "어떤 이들이 조롱하여 저희가 새 술에 취하였다"고 하였다.[행 2:13] 이에 대하여 베드로는 강력하게 "때가 제 삼시니 너희 생각과 같이 이 사람들이 취한 것이 아니다"고 반론하였다.[행 2:15] 이것은 요엘 선지자의 예언의 성취라고 하였다. 오순절 날에 예루살렘에 있었던 자들이 보기도 듣기도 한 것은 "불의 혀같이 갈라지는 것"이 아니었다. 그것은 단지 제자들이 방언하는 것이었다. 이런 의미에서 방언은 오순절 날 제자들에게 성령이 임했다는 것을 보여주는 유일한 외적 증거라고 말할 수 있겠다. 또한 방언은 베드로의 설교 내용이 옳다는 것을 그곳에 모인 자들에게 확신시키는 중요한 요소로 작용한 것이 틀림없다.

베드로의 설교 내용은 한마디로 그들이 십자가에 못 박혀 죽도록 한 예수님을 하나님께서 살리셨다는 것이다. 그 증거는 약속하신 성령의 강림이었다. 베드로는 오순절 성령 강림은 예수님의 부활 승천하신 후 하나님 아버지께 성령을 받아 성령을 보내주심과 관련되었다고 말한다.[행 2:33] 한마디로 성령 강림은 유대인들이 율법이 없는 이방인의 손을 빌어 예수님을 십자가에 못 박아 죽였으나 하나님께서 예수님을 주와 그리스도가 되게 하셨다는 사실을 증명하는 사건이다.[행 2:23,36] 베드로는 자신과 요한이 성전을 올라가다가 나면서부터 앉은뱅이 된 자를 고친 것도 예수로 말미암아 난 믿음이 그를 완전히 낫게 하였다고 하면서 "너희가 거룩하고 의로운 이를 거부하고 도리어 살인한 사람을 놓아 주기를 구하여 생명의 주를 죽였도다 그러나 하나님이 죽은 자 가운데서 그를 살리셨으니 우리가 이 일에 증인이라"고 하였다.[행 3:14~15] 따라서 오순절 성령 강림은 예수님을 십자가에 죽인 유대인들의 불신앙에 대한 심판으로 이해할 수 있다.

하나님께서 오순절 성령 강림의 외적 증거로서 방언을 주신 주요한 목적 중에 하나는 유대인들의 불신앙에 대한 심판의 표시라는 해석은 사도행전의 18장에 기록된 바울과 당시 고린도에 살고 있었던 유대인들과의 관계를 통해서도 알 수 있다. 바울의 전도 여행 중에 유대인들로부터 가장 극심한 반대를 직면한 곳은 고린도이었다. 누가는 이 사실을 "실라와 디모데가 마게도냐로부터 내려오매 바울이 하나님의 말씀에 붙잡혀 유대인들에게 예수는 그리스도라 밝히 증거하니 그들이 대적하여 비방하거늘 바울이 옷을 털면서 이르되 너희 피가 너희 머리로 돌아갈 것이요 나는 깨끗하니라 이후에는 이방인에게로 가리라"고 소개한다.[행 18:5~6] 결국 고린도 교인들에게 방언 은사가 강하게 일어나도록 한 것은 방언 은사를 유대인들의 불신앙에 대한 심판의 표시로도 이해할 수 있다는 해석에 대한 지지로 볼 수 있다.

그러나 이미 언급한 대로 베드로가 인용한 요엘서 2:28~32에는 방언에 대한 언급은 없다. 그럼에도 불구하고 베드로가 오순절 성령 강림은 요엘 선자자의 예언의 성취라고 말한 사실과 관련하여 먼저 주목할 수 있는 것은 요엘서 예언은 축복과 심판의 두 요소를 말하고 있다는 점이다. 축복의 요소는 성령으로 말미암아 하나님의 언약 백성들이 예언을 하고, 환상을 보며, 꿈을 꾸는 놀라운 역사가 있을 것을 말한다. 동시에 요엘서는 회개를 촉구하는 심판의 요소가 그 예언 내용과 이전 문맥에 나타나 있다는 점이다.욜 2:12~14 또한 그 예언 이후 문맥에서는 하나님의 백성을 대적하는 적군에 대한 심판이 나타나 있음을 볼 수 있다.욜 3:2,12 먼저 하나님의 심판과 방언과의 관계를 살피도록 하겠다.

우리는 창세기 11장의 바벨탑 사건을 통하여 알아듣지 못하는 언어가 심판의 요소였다는 점을 잘 알고 있다. 노아의 자손들이 시날 평지에서 성을 쌓아 하늘에 닿게 하여 자신들의 이름을 내고 온 지면에 흩어짐을 면하고자 하였다.창 11:1~4 하나님께서 이 사실을 보시고 "그들의 언어를 혼잡케 하여 그들이 서로 알아듣지 못하게" 하셨다.창 11:7 그 결과로 그들은 온 지면에 흩어지게 되었고 성 쌓기를 그쳤다.창 11:8

이와 같이 알아듣지 못하는 언어를 통한 하나님의 심판은 신명기에서도 볼 수 있다. 모세는 신명기 28:49에서 "여호와께서 원방에서 땅 끝에서 한 민족을 독수리가 날아오는 것 같이 너를 치러 오게 하시리니 이는 네가 그 언어를 알지 못하는 민족"이라고 경고하였다. 문맥을 통하여 49절의 의미를 살펴보면 하나님의 언약 백성인 이스라엘이 하나님의 명령에 순종하지 않을 때 그들이 알아듣지 못하는 자들을 들어 이스라엘을 침략하겠다는 것이다. 이스라엘 심판과 관련하여 이스라엘을 침략하는 민족을 "네가 그 언어(방언)를 알지 못하는 민족"이라고 설명한 것은 특별한 의미가 있다. 그것은 하나님께서 알아들을 수 있는 언어로 이스라엘에게 명령하였음에도 불구하고 이스라엘 백성이 하나님의 말씀이 너무 어렵다고 하여 불순종하였으나 그 언어를 알아들 수 없는 침략자의 말을 순종할 수밖에 없다는 것을 말한다. 이스라엘이 그 침략자의 말을 순종할 수밖에 없는 이유는 순종하지 아니하면 죽게 되기 때문이다.

하나님께서 마음이 완악하여 하나님의 말씀이 어렵다고 하면서 순종하지 않는 이스라엘 백성을 심판하는 수단이 그 언어를 알아들을 수 없는 민족을 사용하시겠다는 것이다. 여기에 심판의 수단은 무기가 아니라 언어(방언)라는 것을 볼 수 있다. 이런 의미에서 방언은 언약 백성이 하나님의 말씀을 순종하지 않는 불신앙에 대한 심판의 표시라고 볼 수 있다. 이런 해석이 가능한 것은 이스라엘 백성이 하나님의 말씀에 분순종하는 것을 심판하는 방편으로 그들이 알아듣지 못하는 언어를 가진 민족이 동원될 것이라는 동일한 내용의 경고가 선지자 이사야사 28:11와 예레미야렘 5:15에서 볼 수 있기 때문이다.

하나님께서 오순절 성령 강림의 외적 증거로서 방언을 주신 주요한 목적 중에 또 다른 하나는 오순절은 요엘서 예언의 성취일 뿐 아니라 (하나님) 아버지의 약속 성취라는 점에서 찾을 수 있다.행 1:4 결론부터 말하자면 방언을 불신앙에 대한 언약 심판의 표시인 동시에 새 언약 성취와 더불어 주어지는 언약 축복의 표시라는 점이다. 누가는 예수님께서 성령을 (하나님) 아버지의 약속이라고 하심을 전하였다.눅 24:49; 행 1:4 베드로 역시 성령 강림을 아버지의 약속의 성취라고 하였다.행 2:33 그는 자신의 설교를 듣는 자들에게 "이 약속은 너희와 너희 자녀와 모든 먼 데 사람 곧 우리 하나님이 얼마든지 부르시는 자들에게 하신 것"이라고 하였다.2:39 따라서 베드로는 오순절 성령 강림부터는 하나님의 언약 백성은 한 민족에 국한된 것이 아니라 모든 민족에게 적용될 것을 말하였다. 바울은 좀 더 구체적으로 성령은 하나님께서 아브라함에게 하신 약속의 성취라고 하였다.^{갈 3:14; 참조 롬 4:13,16,20} 바울은 하나님께서 창세기 12장에서 아브라함에게 "복의 근원이 될 것"과 "땅의 모든 족속이 너를 인하여 복을 얻을 것"이라는 약속이 성령 강림을 통하여 성취된 것이라고 말하고 있다.

아브라함에게 주신 약속의 성취가 모든 민족에게 적용되는 과정에서 언약 축복의 표시로서 방언의 역할에 대하여는 사도행전을 통하여 볼 수 있다. 고넬료 가정에서 일어난 성령 부어주심은 "방언으로 말함"과 "하나님 높임"이었다. 여기에서 방언은 예루살렘에 있는 사도들과 유대에 거주하는 믿는 자들에게 하나님께서 할례 받지 않은 이방인을 하나님의 백성으로 받으셨다는 것을 확신시키는 역할을 하였다. 예루살렘의 사도들이 베드로가 할례 받지 않은 이방인들에게 세례를 베풀었다는 말을 듣고 베드로를 책망하였다.^{행 11:1~3} 사도들의 책망을 들은 베드로는 "내가 말을 시작할 때에 성령이 저희에게 임하시기를 처음 우리에게 하신 것 같이 하는지라 내가 주의 말씀에 요한은 물로 세례를 주었으나 너희는 성령으로 세례 받으리라 하신 것이 생각났노라"고 하면서 자신이 세례 베푼 경위를 설명하였다.^{행 11:15~16} 베드로의 설명을 들은 자들이 "이 (베드로의) 말을 듣고 잠잠하여 하나님께 영광을 돌려 가로되 그러면 하나님께서 이방인에게도 생명을 얻는 회개를 주셨도다"고 하였다.^{행 11:18} 그들은 할례 받지 않은 이방인들로 믿음만으로 하나님의 언약 백성이 되는 것을 하나님께서 허락하였음을 인정하고 확신하게 되었다.

에베소의 방언 역시도 같은 맥락에서 이해된다. 결론적으로 오순절 날의 성령 강림과 함께 주어진 방언의 의의는 하나님께서 불신앙의 유대인을 심판하는 표시로서 자신을 더 이상 한 민족에게 국한시키지 않으시고 또한 한 언어로만 말씀하지 아니하시겠다는 목적으로 주신 것으로 알 수 있다. 동시에 오순절 날부터 모든 언어로 모든 민족에게 전하시겠다는 언약적 축복을 표시하는 목적으로 방언을 주신 것이다. 우리는 사도행전에서 사도들이 성령의 역사로 말미암아 지역과 민족의 장벽을 넘을 수 있었던 것을 볼 수 있다. 방언을 동반한 성령의 강력한 역사는 때로는 사도들의 고정 관념을 깨뜨리기도 하였고,^{행 8, 11장} 또한 사도들의 증거를 받아들이도록 증거를 듣는 자들의 마음의 장벽을 허무는 역할을 한 것도 볼 수 있다.^{행 8,19장}

사도행전은 지역과 민족의 경계를 넘을 때마다 성령의 강력한 역사로 말미암아 제자의 수가 삼천, 오천으로 더하여지고,^{행 2:41, 4:4} "하나님의 말씀이 점점 왕성하여" 믿는 자가 심히 많아지고,^{행 6:7; 12:24} "교회가 평안하여 든든히 서고 주를 경외함과 성령의 위로로 진행하여 수가 더 많아지게 되었다."^{행 9:31 11:24; 16:5} 한마디로 오순절 성령 강림은 신약시대 교회 역사를 통하여 오고 오는 모든 부흥 운동의 기반(bedrock)이 되는 초석을 놓는 사건인 것이다.

베드로의 설교는 제자들이 새 언약 일꾼으로서 한 첫 번째 설교이었다. 오순절 날에 성령 세례 받은 이후의 베드로와 제자들은 더 이상 과거와 같이 무력한 자들이 아니었다. 오순절 날에 삼천이나 세례 받을 수 있었던 것은 베드로의 설교를 듣고, "그들의 마음이 찔려" 베드로와 다른 사도에게 자신들이 어떻게 하여야 할지를 묻고 난 후였다.^{행 2:37} 베드로는 그들에게 회개하여 예수 그리스도의 이름으로 세례 받고 죄 사함을 얻어 성령을 선물로 받을 것이라고 하였다.^{행 2:38} 또한 베드로는 그들에게 "이 패역한 세대에서 구원을 받으라"고 권면하였다.

베드로의 설교를 들은 자들의 변화된 삶, 즉 초대교회 성도들의 삶에 대하여 사도행전 2:41 이하에 잘 기록되었다. 초대교회 성도들의 일상생활은 성령의 감동을 따라 순종하는 삶이었다. 오순절 성령 강림 이후 믿는 자들이 가진 재물을 서로 나누고 이웃과 음식을 함께 먹는 일은 이웃에 대한 그들의 사랑이 어떠한 것이었는지를 보여준 것이다. 사도행전 2:45에서 누가는 신자들이 그들의 재산을 팔아 필요한 자들에게 나눠주었다고 기록하고 있다.참조. 행 4:32~37 이러한 사실은 그들이 함께 동거하고 일종의 공동 소유 제도를 실천하는 독특한 삶의 방식을 가지고 있었음을 보여준다. 초대교회는 성령의 역사로 이 모든 일들을 가난한 자들에게 시행하였다.행 2:45; 4:33~34; 5:3 이것은 재산의 공동 소유 제도를 실행한 그들의 동기가 동료 신자들에 대한 사랑에서 비롯된 것임을 보여준다.

사도행전 2:46은 "그들이 기쁨과 순전한 마음으로 함께 음식을 나누었음"을 보여준다. 동양에서는 함께 식사하는 일이 용납과 신뢰와 형제애의 표현이라는 것은 잘 알려진 사실이다. 기쁨과 순전한 마음으로 함께 식사를 나누었다는 말은 그러한 공동 식사를 가능하게 한 동기가 소위 다른 신약성경의 저자들이 '사랑'이라고 표현하는 것이었음을 보여준다. 왜냐하면 그들의 일상생활을 특징짓는 기쁨은 성령에 의해 주어지는 것이기 때문이다.참조. 행 13:52

결론적으로, 초대교회 신자들의 삶을 특징짓는 독특한 모습 가운데 하나는 바로 성령 안에서의 이웃에 대한 사랑이다. 이러한 삶의 방식이 신자들 안에 내주하시는 성령의 역사로 말미암은 것임은 부인할 수 없는 사실이다. 누가는 신자들이 성령 안에서 서로 사랑하여 재산을 나누어주고 함께 식사하는 일을 기록함으로써, 바울이 그리스도의 율법의 완성이요 온 율법의 강령이라고 묘사한 성령 안에서 "사랑하는 일"이 실제로 어떠한 것인지를 말하고 있다.

오순절 성령 강림을 시작으로 하여 성령님께서 일으키시는 부흥은 사도행전 1:8의 말씀대로 예루살렘을 기점으로 유대와 사마리아를 거쳐 "로마의 길은 세계로"라는 시오노 나나미의 말대로 세계를 향하여 나갈 수 있도록 로마의 심장부에 이르게 되었다. 새 언약의 약속은 모든 족속과 땅 끝까지 이르러야 할 약속이기에 족속을 넘어갈 때마다 지역의 경계를 지나 확장될 때마다 그 경계와 장벽을 넘어설 때마다 성령의 역사로 놀라운 부흥이 있었던 것을 볼 수 있다.

바로 사도행전이 그런 역사의 기록이다. 오순절 날에 예루살렘에서의 성령강림은 놀라운 부흥의 원동력이 되었다. 성령의 놀라운 부흥의 역사는 사마리아 성에서 그러하였고 고넬료 가정과 에베소에서 그러하였다. 사도행전은 바울이 복음을 들고 로마의 심장부에 입성하여 자유롭게 복음을 전함으로 끝을 맺는다. 그렇다고 그곳이 땅 끝은 아니다. 다만 땅 끝으로 통하는 길이 있는 곳에 도달하였을 뿐이다.

그 이후 복음 전파의 역사는 이천 년의 세월을 지나오면서 성령의 능력으로 중단됨이 없이 이전세대에서 다음세대로 이어져 오늘에 이르게 되었다. 이 복음 전파 사역을 통한 부흥이 지역, 언어, 종교, 관습, 전통과 문화의 장벽을 넘어 오늘까지 계속되는 데는 성령의 강력한 역사로 말미암았다는 것은 기독교 세계 교회사가 그 증거들을 헤아릴 수 없이 보여주고 있다. 한국교회의 부흥 역시 이 사실을 확증시켜 주는 중요한 증거들을 제시해 주고 있다. 그러면 이제 한국교회 역사 속에 일어났던 평양 대부흥운동과 현재 일어나고 있는 부흥을 살펴봄으로 다음 세대로 이어지는 하나님의 부흥이 어떠한 한 것인가를 이제 살펴보겠다.

한국교회 역사 속의 부흥

"예수 그리스도는 어제나 오늘이나 영원토록 동일하시듯이 성령의 역사 역시 동일하시다. 그기기에 더 큰 기대와 소망을 갖고 부흥의 역사를 바라보는 것은 지극히 당연하고 바람직하다. 아니 우리는 지금 엘리야가 보았던 '손 만한 작은 구름'이 일어나는 것을 본다."

1903년 원산부흥운동의 주역을 담당했던 하디는 "아무리 높은 이상도 영적인 힘이 없다면 수행하기 어렵다. 기억하라. 이러한 영적인 힘은 계속적인 기도로만 얻어질 수 있다. 우리의 체력이 날마다 음식물을 섭취함으로써 유지되는 것같이 우리의 영적인 강건함도 날마다 기도를 통해서만 유지될 수 있다. 이때 우리의 목적은 인간의 영광으로부터 하나님의 영광으로 그 초점이 바뀌어 진다"(하디의 설교문 일부: 『닥터 홀의 조선회상』, 좋은씨앗, 2003, 232).

1907년 평양 대부흥운동의 한국인 강사였던 길선주는 "예전부터 하나님의 교회가 흥왕하는 것은 부흥회로 되는 것이니 주 강생하신 후에만 그런 것이 아니라 강생 전에도 매양 그러한지라 그때에 하나님을 섬기는 사람들이 세욕에 과결한 때가 있어 차차 마귀 유혹에 들매 마음이 식어 하나님을 공경하지 아니하고 밖으로 교회 규칙을 지키듯이 마음으로는 신령한 뜻을 아지 못하고 하나님을 공경하는 모양만 있고 하나님을 권세가 없었더니 하나님의 선지자 일어나서 부흥회를 설립하고 쇠미하여지던 하나님의 참 도를 널리 전파하여 여러 사람을 하나님께 돌아오게 하였더라"라고 설교하였다(길선주 장로의 설교문 일부: 「그리스도신문」, 1906년 1월 18일, 52~53; 정성구의 "1907 평양부흥운동의 신학과 신앙"에서 재 인용, 설교문 현대어체는 정성구에 의함).

게일 선교사는 "길선주는 외칠 만반의 준비가 되어 있었다. '처음부터 그것은 길선주의 얼굴이 아니었다.' … 한때 완전 장님이었다가 아직도 장님인 길선주, 그러나 여기서 그의 얼굴은 대단한 위엄과 능력의 얼굴, 순결과 거룩함으로 불타는 얼굴이었다. 그것은 길선주가 아니라, 예수였다. …그가 사람들에게 회개하고 고백할 것을 요청한 것이다"라고 증언하였다(1907년 평양부흥회 집회 인도시 길선주 장로의 모습에 대한 게일 선교사의 증언: Gale, *Korea in Transition* [N.Y.: Laymen's Missionary Movement, 1909], 205).

9_ 일어난 대부흥

은혜로운 사건을 기억하라

한국교회가 평양 대부흥운동의 재현을 열망했던 2007년은 이제 미래가 아닌 지나간 과거가 되었다. 그러나 성경은 하나님께서 과거에 베풀어 주신 은혜로운 사건은 잊지 말고 연례적으로 기념하여 지키라고 한다. 그 좋은 예를 구약성경에서 볼 수 있다. 구약성경은 이스라엘 백성이라면 누구를 막론하고 지나간 사건들을 기념하는 몇 가지 절기들을 대대로 반드시 매년 지키도록 명하고 있다. 그 중에 대표적인 3대 절기는 유월절과 오순절과 장막절이다. 이 절기들 중에 특별히 유월절은 이스라엘이 출애굽과 관련된 역사적인 사건에 근거하고 있다. 수천 년이 지난 오늘날도 유대인들은 구약성경의 명령대로 그 절기가 돌아오면 밤을 지새워 가면서 구약성경이 명령한 예식을 재현하고 있다.

그 역사적인 사건을 체험한 자들은 자신들이 세상을 떠난 오랜 세월 후에도 자신들의 후손들이 그 감격적인 사건을 마치 자신들이 경험했던 어제의 사건처럼 그 감격을 가슴에 품고 살아가고자 하는 열망 속에 그 사건을 해마다 재현하였을 것이다. 물론 그 사건을 체험한 세대가 세상을 떠난 후 다음 세대로 이어지면서 그 감격은 점차 무디어졌을 것이다. 그럼에도 불구하고 오늘날도 유대인들은 해마다 유월절을 성대한 예식과 함께 지키고 있다.

이와 같은 사실은 우리에게 교훈하는 바가 크다 하겠다. 그것은 한국교회가 기념하여 지켜야 할 사건이 있다면 그것이 무엇일까 하는 점이다. 나는 그 중에 하나가 1907년에 일어났던 평양 대부흥운동이라고 생각한다. 한국교회는 교파를 초월하여 1907년 평양부흥운동의 백주년이 되는 2007년을 맞이하여 여러 관점에서 평양 대부흥운동을 고찰하는 활동들을 전개하였다. 이러한 경향은 단지 한국교회 역사 속에 일어났던 한 부흥운동을 기념하기 위한 목적만이 아님은 자명하다. 한국교회는 평양 대부흥운동과 같은 부흥의 역사가 21세기를 맞이하고 있는 한국교회에 다시 한 번 그와 같은 부흥이 재현되기를 간절히 열망하는 가운데 이러한 운동을 전개하였다는 것은 주지하는 바이다.

한국교회는 1907년 평양부흥운동의 백주년을 맞이하는 2007년을 즈음하여 2005년부터 1907년 평양 대부흥운동의 재현을 위하여 각계각층의 집회들을 개최하였다. 그 모든 집회들 중에 한국구약학회, 한국복음주의구약학회, 한국신약학회, 한국복음주의신약학회 회원들과 목회자와 신학생 그리고 평신도들이 함께 모인 평양 대부흥운동 100년 기념 성서학

학술 심포지엄은 우리 모두에게 인상 깊게 기억되는 집회라 하겠다.[1] 이 집회는 회개와 갱신이라는 주제로 평양 대부흥운동을 성경신학적으로 조명하는 것을 목적으로 개최하였다. 이 심포지엄을 개최하는 신학회 회원들은 선언서를 통하여 일곱 가지를 기억할 것과 그에 따른 다짐을 선언하였다. 그 선언서는 "100년 전 암울했던 이 땅에 임하여 부흥과 각성의 역사를 일으키신 성령이시여. 이제 다시 임하시어 우리를 새롭게 임하시어 우리를 새롭게 하소서!엡 4:22~24 이 땅에 부흥을 허락하소서!합 3:2"라는 간구로 마감되었다. 이 간구야말로 심포지엄을 마침과 동시에 끝나서는 절대로 안 될 간구이다. 이 간구는 그 내용이 열매로 맺어지기까지 계속되어어져야 할 것이다.

나는 1907년 평양 대부흥운동의 백주년이 되는 2007년에 평양대부흥과 같은 놀라운 부흥의 역사를 위하여 기도의 불씨를 지피고 있는 작은 무리들이 있다는 사실을 2005년에야 알게 되었다. 그 때에 나는 1907년 평양 대부흥운동의 백주년이 되는 2007년에 그 운동이 재현될 것을 염원하며 기도하고 있는 소수의 무리들을 내심으로는 무관심한 시각으로 바라보았다. 물론 기도하는 자들이 소수의 무리이기 때문만은 아니었다. 그 근본적인 이유는 무슨 운동이든지 백주년이 되었다고 꼭 재현되어야 할 당위성도 없다고 생각하였을 뿐 아니라 평양 대부흥운동이 한국교회와 세계선교에 미친 영향이 그렇게 놀라운 것인지를 미처 알지 못했기 때문이다. 2006년이 들어서면서 각 교단적으로 또한 범 교단적으로 2007년에 평양 대부흥운동이 재현되기를 바라는 여러 대규모 집회들이 개최되는 것을 보면서도 나의 부정적인 시각은 변하지 않았다.

그런 견해를 갖고 있는 나에게 계명대 연신원과 대학원 신학과 연합

추계 학술대회인 제21회 계명목회자 세미나의 강사로 초빙을 받았다. 그 세미나는 2006년 10월 30일에 개최하기로 정해졌다. 본래는 나에게 바울신학 분야의 한 주제를 택하여 발표하도록 요청받았다. 그 요청을 허락하고 난 얼마 후에 주최 측으로부터 "한국장로교회 탄생 100주년을 맞으며"라는 총 주제가 정해지면서 나에게 "평양 대부흥운동에 대한 성경신학적 고찰"이라는 주제로 논문 발표를 부탁한 것이다. 나는 한국교회사를 전공한 자가 아니었기에 정중하게 거절하고자 하는 마음도 있었으나 성경신학적 고찰이라는 논문의 단서에 마음이 끌려 논문 발표를 허락하였다.

나는 논문 준비를 마치면서 1907년 평양 대부흥운동의 재현은 하나님의 주권에 달렸다는 것을 부인할 수 없는 사실이지만 우리는 기를 쓰고 1907년 평양 대부흥운동의 재현을 열망하여야 한다는 마음을 갖게 되었다. 오늘 한국교회는, 과거 20세기 초에 사경회와 기도회를 개최하며 평양에 부흥이 일어나기를 열망했던 당시 선교사들과 한국교회 지도자들처럼, 1907년 평양 대부흥운동의 재현을 열망하여야 한다고 확신하게 되었다. 만일 평양 대부흥운동과 같은 영적 각성운동이 재현된다면, 한국교회는 21세기를 통하여 세계교회를 귀하게 섬기는 교회가 될 것이다. 마치 오늘의 한국교회가 1907년 평양 대부흥운동의 재현을 열망하듯이, 미래 어느 세기의 한국교회는 아니 세계교회는 과거 21세기에 일어났던 한국대부흥운동의 결과를 회고하면서, 그런 성령의 놀라운 역사가 재현될 것을 열망하리라는 생각을 갖게 되었다. 이러한 결론을 내리게 된 나의 논문을 소개하면서 다음 세대에게로 이어가게 하시는 부흥을 성경신학적 관점에서 살피고자 한다.

지금까지 "1907년 평양 대부흥운동"에 대해서는 교회사 학자들을 중심으로 여러 관점에서 계속적으로 많은 연구가 진행되어 왔다. 물론 교회사 학자들이 "1907년 평양 대부흥운동"을 고찰한 논문이나 저서에서 성경신학적 관점에서 조명한 부분들을 접할 수 있다. 그럼에도 불구하고 "1907년 평양 대부흥운동"에 대하여 전적으로 성경신학적 관점에서 고찰한 논문은 많지 않았음을 볼 수 있다.[2] 그 이유는 교회사적 접근은 역사적 사실에 근거하여야 하기 때문에 성경신학적으로 접근하기에는 한계가 있기 때문이다. 그러나 평양 대부흥운동을 성경신학적 관점에서 접근할 때는 역사적 자료뿐 이니라 그 역사적 사건 배후에서 역사하신 하나님의 섭리하심까지 그 범위를 넓혀서 고찰할 수 있다고 생각한다. 기독교적 관점에서 말한다면 역사의 주체는 하나님이시기에 평양 대부흥운동의 의의를 바로 이해하기 위하여서는 성경신학적 고찰이 필수적일 수밖에 없다.

나는 평양 대부흥운동을 성경신학적으로 고찰함에 있어 먼저는 "1907년 평양 대부흥운동"에 대한 교회사 학자들의 연구한 결과를 역사의 주체이신 하나님의 섭리의 결과라는 전제 하에 개략적으로 소개한 후, 평양 대부흥운동에 대한 하나님의 섭리하심과 의도하심을 성경신학적 관점에서 살펴 나가려고 한다. 교회사 학자들은 평양 대부흥운동을 주로 "교회성장의 관점, 선교사들의 관점, 한국인의 주체적 관점 그리고 평양부흥의 발생과 전개과정에 작용한 요소들과 영향을 살펴보는 관점"에서 고찰하고 있다. 이병수는 평양 대부흥운동을 해석하는 대표적인 위의 네 가지 관점을 소개하면서 또한 각각의 장점과 한계점을 피력한다.[3] 나는 교회사 학자들의 연구 결과를 인용함에 있어 대부분 박용규 저서인『평양 대부흥운동』의 내용을 나의 관점에서 요약 및 재배열하였다.[4] 평양 대부흥운동에 대한 교회사적 고찰에 대한 나의 인용은 이병수가 제시한 네 가지 관점에 의한다면 주로 선교사들의 보고와 더불어 박용규의 한국교회 영적 각성운동이라는 관점에서 소개하려고 한다.[5)]

다음으로 평양 대부흥운동에 대한 나의 성경신학적 고찰은 1910년 에든버러 세계선교대회에서 평양 대부흥운동을 "진정한 오순절 성령사건"(a genuine Pentecost)이라고 한 지적에 초점을 맞추려고 한다. 방위량(William Blair)과 헌트(Bruce Hunt) 선교사는 1907년 평양 대부흥운동과 그 영향을 고찰하는 책의 제목을 『한국의 오순절과 그 따르는 고난들』이라고 하였다.[6)] 나는 이 부분에서 한국의 오순절이라고 부르는 평양 대부흥운동과 사도행전에 기록된 오순절 성령 강림 사건을 비교해 보려고 한다. 결론에 가서는 평양 대부흥운동 백주년을 보내면서 가지는 기대와 소망에 대한 제언이다. 비록 평양대부흥 백주년은 과거사가 되었지만 그러나 나의 기대와 소망은 한마디로 평양 대부흥운동과 같은 부흥의 역사가 또다시 이 땅에 새롭게 재현되었으면 하는 것이다.

한국의 첫 오순절 날 이전의 집회들

평양 대부흥운동은 1907년 1월 2부터 평양 장대현교회에서 열린 겨울 남자 사경회에서 시작되었다. 이 사경회는 1월 15일까지 두 주간 계속되었다. 이 남자 사경회는 400여 개 장로교회들이 연합으로 갖는 성경 훈련반(Bible Training Class) 형식의 집회로 매년 대략 800여 명이 참석하였다. 그러나 1907년에 열린 사경회는 그 때까지 열렸던 사경회 중에 가장 큰 규모로 약 1,000명이 모였다.[7)] 이 집회에 참석한 자들은 대부분 2주간의 사경회에 참석하기 위해 영하 수십 도의 혹독한 추위와 싸우며 산과 들을 넘어 시골길을 달려온 자들이었다. 그들 중에는 300리를 걸어서 자들도 있었다.8) 더욱이 그들은 그 멀고 험한 길을 오면서 사경회 두 주간 동안에 먹을 쌀을 등에 메고 오는 열정을 보이기도 하였다.9)

사경회는 관례에 따라 오전에는 성경공부와 기도에 주력하였고, 오후에는 평양 각지로 흩어져 전도하고, 저녁에는 특별 전도 집회가 열렸다. 1907년도 사경회 전도 집회는 1월 6일부터 열렸으며, 참석한 인원은 1,500명 정도였다.10) 저녁 전도 집회에는 장소가 비좁아 여자들은 참석할 수 없었다. 여자들은 다른 장소에서 별도의 모임을 가졌고, 선교사들의 아내들이 인도하는 예배에 참석하였다.11) 저학년 소년들은 대학이나 중학교에서 모여 조사 가운데 한 사람이 인도하였고 저녁집회는 선교사와 한국인 지도자들이 번갈아 담당하였다.12)

성령의 임재 역사는 1월 6일 주일 첫 저녁 집회가 끝날 무렵에 나타났다. 헌트 선교사는, 사람들이 기도회 이후에도 남아 한 사람씩 간절히 계속적으로 기도하자 "그때 대단히 힘 있는 6인의 남자가 극심한 심령의 고통 가운데 자신들의 죄를 통회하고 용서를 구하는, 내가(헌트) 전에는 결코 목격하지 못했던 성령의 임재가 이어졌다"고 증언하였다.13) 헌트 선교사는 계속하여 "그날로부터 그곳에는 개인적으로나 집단적으로 성령의 임재의 새로운 증거가 우리에게 어느 정도 나타나지 않은 날이 단 하루도 없었다."고 증언하였다.14) 저녁 집회에 모인 자들에게서 죄를 회개하는 역사와 죄를 공개적으로 고백하는 일이 계속되었다. 이러한 성령의 역사하심으로 잘못들이 고쳐지고, 서로의 관계가 회복되는 역사가 그 기도 시간에 일어났다. 오전 성경공부 반에서도 모인 자들 모두가 예외 없이 회개와 기쁨의 눈물을 흘리는 것을 볼 수 있었다. 이러한 광경을 목격한 헌트는 "성경을 가르치거나 기도회를 인도하면서 슬픔과 기쁨의 눈물이 그 자신이나 그곳 청중들의 볼에 흘러 내리는 것을 발견하는 것은 놀라운 일이 아니다."고 술회하였다.[15)]

사경회는 1월 12일 토요일 집회가 지금까지 진행된 집회 중에서 가장 은혜로운 집회가 되었다. 그 날 저녁 집회에는 방위량 선교사가 고린도전서 12:27을 본문으로 하여 "이제 너희는 그리스도의 몸이요, 지체의 각 부분이라"는 제목으로 교회의 불일치가 우리 몸에 발병하는 병과 같다는 사실을 일깨워 주었다. 방위량 선교사는 사냥을 하다 총에 맞아 상처 난 자신의 손가락을 청중들에게 보여주면서, 그 상처로 인해 얼마나 머리와 온몸이 고통스러웠는지를 설명하면서 형제의 마음을 상하게 하는 미움이 전 교회에 상처를 주고, 더 나아가 교회의 머리되신 그리스도에게 고통을 준다는 사실을 설명함으로 모인 자들이 크게 감명을 받았다. 방위량 선교사는 그 날 밤 성령의 역사에 대하여 다음과 같이 증언하였다. "그 밤에 하나님의 영이 우리와 함께 계셨다. 기도할 수 있는 기회가 주어지자 많은 사람이 다른 사람들, 심지어 우리 몇몇 선교사들에 대한 나쁜 감정과 미움들을 고백했다. 우리 모두에게 그것은 우리가 소원하던 부흥이 그날 밤에 시작되었다는 증거였다."[16)] 1월 12일 토요일 밤 그곳에 모인 자들은 죄에 대해 새롭게 깨닫는 계기가 되었고, 자신들의 기도가 응답되었다는 확신을 가지고 집으로 돌아갔다.

따라서 그 다음 날 13일 주일 저녁 집회에 놀라운 성령의 임재를 기대하고 많은 사람들이 장대현교회당에 모여든 것은 당연하였다. 그러나 그들의 기대와는 달리 13일 주일 저녁집회에서는 놀라운 성령의 임재 역사가 없었고, 집회는 너무도 냉랭하고 차가웠다. 그 날 밤은 길선주의 장로가 설교하였다. 길 장로의 설교 후 이길함 선교사가 다시 기도할 것을 요청하였으나 아무도 기도하려 하지 않았다. 길선주 장로는 안타까운 나머지 청중들을 향해 "죽었느냐?"고 반문할 정도였다. 물론 그날 집회 역시 능력 있는 집회였다. 그러나 이 저녁 집회는 그 이전 집회에 비하여 냉랭함과 차가움이 있었다. 그럼에도 불구하고 집회 마지막에 회개의 역사가 일어났다. 그것은 길선주 장로의 공개적인 회개로부터 시작되었다. 길선주 장로는 그날 밤 집회에서 회개하라고 설교했을 뿐 아니라 그들에게 죽었느냐고 반문했던 자였다. 그런데 그가 밤 집회 후 계속된 기도회 중에 청중을 향하여 다음과 같이 자기 죄를 공개적으로 고백하였다.

하나님께서 우리 집회에 은혜를 내리시지 않은 이유는 바로 나 때문이다. 나는 바로 아간과 같은 자이다. 나 때문에 하나님께서 이 집회에 은혜를 베풀어 주지 않는 것이다. 약 일 년 전에 내 친구 중 한 사람이 임종하면서 내게 부탁했다. '길 장로, 내가 세상을 뜨거든 내 유산을 돌보아 주시오. 내 아내가 세상을 너무나 모르니 당신만을 믿겠소.' 나는 잘 보아 줄 터이니 염려하지 말라고 약조하였다. 그러나 그 친구가 세상을 떠난 뒤 미망인의 재산을 관리해 주면서 미화 백 달러 상당의 돈을 사취하였다."17)

길선주 장로의 고백을 들으면서 회중들은 회개하기 시작하였다. 울부짖는 통곡소리와 함께 통회하는 통성기도가 그곳을 진동하였다. 그날 밤 사람들이 기도 가운데 몸부림치고 죄를 고백하고 회개하는 통성기도가 있었음에도 불구하고, "그곳에는 집회를 방해하는 보이지 않는 모종의 세력이 존재하고 있는 것처럼 보였다"고 스왈른(Swallen) 선교사는 자신이 속한 선교부에 보고하였다.[18] 1월 13일 주일저녁의 냉랭하고 힘든 집회를 경험한 선교사들은 1월 14일 월요일 정오 기도회에 모여 성령의 강력한 역사가 임하도록 간절히 기도하였다.[19] 13일 주일 저녁 집회의 냉랭함과 차가움 역시 평양 겨울사경회가 평양 대부흥운동을 일으키는 원동력이 되었다는 사실을 인식하는 것이 중요하다.

첫째로, 길선주 장로의 공개적인 죄의 고백과 회개이다. 평양 부흥을 위하여 새벽기도를 시작했던 그, 그 집회의 설교자, 또한 냉랭하고 차가운 반응을 보이는 청중을 향하여 "죽었느냐?"고 반문할 정도로 회개를 촉구하던 그가 결국 청중에게 회개의 역사가 일어나지 못하게 하는 보이지 않는 모종의 방해가 바로 자신이 회개하지 않은 죄를 품고 있었기 때문이라는 것을 깨달았고, 부흥운동의 주역답게 성령의 강권적인 역사에 순종하여 수치스러운 죄를 공개적으로 고백하고 회개하였다. 그의 회개는 냉랭함과 차가움의 회중을 회개하고 죄를 고백하게 하는 자들로 바꾸어 놓았다. 지도자의 진정한 회개가 없이는 강력한 성령의 역사가 시작될 수도 없을 뿐 아니라 계속될 수 없다는 귀한 교훈을 주는 축복의 밤이 되었다.

둘째로, 성령의 임재가 사람들의 기대대로 자동적으로 일어나지 않는다는 것을 선교사들과 한국교회 지도자들은 깨닫게 되었다. 이 사실을 깨달은 선교사들과 한국교회 지도자들은 다음에 예정된 두 집회에서 성령의 강력한 역사가 임하도록 합심하여 간절히 기도하였다. 역설적으로 말한다면 13일 주일의 냉랭함과 차가움은 14일과 15일 저녁 성령의 강력한 임재의 밑거름이 되었다.

셋째로, 그들은 성령의 강력한 역사가 일어나는 곳에 방해하는 세력이 존재한다는 것을 깨닫게 되었다. 성령의 강력한 역사가 일어날 수 없었던 이유는 모종의 방해하는 세력이 너무 컸기 때문이 아니었다. 그것은 고백하지 않은, 회개하지 않은 죄 때문이었다. 그 날 저녁 집회가 능력 있는 집회였음에도 불구하고 냉랭함을 통하여 방해하는 세력이 존재하게 이유가 회개하지 않은 죄 때문이라는 사실을 깨닫게 하심은 평양 대부흥운동의 불길이 부흥운동에 반대되는 모든 요소들을 극복하고 전국적으로 확산시킬 수 힘과 또한 그 영향력이 오래 동안 지속할 수 있는 중요한 요소가 되었다. 그것은 한국교회가 외적인 세력의 방해를 받을 때마다 그 세력을 두려워하기보다도 교회 안에 존재하는 죄를 더 두려워함으로 성령이 계속적으로 강력하게 역사할 수 있는 한국교회가 되었기 때문이다.

넷째로, 방위량과 헌트의 저서인 『한국의 오순절과 그 따르는 고난들』에서 보여주는 대로 평양 대부흥운동은 한국교회로 극심한 박해와 고난에서 승리할 수 있게 하였다. 성령의 강력한 역사 속에도 악한 세력의 방해가 있다는 깨달음은 한국교회가 혹독한 고난의 터널들을 통과할 수 있는 힘이 되었다. 그렇게 할 수 있는 중요한 근거는 극심한 고난과 박해는 잠간이며, 그것은 기도로써 승리할 수 있는 것들이라는 사실을 미리 체득하도록 하셨기 때문이었다. 더군다나 고난과 박해는 그것으로 끝나는 것이 아니라 신앙으로 승리하였을 때 더 큰 영적인 축복을 가져다준다는 것을 깨닫게 하셨기 때문이다.

한국의 오순절 날 집회들

13일 저녁의 냉랭함과 차가움을 경험한 선교사들과 한국교회 지도자들은 정오 기도회에 모여 합심하여 기도할 수밖에 없었다. 드디어 저녁집회 시간이 되었다. 선교사들과 한국인 교인들은 성령의 강력한 임재 역사를 기대하면서 집회에 참석하였다. 놀라운 일이 벌어졌다. 그 집회를 참석한 자들은 교회 안에 들어올 때 벌써 "하나님의 임재로 가득 찬 것을 느낄 수 있었다."[20] 그 날은 어떤 다른 날보다 더 많은 사람들인 2,000여 명이 모였다. 헌트 선교사의 폐부를 찌르는 설교가 있은 후, 이길함 선교사가 모인 회중에게 통성기도를 요청하자 2,000명의 회중이 하나로 연합하여 기도하는 중에 성령의 놀라운 역사가 나타났다. 이 날 밤의 성령의 역사를 메큔(George McCune) 선교사는 다음과 같이 묘사하고 있다.

> 헌트의 설교 후 리(Lee)가 몇 마디 말했다. 즉 리가 '우리 다 같이 기도합시다' 라고 말하자 곧 남자들로 가득 메워진 실내는 하나님께 올려지는 기도 소리로 가득 찼다. … 그 중의 얼마는 울부짖으면서 자신들이 지은 죄를 구체적으로 거명하면서 (자신들이 범한) 어떤 죄를 용서해 달라고 간구하였다. 모든 사람들은 성령의 충만을 간구하였다. 비록 그곳에는 너무도 많은 기도 소리가 있었지만 전혀 혼란은 없었다. 거기에는 하나의 통제된 완벽한 조화가 있을 뿐이었다."[21]

당시 현장을 목격한 선교사들은 자신들이 속한 선교부에 자신들이 목격한 놀라운 광경을 보고하기도 하고 후일에 증언의 글을 남기기도 하였다. 장대현교회를 담임했고, 그 날 밤 집회를 사회했던 이길함 선교사는 미북장로교 선교부 브라운에게 보고서를 보냈다. 그의 보고서에서 주목되는 점은 그의 편지의 마지막 부분이다.

어떤 말로도 그 집회를 설명할 수 없었다. 그것은 내가 이제까지 결코 목도하지 못했던 하나님의 영의 현시였다. 그로 인해 하나님께 찬양을 올리며, 이제 그들이 집으로 돌아가서도 하나님께서 이들을 도우시고 각자의 교회에서 그들을 놀랍게 사용하시기를 기도한다.[22]

바로 이 날이 백낙준 박사가 그의 『한국개신교사』에서 "어느 날 저녁 집회 때에 부흥의 기운이 터져 나왔다"고 말한 그날이었다.[23] 그 현장을 목격한 방위량과 헌트 선교사는 "한국의 오순절"이라는 제목의 책을 저술했다.[24] 이 날 저녁집회는 8시에 시작하여 통회하는 회개의 기도와 공개적인 죄의 고백들이 계속되어 다음 날 새벽 5시까지 이어졌다. 거기에 모인 교인들은 자신들의 죄를 그토록 눈물을 흘리며 철저하게 회개한 적이 없었다. 선교사들은 피차 죄를 고백했고, 한국인들은 "일본인을 미워하는 생각을 회개했을 뿐만 아니라 하나님을 거역한 모든 죄"를 자백하였다.[25] 성령의 임재를 보여 주는 공개적인 현상은 죄를 공개적으로 고백하고 회개와 용서를 구하는 것이었다. 그 한 예로서 그 날 집회 때에 북평양교회에서 방위량 선교사를 도왔던 강문문이 일어나 방위량 선교사가 책임자로 있었던 청년 단체의 임원인 장대현교회의 김 모 장로를 미워했다는 사실을 숨김없이 회중 앞에서 자백하고 용서를 구하였다.[26]

한국의 두 번째 오순절 날

성령의 놀라운 역사가 임했던 14일 저녁집회에는 많은 선교사들이 참석하지 못하였다. 그레함 리 선교사와 방위량 선교사를 통하여 전날 밤의 성령의 놀라운 역사가 장로교 선교사들뿐만 아니라 감리교 선교사들에게도 알려졌다. 이 소식을 들은 선교사들은 정오 기도회에서 화요일 저녁집회에 더 놀라운 성령의 역사가 임하도록 간절히 기도하였다. 몇몇 선교사들은 강유문에게 적대감을 갖고 있는 김 장로를 위해 기도하였다. 이 정오 기도회에서 성령의 강권적 역사가 그곳에 모인 선교사들에게 임하였다. 이 기도회에 임한 성령의 역사를 의료 선교사는 선교부에 다음과 같이 보고하였다.

> 어제 외국인 학교 작은 건물에서 모인 정오기도회 때 똑같은 일이 우리 가운데 임했다. … 우리는 그저 한국인들 가운데 임한 성령의 임재하심을 감사하기 위하여 모였을 뿐인데, 그가 친히 또한 우리와 함께 계셨던 것이다! 그곳의 모든 사람들(선교사들)이 울부짖었으며, 죄에 대한 고백과 슬픔이 거의 모든 각 개인의 입술에 임했다. 우리는 단지 몇 분간을 위해 모였는데 어제는 거의 두 시간이나 우리가 거기에 있었다. … 우리 모두는 성령과 교회가 우리에게 요구하는 책임 있는 사역에 대해 지금까지보다 더 차원 높고 더 적합한 계획을 느끼고 있었다.[27]

15날 정오 기도회에 성령의 강력한 임재를 체험한 선교사들은 마지막 날 저녁집회에 성령의 임재가 더욱 강력하게 임할 것을 기대하는 가운데 마지막 밤 화요일 저녁 집회가 시작되었다. 화요일 저녁집회도 전날의 전도집회와 똑같은 방식으로 진행되었다. 그러나 15일 저녁 집회에서 성령이 임재는 더 강하게 임하였다. 설교는 길선주 장로가 맡았다. 그는 세례 요한에 대해 설교하면서 회개를 촉구하였다. 길 장로의 설교는 사모하고 준비된 청중들에게 크게 감동을 일으켰다. 게일 선교사는 목격자의 증언을 인용하여 설교했던 길 장로 다음과 같이 소개하였다.

길선주는 외칠 만반의 준비가 되어 있었다.'처음부터 그것은 길선주의 얼굴이 아니었다.' … 한때 완전 장님이었다가 아직도 장님인 길선주, 그러나 여기서 그의 얼굴은 대단한 위엄과 능력의 얼굴, 순결과 거룩함으로 불타는 얼굴이었다. 그것은 길선주가 아니라, 예수였다. … 그가 사람들에게 회개하고 고백할 것을 요청한 것이다.[28]

그날 밤 예배를 마친 후 600여명의 사람들은 예배실에 남았다. 이 때에 성령의 강력하고 놀라운 임재가 그 자리에 임하였다.

1월 15일 마지막 집회의 현장을 목격했던 방위량 선교사는 그 현장에 있었던 사람들은 마치 "마지막 심판 날에 심판주 앞에 서있는 죄인처럼 공포와 두려움에 떨고 있었다"라고 증언하였다.[29] 방 선교사는 그 가운데 한 예로서 강유문과 불화 관계를 맺고 있던 김 장로의 회개의 장면을 다음과 같이 소개하였다.

(김 장로는) 바닥에 고꾸라져 바닥에 부딪치고 머리를 쥐어뜯으며 죽기 직전에 투쟁하는 것처럼 온 몸을 뒤틀었다. 갑자기 집회를 끝낸다는 소리가 나자 마치 초인적인 노력으로 일어서서 강단으로 걸어 나가서는 자신의 죄를 고백하기 시작했다. 주먹으로 강단을 내리치면서 그는 무시무시한 자신의 죄악을 토로하였다. 그의 몸이 너무도 무섭게 흔들리기 시작했으며, 선교사들이 받쳐주지 않았더라면 바닥에 엎어졌을 것이다. … 이틀 밤 동안 기도와 고백으로 이루어진 예배 후에도 집회가 중단되지 않고 6시간이나 계속되었다. 이 모든 부르짖음 중에 그리고 집회 막간에 전혀 혼란 없이 모두가 하나 되어 통성기도를 드렸다는 것은 놀라운 사실이다. 그것은 성령의 조명하시는 능력으로 진실된 심령을 간구하는 시간이었다.[30]

김 장로의 통회의 고백이 있은 후 그가 고꾸라지자 갑자가 집회 장소는 회개의 울음바다로 바꾸었다. 선교사들도 예외가 아니었다. 이런 가운데 일어나서 기도하던 강유문이 나자빠져 울부짖기 시작하였다. 주위 사람들의 도움으로 안정을 되찾은 그는 김 장로에게 다가가서 자신의 두 팔로 사랑스럽게 껴안고 그와 함께 흐느껴 울었다. 모인 청중은 계속해서 울부짖었다. "몇 사람은 바닥 위에 몸을 던져 죽 뻗어 있었고, 수백 명이 하늘로 뻗고 서 있었다. 모든 사람은 서로서로 용서했다. 각자 하나님을 향해 얼굴을 마주 보고 있었다."31) 길선주 장로는 청중을 향하여 회개를 촉구하였다. 그의 촉구와 함께 성령의 강권적인 역사 앞에 수많은 사람들이 자신들의 내밀한 죄악을 고백할 수밖에 없었다. 어떤 여인은 청일전쟁 때 아이를 등에 업고 피난 가다가 아이의 머리를 나무에 부딪쳐 살해하고 도망한 죄를 회개하였다. 또 한 사람은 자신이 강도였음을 고백하고 경찰에 자수하고 구속된 일도 있었다.32)

1월 15일 마지막 집회에서의 성령의 강권적인 놀라운 역사는 선교사들로, 하나님께서 자신들과 한국교회를 축복하심을 감사하면서도, 참석한 청중들을 어떻게 절제시킬 것인가를 상의할 정도였다. 그들이 강단에서 상의한 후에 마지막으로 이길함 선교사가 찬송을 시작하자 분위기가 조용하게 진정되었다.33) 찬송을 부르는 동안 잠시 조용해졌지만 또 다시 회개가 시작되어 새벽 2시까지 그 상태는 계속 되었다. 한 연례 선교 보고서에서는 한국인들은 "어느 정도 죄로 인한 슬픔을 경험하기는 했지만, 결코 죄악의 공포를 깊숙이 깨닫지는 못했었다. 그러나 이번 부흥집회 때는 죄의 무서운 결과, 죄 없으신 그리스도께서 자신을 위해 죽기까지 사랑하신 십자가의 은혜를 깨닫고 통회했으며, 그 중 몇은 거의 죽을 지경까지 탄식했다, 그들이 완전한 용서를 깨달았을 때 구원이 임했다."34)

박용규는 평양 대부흥운동의 발흥에 대한 고찰을 마감하면서 장대현 교회에서 1907년 1월 2일에 시작하여 15일 화요일 저녁을 마지막으로 마감한 남자 겨울 사경회에 참여한 자들의 증언들을 종합하여 다음과 같이 기록하였다.

> 이 놀라운 경험은 외국인들뿐만 아니라 전 한국인 공동체를 움직였다. 성령의 역사를 경험한 이들은 옛 생활에서 돌아서서 성경의 가르침을 따르려고 노력했고 그들 중에 몇은 수년 동안이나 그렇게 했다. 선교사들이나 한국 교회 지도자들이나 그곳에 참석한 모든 이들은 이와 같은 성령의 역사가 장대현교회에서 뿐만 아니라 평양 시내 전역, 더 나아가 한국 교회 어느 곳에서나 그와 같은 놀라운 성령의 역사로 이어지기를 간절히 바랐다.[35]

평양 대부흥운동에 대한 성경신학적 고찰

평양 대부흥운동을 성경신학적으로 살피려함에 있어서 나의 주요 관심사를 먼저 밝히고자 한다. 그것은 과거 한국에 일어났던 부흥운동을 성경신학에 근거하여 회고하는 것만이 아니다. 오히려 평양 대부흥운동이 오늘 한국교회에 재현되어야만 하는 당위성과 한국교회가 어떻게 하여야 평양 대부흥운동이 이 땅에 재현될 수 있는가라는 관점에서 평양 대부흥운동을 성경신학적으로 고찰하고자 한다.

성경신학에서 가장 강조되는 바는 인류 역사의 주체가 하나님이시라는 점이다. 또한 인류 역사를 죄인들을 구원하시는 하나님의 구속역사 관점에서 바라보고 해석하는 것이 성경신학적 해석 방법이다. 그러므로 성경신학적 입장에서 볼 때 인류 역사의 최대의 사건은 하나님이 죄인들을 구원하시기 위해 육신의 몸을 입고 말구유에 나심일 것이다. 또한 그 하나님이 죄인들을 대신하여 십자가에 죽으심은 인류 역사 최대 사건의 최고 절정임이 틀림없다. 그럼에도 불구하고 성령 강림의 오순절 사건이 없었다면 예수 그리스도의 죽으심은 죄인들을 구원하기 위한 최대의 사건이 될 수 없고, 다만 죄인들을 구원하기 위한 미완성의 역사로만 존재할 수밖에 없을 것이다.

성경을 통하여 하나님께서 예수 그리스도의 십자가 사건이 인류의 최대의 사건이 되도록 삼위일체 하나님께서 창세전에 영원한 구원 계획을 작정하셨고, 인간에게 그 구원을 약속하고 준비하셨으며(구약), 그 약속하신 것을 성취하셨을 뿐만 아니라(복음서), 그 성취하신 구원을 성령의 구원 역사를 통하여 죄인들에게 적용하여 가심을 볼 수 있다(사도행전-계시록). 일반적으로 성경에 나타난 사건들을 성경신학적 관점에서 다음과 같이 설명할 수 있다. 하나님은 죄인들을 구원하시는 일을 미리 말씀으로 약속하시고, 그 약속의 말씀을 이루시기 위하여 준비하신다. 다음으로 때가 되면 그 약속을 성취시키는 사건을 이루신다. 최종적으로 그 사건이 약속의 성취 사건임을 해석하는 말씀을 주시고, 그 해석의 말씀을 믿음을 받고 순종하는 자에게 그 성취된 사건으로 말미암아 하나님께서 주시는 하나님의 축복을 누리게 하신다.[36]

이제부터 위에서 언급한 성경신학적 방법론에 근거하여 평양 대부흥 운동을 살펴보겠다. 평양 대부흥운동을 성경과 연관 짓는 기록은 1910년 에든버러 세계선교에서 평양 대부흥운동을 "진정한 오순절 성령 사건"(a genuine Pentecost)이라고 지적한 부분에서 볼 수 있다.[37] 방위량과 헌트 선교사는 1907년 평양 대부흥운동과 그 영향을 고찰하는 책의 제목을 『한국의 오순절과 그 후속되는 고난들』(*The Korean Pentecost & The Sufferings Which Followed*)이라고 하였다. 1907년 1월 2부터 15일까지 장대현교회에서 열렸던 겨울 남자 사경회를 한국의 오순절의 시작이라고 부르는 이유는 1907년 14일과 15일 날에 성령의 강력한 임재에 의한 놀라운 통회 자복과 회개 역사에 그 근거를 두고 있다. 따라서 나는 평양 대부흥운동을 특별히 사도 행전에 나타난 오순절 사건과 대비하면서 고찰할 것이다. 여기에서 분명히 하고자 하는 바는 논의의 중심이 사도행전에 나타난 오순절이 아니라 한국의 오순절이라고 불리는 평양 대부흥운동이라는 점이다. 그러므로 사도행전의 오순절 사건에 대해서는 평양 대부흥운동을 성경신학적으로 이해하는 데 필요한 원리적인 면만을 관련시켜 살펴보려고 한다.

1907년을 중심으로 하여 국내외 정세와 그 당시 한국인과 한국교회가 처한 모든 환경은 이 대부흥운동이 일어날 수 있도록 하는 하나님의 섭리 아래 있었다고 말할 수밖에 없다. 교회사 학자들은 국제적으로는 영국 웨일스와 인도 크하시 부흥운동이 평양 대부흥운동을 일어나게 하는 데 영향을 미쳤다고 지적한다. 국내적으로는 1894년 동학혁명으로부터 시작 하여 청일전쟁 이후 1910년 한일합방이 체결되는 당시의 절망적인 정치적, 경제적 상황이 기폭제적 역할을 하였다고 지적한다. 일본이 러일 전쟁 이후 한국의 외교권을 빼앗는 을사보호조약을 맺었다(1905년 11월 17일). 이런 정치적 암흑기를 당하여 불안한 한국인들 중에는 종교적인 위안을 얻기 위하여 교회를 찾는 자들이 많아졌다. 또한 정치적 불안과 함께 극심 한 가난이 한국인들로 교회를 찾게 하였다. 그들은 선교사들로부터 물질의 도움을 받기고 하고 가난과 함께 얻은 질병을 치료받는 일로 교회를 찾게 되었다. 민족 지도자들 중에는 잃어버린 주권을 되찾으려는 소망 가운데 교회를 찾는 이들도 있었다.

한국인들이 당하는 정치, 경제적인 위기의식 속에 부흥하는 한국교회를 바라보며 선교사들은 물론 한국교회 지도자들 역시 부흥의 기회가 주어진 것을 확신하게 되었다. 한국인들이 당하는 총체적 위기 상황은 한국교회 부흥의 터전이 되었다. 그러나 선교사들과 한국교회 지도자들은 한국교회의 이러한 양적인 부흥이 곧 신앙적인 영적 부흥과 직결된 것만이 아니라는 것을 깨닫게 되었다. 그들은 한국교회가 성경 말씀과 복음을 믿음으로 말미암는 질적인 부흥이 필요하다는 것을 절감하였다.[38] 그들은 양적으로 부흥하는 한국교회가 질적으로 부흥하는 한국교회가 되기를 간절히 열망하였다. 그들은 이 일이 이루어지도록 성경공부를 중심한 사경회와 기도회와 전도에 힘썼다.

한국교회의 부흥집회가 성경공부 중심의 사경회가 된 배경으로 초기 선교사들이 중국 산동성 지푸를 중심으로 30년 넘게 선교 사역을 하고 있던 네비우스가 서울을 방문하여 소개한 성경 중심의 선교 원리를 한국 선교에 도입하여 기인한 것으로 규정한다.[39] 이러한 성경공부를 중심한 사경회와 기도회 중에 성령의 강권적 역사로 말미암아 참석한 자들에게서 죄를 고백하고 회개하는 역사가 일어나게 되었다. 그 대표적인 예로서 성령의 강권적인 역사를 통한 하디에게 임한 체험, 즉 공개적인 죄의 고백과 회개는 백낙준 박사의 말대로 한국교회 부흥의 기원이 되었다.

이렇게 부흥의 불길이 점화되고 있는 시점에, 한국교회는 북장로교 선교위원인 존스톤에 의하여 영국 웨일스와 인도 크하시의 부흥에 대하여 소개받게 되었다. 총체적 위기 상황 속에 처한 한국인들에게 들려진 영국과 인도에서 일어난 부흥에 대한 이야기는 한국교회에 영적 각성을 일으키는 중요한 원동력이 되었다.[40] 1904년에 일어난 영국 웨일스의 부흥과 그 부흥 운동의 영향을 받아 1905년에 일어난 인도의 부흥 운동의 현장을 방문할 뿐 아니라, 특히 웨일스 부흥 운동을 일으키는 데 주역이었던 에반 로버츠 목사를 만났던 존스톤이 곧바로 한국을 방문하여 영국과 인도에 일어난 부흥 운동을 한국교회에 소개한 것 역시 하나님의 섭리에 의한 간섭이라고 말할 수밖에 없다. 이제 이런 상황 속에서 일어난 평양 대부흥 운동을 오순절성령강림과 비교하도록 하겠다.

오순절 성령 강림

오순절 날 성령 강림에서 빼어놓을 수 없는 것은 약속의 말씀^{행 1:4~5,8}과 그 말씀을 믿고 전혀 마음을 같이 한 준비 기도였다.^{행 1:14} 약속의 말씀과 관련하여 기억하여야 할 것은 예수님께서 부활하신 후 승천하시기까지 사십일 동안 제자들에게 하나님 나라 일을 말씀하신 사실이다.^{행 1:3} 이 점을 먼저 밝히면서 오순절 날 제자들의 성령 충만과 베드로의 설교와 그 설교를 들은 자들의 반응을 중점적으로 고찰하겠다. 오순절 날에 삼천이나 세례 받은 것은 베드로의 설교를 듣고, "그들의 마음이 찔려" 베드로와 다른 사도에게 자신들이 어떻게 하여야 할지를 묻고 난 후였다.^{행 2:37} 베드로는 그들에게 회개하여 예수 그리스도의 이름으로 세례 받고 죄 사함을 얻어 성령을 선물로 받을 것이라고 하였다.^{행 2:38} 또한 베드로는 그들에게 "이 패역한 세대에서 구원을 받으라"고 권면하였다.

사실 베드로는 유대인을 두려워하였고 "물고기 잡으러 가노라" 했던 자이다. 그러나 오순절 날에 성령 세례와 충만을 받은 이후로 베드로와 다른 제자들은 더 이상 과거와 같이 무력한 자들이 아니었다. 오순절 성령 강림 사건은 전적으로 하나님의 주권적 역사이다. 그럼에도 불구하고 여기에서 우리의 관심은 그 주권적 역사가 제자들에게 이루어지는 과정이다. 제자들이 예수님의 명령을 받고 난 후 오순절 날에 성령 충만함을 받기까지 무엇을 하였느냐 점이다.[41] 우리의 이러한 관심은 오순절 성령 강림 사건에서 평양 대부흥운동에 나타난 특징들의 원형적 패턴을 볼 수 있느냐를 밝히기 위해서다.

사도행전 1장을 통하여 그들이 한 일은 "마음을 같이하여 전혀 기도에 힘쓴 일"과 "가룻 유다 대신에 맛디아를 제비뽑은 일"이었다. 제자들이 주님의 약속을 기다리면서 마음을 같이하여 드린 기도 내용이 무엇인가는 구체적으로 알 수 없다. 그러나 추론할 수 있는 바는 제자들이 오순절에 이르기까지 기도한 내용은 자신들이 예수님과 함께 한 지난 과거의 삶에 대한 회고와 미래에 대한 열망과 각오와 헌신을 다짐하는 내용이었을 것이다. 예수님과 함께 하였던 삶에 대한 제자들의 기도는 주로 회개하는 내용으로 보인다. 제자로서의 그들의 삶은 자랑스럽다기보다는 부끄럽고 죄송스러울 수밖에 없었다. 예수님을 따르면서 제자들 사이에 있었던 시기와 질투, 특별히 예수님께서 십자가에 죽으실 때 자신들의 처사에 대한 통한의 회개는 베드로에게만 있을 수 있는 일은 아닐 것이다. 또한 그것은 한 번의 회개로 끝맺을 수 있는 것도 아닐 것이다.

베드로가 자신의 설교를 듣고 마음에 찔려 "우리가 어찌할꼬"라고 묻는 자들에게 먼저 "회개하라"고 한 것을 미루어 볼 때, 제자들 역시 10여 일 동안 기도한 내용 중에 회개하는 것이 포함되었다고 추론할 수 있다. 이러한 추론이 정당한 주장으로 받아드릴 수 있다면, 오순절 성령 강림 사건에서 평양 대부흥운동에 나타난 특징들의 원형적 패턴을 찾을 수 있을 것이다. 오순절 날의 성령 강림이 있기까지 예수님과 함께 한 제자들의 삶 전 과정은 다음과 같이 간략하게 요약할 수 있다.

첫째는 제자들이 성령의 임하심에 대한 약속을 받은 사실이다. 오순절 성령 강림은 예수님께서 제자들에게 약속하신 말씀의 성취이었다. 예수님께서 제자들에게 하신 말씀들은 부활하신 이후의 말씀에만 국한된 것이 아니라 십자가 죽으시기 이전의 말씀도 포함된다.^{요 14,16장}

둘째는 제자들이 예수님의 명령에 따라 예루살렘에서 약속을 기다리면서 기도에 힘쓴 사실이다. 그들의 기도에는 회개하는 내용이 포함되었을 것으로 추론된다.

셋째는 마음을 같이 하여 전혀 기도에 힘쓴 모든 자가 오순절 날에 성령 충만함을 받은 사실이다. "저희가 다"(두 번)와 "온 집에"와 "각 사람 위에"와 같은 표현은 그날 그곳에 모인 자들이 다 성령 충만 받은 것을 말한다.

넷째는 베드로의 설교를 듣고 삼천 명이 회개하고 세례를 받은 일이다.

다섯째는 제자들과 세례 받은 자들이 함께 어우러져 살아가는 신앙 공동체적 삶이다.

평양 대부흥운동

평양 대부흥운동이 일어나기까지의 과정은 다음과 같이 요약할 수 있다. 첫째로, 평양 부흥운동은 성령의 강력한 임재 역사가 있기 전에 성경공부를 중심한 사경회가 있었다. 평양에 소재한 교회들은 물론 한국 전역에 걸쳐 한국교회는 성경공부를 중심으로 한 사경회가 1907년 평양 대부흥운동의 근원이 되었던 1907년 겨울 남자 사경회 훨씬 이전부터 연례적으로 행해져 왔다. 그렇게 된 배경은 사경회를 인도했던 선교사들이 19세기 말과 20세기 초 미국 전역에서 일어났던 부흥운동에 영향을 받은 자들이었다는 점과 관련이 있다. 미국 북장로교에서 파송된 선교사들은 주로 무디의 영향이 강했던 시카고에 위치한 맥코믹(McCormic) 신학교 출신 들이었다. 그러기에 이들은 부흥운동에 긍정적인 시각을 갖고 있었다. 또한 한국에 파송된 감리교 선교사들은 웨슬리 형제의 부흥운동 후예들이 었다. 이들 역시 한국교회 부흥에 지대한 관심을 갖고 있었다. 두 교단의 선교사들은 (장감) 연합공회를 만들어 성경공부를 중심한 사경회를 열어 영적 대각성을 위한 부흥운동의 불을 지펴나갔다.

이와 더불어 선교사들이 인도하는 집회가 전도 중심이 아닌 성경공부 중심인 사경회가 된 배경은 네비우스(Nevius) 선교 방식 채택[42]과 당시 정치, 경제, 사회적 위기의식 속에 많은 한국인들이 쉽게 교회를 찾은 데에도 그 원인이 있다. 선교사들은 기독교적 참된 믿음을 얻기 위함보다 다른 동기에서 찾아온 자들을 참된 교인이 되도록 하려면 그들을 성경의 진리 위에 세우는 것이 급선무라고 생각하였다. 그럼에도 불구하고 부흥운 동에 열려 있고 또한 구령의 열정에 불타는 마음으로 한국에 온 선교사들 은 영혼 구원을 위한 전도와 기도에 힘쓸 수밖에 없었다. 또한 성경공부를 통한 구원을 확신한 한국인들 역시 영혼 구원에 불탈 수밖에 없었다. 그러 므로 사경회가 개최되면, 오전에는 성경공부를 하고, 오후에는 집집마다 방문하며 전도하고, 저녁에는 전도 집회로 모이는 것이 연례적이 되었다.

1907년 평양 겨울 남자 사경회 역시 비슷한 방식으로 진행되었다. 그러나 특기할만한 사항은 저녁 집회는 불신자들을 위한 복음 전파보다 이미 교회 안에 들어와 있는 자들에게 성경 말씀에 근거하여 강력하게 죄를 지적하고 회개를 촉구하는 내용의 말씀을 선포하였다는 점이다. 평양 대부흥운동이 일어나는 배경을 성경공부를 중심으로 한 사경회는 예수님께서 부활하신 후 사십일 동안 하나님 나라 일을 말씀하신 것과 비교하여 생각할 수 있다.

둘째로 성경공부를 중심한 사경회는 자연스럽게 기도회를 동반하게 되었다. 또한 기도회는 부흥의 발판이 되는 회개를 촉발시켰다. 초기 한국 교회 사경회는 부흥운동에 대하여 열려 있는 선교사들에 의해서 인도되었다. 그들은 사경회가 성경공부로 끝나는 것을 원치 않고 그 결과로 부흥의 열매를 맺기를 원하였다. 따라서 사경회를 열기 전에 사경회를 위해 기도회 모임을 갖게 되었고 또한 사경회 중에도 기도회를 갖게 되었다. 1903년 원산 부흥운동 역시 그 시발점이 원산 창전교회에서 초교파적으로 열린 연합기도회 기간 중에 하디 선교사의 공개적인 자신의 죄의 고백과 회개로부터 시작되었다.

이 기도회는 스칸디나비아 선교회(The Scandinavian Missionary Alliance) 책임자인 프란손을 강사로 한 연합집회를 준비하기 위한 것이었다. 겨울 사경회를 위하여 장대현교회에서 가진 준비기도회는 1907년 평양 대부흥운동의 시발점이 되었다. 평양 시내 선교사들은 성령의 역사가 임하도록 기도회 모임을 가지면서 한국인 교우들도 그 모임에 동참할 것을 촉구하였다. 이 땅에 성력의 역사가 임하도록 기도하기를 선교사들의 제의를 받은 한국인 성도들 역시 "성령의 부어주심을 위해 매일 한 시간씩 기도하기를 약속하고" 계속 기도하였다. 선교사들은 매년 크리스마스 때에 갖던 친목 모임을 중단하고 "감리교인들과 장로교인들이 다시 연합하여 곧 개최될 예정인 장로교인 남자 사경회와 그 후에 개최될 감리교인의 사경회를 위해 열심히 기도"하였다. 크리스마스 다음 날부터 평양 지역 선교사들을 중심으로 한 정오 기도모임은 사경회 기간에도 열려 1907년 1월 15일까지 계속되었다. 평양에 성령의 역사가 임하기를 바라는 선교사들과 한국인 성도들의 합심기도회는 평양 대부흥운동의 불길의 일으키는 불소시게 역할을 하게 되었다.

셋째로 1907년 1월 평양 대부흥운동의 주역을 감당했던 이길함 선교사와 길선주 장로이다. 이길함 선교사는 장대현교회 담임목사이고 길선주 장로는 그 교회 시무장로였다. 오순절 성령 강림 전에 제자들이 한 곳에 모여 전혀 마음을 같이 기도했던 것 같이 이 선교사와 길 장로는 서로 마음을 같이 하였다. 놀라운 사실은 두 분 다 평양 대부흥운동이 일어나기 전에 기도하는 가운데 성령의 임재를 먼저 체험한 것이다. 1906년 8월 26일부터 9월 2일까지 계속되는 평양 거주 선교사들의 기도와 사경회에서 장대현교회 이길함 선교사가 죄를 자복하는 가운데 은혜를 충만히 받았다. 그 집회에 참석한 선교사들은 성령의 능력이 자신들 가운데 임하기를 간절히 기도하는 중에 통회 자복하는 역사가 일어났다. 그들은 그 집회에서 요한일서를 함께 공부하고 자신들과 한국 교인들에게 성령의 충만한 임재와 평양 겨울 사경회에 그와 같은 축복이 임하기를 함께 기도하였다.

길선주 장로는 존스톤이 1906년 10월에 평양 장대현교회에서 평양 주재 장로교 선교사들과 교우들이 함께 모인 자리에서 웨일스와 인도의 부흥을 전하는 중에 은혜를 체험하였다. 이길함 선교사와 길선주 장로의 은혜 체험은 장대현교회의 영적 분위기를 바꾸어 놓았다. 특별히 길선주 장로는 존스톤의 웨일스 부흥이 인도 크하시 부흥의 도화선이 된 것과 존스톤의 조선의 부흥 예고에 힘입어 1907년 신년 집회를 갖기 전 1906년 10월부터 새벽 기도회를 인도하게 되었다. 이 선교사와 길 장로의 성령 임재 체험은 오순절 날에 모인 일백이십 명이 성령의 강력한 임재 전에 예수님의 제자들이 이미 성령의 놀라운 체험을 했던 점과 유사함을 볼 수 있다.

넷째로 1907년 평양 대부흥운동은 장대현 교회에 모인 회중이 선교사들과 길선주 목사의 회개를 촉구하는 말씀 선포를 듣고, 회개하며 자신들의 죄를 공개적으로 고백함으로 불타올랐다. 평양 부흥운동의 시발점이 되었던 평양 장대현교회에서 열린 겨울 남자 사경회는 1907년 1월 2부터 시작되었다. 그 집회에서 첫 번째 성령의 강력한 임재 역사는 1월 6일 주일 저녁집회가 끝날 무렵에 나타났다. 그러나 한국의 오순절이라고 말할 수 있는 성령의 강력한 역사는 1월 12일 토요일 집회 때부터였다. 그 날 저녁집회에는 방위량 선교사가 고린도전서 12:27을 본문으로 하여 "이제 너희는 그리스도의 몸이요 지체의 각 부분이라"는 제목으로 교회의 불일치가 우리 몸에 발병하는 병과 같다는 사실을 일깨워 주었다. 방위량 선교사의 말씀 선포 후 그곳에 모인 모두가 소원하던 부흥이 그날 밤에 시작되었다는 증거였다.

1월 12일 토요일 밤 그곳에 모인 사람들은 죄에 대해 새롭게 깨닫는 계기가 되었고, 자신들의 기도가 응답되었다는 확신을 가지고 집으로 돌아갔다. 14일 저녁집회 역시 헌트 선교사의 폐부를 찌르는 설교가 있은 후, 이길함 선교사가 모인 회중에게 통성기도를 요청하자, 그곳에 모인 회중이

한 마음으로 기도하는 중에 성령의 놀라운 역사가 나타났다. 바로 이 날이 백낙준 박사가 『한국개신교사』에서 언급하는 "어느 날 저녁 집회 때에 부흥의 기운이 터져 나왔다"고 말한 그날이었다. 15일 저녁 마지막 집회 역시 길선주 장로가 세례 요한에 대해 설교하면서 회개를 촉구하였다. 길 장로의 설교는 사모하고 준비된 청중들에게 크게 감동을 일으켰다. 그날 밤 예배를 마친 후 600여명의 사람들은 예배실에 남았다. 이 때에 성령의 강력하고 놀라운 임재가 그 자리에 임하였다.

다섯째로 평양 대부흥운동에 있어 성령의 강력한 역사는 철저한 회개와 공개적인 죄의 자복과 더불어 그 후에 찾아오는 죄 용서에 대한 평안과 변화된 삶의 지속이 특기 할만하다. 1월 15일 마지막 집회 현장에 있었던 사람들은 마치 마지막 심판 날에 심판주 앞에 서있는 죄인처럼 공포와 두려움에 떨고 있었다. 어떤 자는 바닥에 고꾸라져 바닥에 부딪치고 머리를 쥐어뜯으며 죽기 직전에 투쟁하는 것처럼 온 몸을 뒤틀었다. 더욱 주목되는 사실은 죄악의 공포로 마치 영생을 잃을 것 같아 부끄러운 죄악을 토로할 수밖에 없어 일어나 공개적으로 죄를 회개하였다. 그러나 더욱 놀라운 것은 고백한 즉시로 말로 형언할 수 없는 평화가 심령을 사로잡았다. 또한 통회의 눈물은 기쁨의 눈물로 바뀌었다. 그들은 성령의 능력으로 과거로 되돌아 갈 수 없는 영원히 변하지 않는 변화를 하게 되었다.

그들은 그 집회 장소인 장대현교회 안에서만 회개하고 용서를 구한 것이 아니라, 그 다음날 거리에서 서로 죄를 고백하였다. 도둑맞은 것들이 되돌아 왔으며, 오래 동안 갚지 아니한 빚을 청산하였다. 평양 대부흥운동에서 참다운 회개는 먼저 하나님과의 관계 회복이었다. 그러나 하나님과의 관계 회복은 그것으로 끝나는 것이 아니라 교회 안에서 서로서로 막힌

담이 허물어지는 인간 관계 회복으로 이루어졌다. 이러한 놀라운 성령의 강력한 역사는 평양 전역으로 확대되어 나갔다. 결국 '기생의 도시'로 명성을 날렸던 평양을 '동양의 예루살렘'으로 바꾸어 놓았다. 평양을 바꾸어 놓은 이 부흥의 불길은 점차로 한반도를 성령의 불로 불태워 갔다.

공통점

이미 위에서 고찰한 대로 오순절 성령 강림의 과정과 평양 대부흥운동의 과정 사이에 많은 공통적인 패턴이 있음을 볼 수 있다. 오순절 성령 강림과 평양 대부흥운동이 일어나기까지의 과정을 순서에 따라 요약해 보겠다.

첫째로, 말씀의 역사가 있었다. 제자들은 3년씩이나 예수님을 따라 다니며 가르침을 받았다. 예수님의 승천 직전에는 약속의 말씀을 받았다. 오순절 날 성령 강림에서 빼놓을 수 없는 것은 약속의 말씀이었다.[행 1:4~5,8] 약속의 말씀과 관련하여 기억해야 할 바는 예수님께서 부활하신 후 승천하시기까지 사십일 동안 제자들에게 하나님 나라 일을 말씀하신 사실이다.[행 1:3] 평양 대부흥운동 역시 성경공부를 중심한 연례적인 사경회들 가운데 하나이었다. 그 당시 일반적으로 사경회가 개최되면, 오전에는 성경공부를 하였다. 1907년 평양 겨울 남자 사경회에서 기억할 만한 사항은 저녁 집회는 불신자들을 위한 복음 전파보다 이미 교회 안에 들어와 있는 자들에게 성경 말씀에 근거하여 강력하게 죄를 지적하고 회개를 촉구하는 내용의 말씀을 선포한 사실이다. 또한 영국의 웨일스와 인도의 크하시를 방문한 존스톤에 의하여 앞으로 있을 한국교회의 부흥에 대한 예언적인 예고의 말을 들었다.

둘째로, 제자들이 오순절 날에 성령으로 충만하기 전에 이미 성령의 임재에 대한 체험이 있었다.요 20:20 제자들의 이러한 성령 임재 체험은 예수님의 약속의 말씀을 믿게 하였고 더욱 간절히 사모하며 기도할 수 있는 원동력이 되었다. 선교사들과 한국교회 지도자들 중에서 평양 대부흥 운동이 있기 전에 성령에 대한 체험이 있었다. 그 대표적인 예로서는 원산의 하디와 장대현교회를 담임하던 이길함 선교사와 그 교회 길선주 장로를 말할 수 있다. 이들은 성령의 강력한 역사를 통한 한국교회 부흥을 염원했었다. 이런 염원 가운데 있는 이들이 성령의 임재를 체험하게 되었다. 이들이 성령 임재 체험하게 됨으로 그들의 염원은 더욱 간절해졌다. 하나님께서 그들을 평양 대부흥운동의 불소시게로 사용하시기를 원하셔서 미리 체험케 하고 간구하게 하신 것이다.

셋째는 기도 모임이 있었다. 제자들은 예수님의 명령에 따라 예루살렘에 머물면서 "여자들과 예수의 모친 마리아와 예수의 아우들로 더불어 마음을 같이 하여 전혀 기도에 힘썼다." 그들은 자신들의 기도 중에 죄를 회개하며 약속을 소망하며 그 날을 기다렸다. 마찬가지로 당시 선교사들과 한국교인들은 집회를 위한 준비 기도회를 하였다. 선교사들은 기도회를 통하여 자신들의 죄, 특히 한국인들에 대한 죄를 깨닫게 되었다. 한국교인들 역시도 자신들의 죄를 깨닫게 되었다. 선교사들과 한국 교인들이 기도회를 통하여 하나 되는 역사를 이루게 되었다. 에드윈 오르(Edwin Orr)는 평양 부흥에서 있었던 기도를 "기도의 대양에서 밀려오는 파도소리"(the noise of the surf in an ocean of prayer)와 같다고 하였다.43)

넷째로, 성령 임재의 역사가 있었다. 오순절 날에 120명과 삼천 명에게 성령의 놀라운 임재가 있었다. 특히 삼천 명의 경우에는 베드로의 설교를 듣고 마음에 찔려 회개의 역사가 일어났다. 120명의 경우는 미리 기도하는 중에 회개의 역사가 있었던 것으로 추론된다. 마찬가지로 평양 대부흥운동의 시발점이 된 장대현교회에서 열린 사경회에서도 헌트와 방위량 선교사와 길선주 장로가 회개를 촉구하는 설교로 성령의 임재에 의한 회개의 역사가 일어났다. 설교자들 역시 준비 기도회를 하는 가운데 회개의 역사를 경험하였다.

다섯째로, 신앙 공동체적 삶이 있었다. 오순절을 통과한 자들의 신앙 공동체적 삶은 사도행전 2:44-47에 "믿는 사람이 다 함께 있어 모든 물건을 서로 통용하고, 또 재산과 소유를 팔아 각 사람의 필요를 따라 나눠 주고, 날마다 마음을 같이 하여 성전에 모이기를 힘쓰고, 집에서 떡을 떼며 기쁨과 순전한 마음으로 음식을 먹고, 하나님을 찬미하며 또 온 백성에게 칭송을 받으니 주께서 구원 받는 사람을 날마다 더하게 하시니라."에 잘 묘사되었다. 평양 대부흥운동을 통과한 평양 교회들은 "함께 기도하고, 서로 죄를 고백하고, 함께 울고, 서로 용서하며, 함께 기뻐하는 역사"가 있었다. 거리에서도 서로 죄를 고백하였다. 사회적으로는 도둑맞은 것들이 되돌아왔으며, 오래 동안 갚지 않았던 빚을 청산하는 역사가 일어났다.

여섯째로, 성령의 강력한 임재 속에도 반대의 역사가 있었다. 오순절 당일에 그렇게 강력한 성령의 역사가 있었음에도 불구하고, "어떤 이들은 조롱하여 가로되 저희가 새 술이 취하였다"고 하였다.행 2:13 오순절 이후에 베드로가 옥에 갇히기도 하였다. 스데반이 죽기도 하고, 핍박 때문에 흩어지기도 하였다. 그러나 그러한 핍박이 복음 전파의 길을 막아버린 것이 아니라 복음 전파의 영역을 확장시키는 요인으로 작용하기도 하였다. 핍박

중에 더욱 기도하게 하였다. "모든 길은 로마로"가 아닌 "로마의 길은 세계로"라고 불리는 로마의 심장부까지 바울이 들어가서 복음을 전할 수 있었던 것 역시 고난의 바람을 타고 지중해를 건널 수 있었기 때문이다.

마찬가지로, 평양 대부흥운동의 시발점이 된 1907년 평양 겨울 사경회 중에도 보이지 않는 모종의 방해가 있었다. 그 방해로 선교사들과 한국교회 지도자들이 경성하여 기도하게 되었다. 성령의 강력한 역사 속에도 악한 세력의 방해 있다는 것에 대한 깨달음은 한국교회가 36년 일제강점 기간에 당한 긴 고난의 긴 터널을 통과할 힘이 되기도 하였다. 그 극심한 고난과 박해는 하나님의 관점에서 볼 때 잠깐일 뿐이요 기도로써 승리할 수 있다는 사실을 미리 체득케 하는 것이 되었다.44)

일곱째로, 예수 그리스도께서 십자가에 죽으심의 결과로 맺어진 열매로 일어난 오순절 날 성령 강림이 예루살렘에서 일어난 것과 평양 대부흥운동이 평양 장대현교회에서 시작된 점에 관한 것이다.행 2:33 예루살렘은 아브라함이 이삭을 하나님께 번제로 바치려고 했던 장소요 칠만 명의 생명을 희생시킨 뒤에 다윗의 죄가 용서를 받은 곳이요 성전이 세워진 곳이다. 장대현 교회는 동강 백사장에서 순교한 한국 개신교 첫 순교자 로버트 토마스(Robert J. Thomas) 선교사의 순교와 관계가 있다. 토마스 선교사가 순교당하기 전에 그가 조선 민족에 전하고자 했던 성경책 중에 세 권이 12세 소년 최치량에게 주어졌다. 그 세 권의 성경책은 우여곡절 끝에 당시 평양 영문주사(營門主事) 박영식의 손에 들어갔다. 방영식은 그 성경책으로 자신의 집을 도배하였다. 그런데 그 집터 위에 장대현교회당의 전신인 널다리골 교회가 세워진 것이다. 바로 여기에 토마스 선교사의 순교와 평양 대부흥운동을 연관시키시는 하나님의 놀라운 섭리가 있었다. 아브라함이 이삭을 번죄로 드리려 했던 모리아 산에 세워진 성전과 장대현 교회의 관계는 조금 후에 좀 더 자세히 살펴보도록 하겠다.

여덟 번째로, 하나님께서 오순절 성령 강림과 1907년 평양 대부흥운동을 미리 준비하신 점이다. 혹자는 나의 주장을 억지라고 할지 모르겠으나 부흥과 그 결과를 그 다음 세대와 여러 곳으로 확장시키기 위하여 미리 준비하시는 하나님을 생각하면 다음 세대의 더 큰 부흥의 역사가 기대되면서 가슴 설레임이 있다. 구약은 하나님께서 여러 세대를 걸쳐 약속하신 것의 성취를 위하여 준비하신 것을 보여준다. 복음서는 예수님이 그 약속을 성취하시는 일과 그 성취 후 그 결과를 만방에 전파하도록 열두 제자들을 삼년씩이나 집중 훈련시키신 것을 보여준다. 이런 준비가 완료된 후 오순절 성령 강림이 임하신 것이다. 더욱 흥미로운 것은 성령 강림 이후 그제야 천국 복음이 땅 끝까지 전파되어야 하기 때문에 제자들이 땅 끝까지 복음을 갈 수 있도록 준비하는 일을 착수하신 것이 아니었다.

하나님께서 말라기 이후 사백 년에 걸쳐 복음이 만방에 전파될 수 있도록 언어를 통일시키셨다. 그것에 걸맞게 히브리어로 기록된 구약을 헬라어로 번역하게 하셨다. 동시에 '모든 길은 로마로' 혹은 '로마의 길은 세계로'라는 말과 같이 도로를 정비하도록 하셨다. 그 길을 타고 어디든지 갈 수 있을 뿐 아니라 해상으로도 안전하게 갈 수 있도록 치안을 유지하게 하셨다. 제자들의 발길이 닿는 곳에는 이 복음을 들고 먼저 찾아갈 전진 기지로서 회당이 서 있게 하셨다. 이런 준비를 완료하신 후 오순절의 성령 강림이 있도록 하셨다.

그렇다면 1907년 평양 대부흥운동을 위하여 하나님께서 어떤 준비를 하셨느냐가 궁금해진다. 다윗으로 성전 터를 준비하도록 하신 하나님께서 한국교회를 위해 순교의 제물로 드린 토마스 선교사를 통해 1907년 평양 대부흥운동이 일어난 장대현교회의 터를 준비케 하셨다. 차후에 자세히 살펴보기로 하겠다.

다른 점

제자들은 예수님으로부터 "오직 성령이 너희에게 임하시면 권능을 받고 예루살렘과 온 유대와 사마리아와 땅 끝까지 이르러 내 증인이 되리라"는 말씀을 받았다. 예수님 말씀대로 오순절 날에 성령이 그들에게 임하였다. 그리고 그들은 권능도 받았다. 그러나 그들은 예루살렘을 떠나지 않았다. 예루살렘교회에 큰 핍박이 와서 믿는 자들이 유대와 사마리아로 흩어지는 데도 불구하고 사도들은 예루살렘에 머물렀다(행 8:3).[45] 그러나 평양 대부흥운동의 경우 평양에서 일어난 성령의 불길은 한국 땅 전역으로 확산되었다. 평양 대부흥운동이 일어난 그 해에 설립된 장로교 독노회는 한국인 최초로 목사 안수를 받은 7인 목사 중에 이기풍 목사를 제주도 선교사로 파송하기로 결의하였다.

1909년 제3 독노회에서는 시베리아 한국인 선교 사역을 위해 최관흘을, 도쿄 한국인 학생들을 위하여 한석진을 그리고 캘리포니아와 멕시코 한인 교포를 위해서는 방화정을 파송하기로 하였다. 선교와 더불어 영혼 구원을 위하여 전도에 대한 특별한 열정으로 '날 연보'(Day Offering)이라는 한국 고유의 전도 운동도 전개하였다. 이 전도 운동은 하나님께 물질 대신에 시간을 바치는 제도이다. 이 날의 전도는 일반전도와 구별되는 것으로 복음을 듣지 못한 동네에 가서 전도하는 방법이다. 이 전도 방법은 1905년

선천에서 시작하였다. 1907년 평양 대부흥운동과 함께 다른 지역으로 확산되었고, 1910년 백만구령운동에 이르기까지 계속되었다.[46]

성경신학 관점에서 오순절과 평양 대부흥운동이 근본적으로 서로 다른 점은 예루살렘의 오순절은 삼위일체 하나님께서 창세전에 작정하시고 구약을 통하여 약속하시고 준비하셨다가 예수 그리스도를 통하여 성취하신 구원을 죄인들에게 적용하시기 위한 성령 강림의 최초이면서 또한 최대의 단 한 번의 사건이었다는 점이다. 한마디로 말해서 오순절 사건은 인류 역사상 단 한 번만 일어났고 일어날 수밖에 없는 단회적 사건이라는 점이다. 오순절 사건 이후로 사도행전에 나타난 오순절과 비견할만한 그 어떤 사건 역시 오순절 사건이 없었다면 결코 일어날 수 없는 사건들이다. 달리 말한다면 오순절이 있었기 때문에 그 연장선상으로 그 후속 사건들이 일어난 것이다. 모든 부흥의 초석이 되는 오순절 사건이 먼저 있었기 때문에 그 다음 사건들이 가능하였다는 뜻이다.

오순절의 단회성에 대한 오해가 있다. 그것은 오순절의 단회성을 주장하는 자들은 오순절 이후에는 놀라운 부흥이 일어날 수 없다고 믿는 자들이라고 간주하는 것이다. 그러나 오순절의 단회성은 오순절 이후에는 놀라운 부흥이 절대로 일어날 수 없다는 말이 아니다는 말로 오해가 없기를 바란다. 분명히 하고자 하는 바는 오순절 날에 경험되었던 것과 같은 놀라운 부흥의 역사가 계속적으로 일어나기를 소망하고 기대한다. 그러나 아무리 놀라운 부흥이라 할지라도 오순절 사건과 관계없는 사건은 없다는 것이다. 다만 오순절 사건이 있었기에 그런 부흥이 가능한 것이다. 예수님의 십자가의 죽으심이 단 한 번으로 충분한 것처럼, 오순절 성령 강림은 단 한 번으로 충분하다. 예수님의 죽으심의 효력이 영원한 것처럼, 오순절 성령 강림의 역사는 영원토록 동일하다.

구속 역사적 관점에서 오순절과 상관없이 오순절과 같은 사건이 있을 수 있는 가능성을 논리적으로 말한다면 예수님의 죽음과 부활과 승천과 같은 사건들이 먼저 다시 일어나야 한다. 그러므로 그리스도의 죽음과 부활과 같은 획기적인 연속 사건들이 없이는 오순절 사건과 같은 사건을 일어날 수 없다. 오순절은 다시 되풀이 될 수 없는 종말론적 사건이다. 한국의 오순절이라고 불리는 평양 대부흥운동 역시 오순절이 없었다면 존재할 수 없는 사건이었다. 그 이유는 오순절이 없었다면 그리스도의 구원을 적용시키는 성령의 역사가 있을 수 없기 때문이다. 따라서 성령의 임재가 강력하게 나타난 평양 대부흥운동 역시 일어날 수가 없다.

물론 한국교회사적 관점에서 말한다면 평양 대부흥운동은 하나님의 구원 역사를 한국인들에게 적용하는 일에 있어서 최대의 사건이라고 말할 수 있다. 그러나 평양 대부흥운동은 오순절 사건처럼 종말론적인 사건이 아니다. 다시 말해서 평양 대부흥운동은 오순절 사건처럼 재현될 수 없는 사건이 아니라는 말이다. 한국의 오순절인 평양 대부흥운동은 이 땅에 재현될 수 있고 마땅히 새롭고 놀랍게 재현되도록 열망하고 간구하여야 한다. 아니 평양 대부흥운동 때보다 더 크고 강력한 성령의 역사를 갈망하여야 할 것이다. 그러하기에 평양 대부흥운동의 새로운 재현을 간절히 소망하는 것이다. 그러나 분명한 것은 성경신학 관점에서 볼 때 오순절과 평양 대부흥운동은 위에서 설명한 대로 분명히 다르다.

하나님이 준비하신 장소와 사람들

이제 하나님께서 평양 대부흥운동을 위하여 준비하신 장소와 사람들에 대하여 살펴보겠다. 하나님께서 평양 대부흥운동을 위하여 준비하신 장소는 영문주사 박영식의 집이었다. 그곳에 장대현 교회 전신인 널다리 교회 예배당이 세워진 곳이다. 이 부분에서는 이미 언급한 대로 하나님께서 장대현 교회가 세워진 장소를 준비하시는 과정 속에 얽은 감동적인 면을 성전이 세워진 모리아 산과 비교하면서 고찰하겠다. 하나님께서 준비하신 사람들에 대하여 이미 소개한 몇 사람 이외에 네비우스와 마포삼열 선교사에 대하여 살펴보도록 하겠다.

모리아산에 세워진 성전

먼저 하나님께서 모리아산에 세워진 성전을 준비하신 과정을 살펴보겠다. 역대하 3:1은 "솔로몬이 예루살렘 모리아산에 여호와의 전 건축하기를 시작하니 그 곳은 여호와께서 그 아비 다윗에게 나타나신 곳이요 여부스 오르난의 타작마당에 다윗이 정한 곳이라."고 말한다. 이 구절은 성전이 아무데나 좋은 땅을 골라서 지어진 것이 아니라 역사적 의의가 있는 곳에 세워졌다는 사실을 강조하고 있다.

모리아산과 오르난의 타작마당은 동일한 장소이다. 이와 관련하여 더욱 주목되는 것은 하나님께서 예루살렘을 멸하러 사자를 보내시고 그 사자가 멸하려 할 때 "여호와께서 보시고 재앙 내림을 뉘우치시고 이제는 네 손을 거두라 하셨다."는 점이다. 우리가 문맥을 통하여 알 수 있는 바는 여호와의 사자가 여브스 사람 오르난의 타작마당에 선 것을 보고

뉘우치신 사실이다.^{대상 21:15} 하나님은 왜 사자가 오르난의 타작마당에

뉘우치신 사실이다.대상 21:15 하나님은 왜 사자가 오르난의 타작마당에 선 것을 보고 뉘우치셨을까? 역대하 3:1을 잘 살펴보면 이에 대한 대답을 얻을 수 있다. 그것은 오르난의 타작마당이 바로 아주 오래 전에 아브라함이 이삭을 제물로 바치려 했던 모리아 바로 그곳이기 때문이었다고 생각된다.

하나님께서 오르난의 타작마당을 보면서 옛날 아브라함이 이삭을 바치려고 했던 모리아산 사건의 광경을 보신 것이었다. 하나님께서 "보시고 뉘우치셨다"는 말은 하나님께서 모리아산에서 사랑하는 아들 독자 이삭을 하나님께 번제로 드리려는 아브라함을 결코 잊을 수 없으심을 보여 주는 말씀이다. 이 모리아산 사건은 이미 앞에서 길게 거론하였으므로 생략하도록 하겠다.

여호와의 사자가 오르난의 타작마당에 선 것을 보신 하나님은 또한 무엇을 보셨을까? 한 장소의 과거를 보시는 하나님은 동시에 그 장소의 현재를 보시는 하나님이심은 자명하다. 그렇다면 하나님은 오르난의 타작마당을 보면서 과거에 아브라함과 이삭을 보심과 동시에 지금 굵은 베를 입고 얼굴을 땅에 대고 간구하는 다윗을 보았을 것이다. 다윗이 장로들과 더불어 굵은 베(옷)를 입고 얼굴을 땅에 대고 엎드려 "명하여 계수하게 한 자가 내가 아니니까 범죄하고 악을 행한 자는 곧 내니이다 이 양 무리는 무엇을 행하였나이까 청컨대 나의 하나님 여호와여 주의 손으로 나와 내 아비의 집을 치시고 주의 백성에게 재앙을 내리지 마옵소서."라고 간구하는 다윗을 보셨을 것이다. 그의 회개의 간구를 들으셨다.역대상 21:16~17

다윗은 누구인가? 그는 아브라함의 14대 후손이다. 하나님은 아브라함과 그의 14대 후손인 다윗을 동시에 보시고 아브라함과 다윗의 고백을

기억하시면서 다윗에게 재앙 내리심을 뉘우치신 것이다. 하나님께서 사자를 통하여 자신의 죄를 통회 자복하는 다윗에게 "오르난의 타작마당에서 여호와를 위하여 단을 쌓으라"고 하셨다.대상 21:18 솔로몬이 건축한 성전 터가 된 오르난의 타작마당은 바로 아브라함이 이삭을 번제로 드리려고 했던 곳일 뿐 아니라 백성에게 임한 재앙이 다윗 자신의 죄인 줄을 깨닫고 자신과 그의 집에 재앙을 내려 달라고 간청했을 때 하나님께서 단을 쌓도록 허락하신 장소이다.

그러기에 이곳은 아브라함도 잊을 수 없는 장소일 뿐 아니라 다윗 역시도 잊을 수 없는 장소이다. 그뿐 아니라 이곳은 다윗 이후 모든 유대인들에게도 절대로 잊을 수 없는 장소가 되었다. 그 이유는 바로 이곳에 성전이 세워졌기 때문이다. 이 성전은 유대인들에게만 잊지 못할 장소인 것이 아니라 하나님께서도 잊을 수 없는 장소일 것이다. 이 점은 후에 살피기로 하고 우선 유대인들에게 잊을 수 없는 장소라는 점에 대하여 먼저 살펴보겠다.

솔로몬이 성전을 건축한 이후 구약시대 유대인들 역시 예루살렘은 잊을 수 없는 소중한 장소였다. 바벨론에 포로로 잡혀간 자들의 고백인 시편 137:5~6을 보면 알 수 있다. 5절은 "예루살렘아 내가 너를 잊을진대 내 오른 손이 그 재주를 잊을지로다"라고 노래한다. 이 말은 한마디로 해석한다면 "내가 죽기 전에는 예루살렘을 잊을 수 없다"는 말이다. 6절은 "내가 예루살렘을 기억하지 아니하거나 내가 너를 나의 제일 즐거워하는 것보다 지나치게 아니할진대 내 혀가 내 입 천정에 붙을지어다"라고 노래한다. 이 노래는 예루살렘은 자신에게는 최고의 자리임을 말한다. 달리 말한다면 만일 그가 예루살렘을 잊거나 그곳보다 더 즐거워하는 자리가 그에게 생긴다면 죽어 마땅하다는 말이다.

우리는 문헌을 통해 오니아스(Onias) 4세가 주전 161년 경에 애굽으로 이주하여 프토레미(Ptolemy) 6세의 도움을 받아 레온토포리스(Leontopolis)에 성전을 짓고 사독 계열의 대제사장 관할 아래 예루살렘 성전 형식에 준한 제사 의식이 230년간 존속되었음을 알 수 있다. 그러나 이 성전은 일반적으로 애굽에 사는 유대인들에 의하여 거부되었다. 이곳은 성전이 아닌 오니아스의 집으로 불려졌다. 그래서 애굽에 사는 많은 유대인들은 예루살렘으로 순례의 길을 계속하였다. 이 성전에서 사역했던 제사장들은 예루살렘 성전 사역이 금지되었다.47) 이 성전 이후 유대 역사 중에 예루살렘이 아닌 어떤 곳에도 성전이 세워진 일이 없었다. 2차 세계대전 직후 현대 이스라엘 국가가 탄생하기 얼마 전에 영국 정부가 시온주의를 주창하는 디아스포라 유대인들에게 아프리카 우간다에 이스라엘 국가를 건립하도록 권하였을 때 결국 지금의 팔레스타인 땅을 고집한 이유도 옛 성전이 있었던 예루살렘을 포기할 수 없었기 때문이라는 것은 잘 알려진 사실이다.

오늘날 예루살렘은 새 예루살렘과 옛 예루살렘으로 나누어져 있다. 다윗 시대의 예루살렘은 옛 예루살렘에 속한다. 그곳에 솔로몬이 세운 성전이 서 있었던 곳이다. 옛 예루살렘은 지금도 성곽으로 둘러 싸여 있다. 성곽 안으로 들어가는 여러 문이 있는데 욥바문(Jappa Gate)이 그 중의 하나이다. 내가 예루살렘에 거주하였을 때에 욥바문 옆에 있는 다윗의 요새(David Citadel)라고 부르는 예루살렘을 중심으로 이스라엘의 역사를 조명해 주는 박물관에서 매년 4월부터 10월말까지 거의 매일 저녁마다 요새 안 이곳저곳을 서치라이트로 비추면서 요일에 따라 히브리어 · 영어 · 불어로 예루살렘 3,000년 역사를 설명하는 라이트 쇼가 진행되었다. 지금은 혹시 그 라이트 쇼의 기간과 시간이 변경되었을지는 몰라도 그 쇼가 지금도 계속되고 있다는 말을 듣고 있다.

다윗의 요새라는 이름은 이곳이 다윗이 살았던 장소이기 때문에 붙여진 이름은 아니다. 공연의 시작을 마치 세계 권투 타이틀 시합을 선언하는 것처럼 외치는 선언이 있다. 그 선언을 듣노라면, 옛 성전 터가 신약시대 당시 유대인들에게 얼마나 중요했으며 또한 그것이 오늘의 유대인들에게까지 얼마나 큰 영향을 미치고 있는가를 알 수 있다. 이 쇼는 다음 선언들과 함께 시작된다.

> 이스라엘은 세계의 중심이다(Israel is the center of the world).
> 예루살렘은 이스라엘의 중심이다(Jerusalem is the center of the Israel).
> 성전은 예루살렘의 중심이다(The Temple is the center of Jerusalem).
> 지성소는 성전의 중심이다(The Holy of Holies is the center of the Holy).
> 언약궤는 지성소의 중심이다(The Ark is the center of the Holy of Holies).
> 언약궤는 그 반석 위에 있다(The Ark is on the rock.).
> 그 반석은 온 세상의 기반이다(The Rock is the foundation of the world).

언약궤가 놓인 그 반석이 온 세계의 기초라는 선언은 황당하게 들릴지 모르겠다. 그러나 그러한 선언을 듣고도 아무도 자리를 뜨는 사람은 없다. 모두가 더욱 조용히 엄숙하게 불빛과 함께 진행되는 예루살렘 3,000년 역사에 대한 설명을 경청하는 것을 볼 수 있다.

그 쇼에서 말하는 반석은 우리나라에서는 어디에서도 흔히 볼 수 있는 그런 반석이다. 그런데 그 반석은 특별한 반석이다. 세상에서 하나밖에 없는 반석이다. 왜냐하면 그 반석 위에 아브라함이 하나님의 명령에 순종하여 백 살에 낳은 외아들을 번제로 드리려고 했던 반석이기 때문이다. 세상 천지에 백 살에 낳은 자신의 외아들을 하나님께 번제로 드리려고 올려놓았던 반석은 바로 그 반석 외에는 없다. 이처럼 이스라엘 사람들에게 예루살렘은 잊을 수 없는 소중한 곳이다. 그뿐 아니라 바로 그곳이 성전 터가 되었기 때문이다.

그러기에 오늘날도 성전은 없으나 아직도 남아 있는 성전 주위 서쪽 벽(Western wall)에 유대인들은 다가와서 자신들의 소원을 적은 하얀 쪽지를 벽돌 사이에 넣고 기도한다. 정통 유대인들 중에는 기도를 마치고 뒷걸음치며 나오다가 그 벽 쪽을 향하여 중얼거리며 절하고 그곳을 떠나는 유대인들을 종종 목격할 수 있다. 내가 어느 한 사람에게 그렇게 절하면서 무슨 기도를 드리느냐 물었더니, "내년에는 성전에서 제사를 드리게 해 달라"는 소원을 마지막으로 기도드리고 이 곳을 떠난다고 하였다. 이 벽에서 눈물 흘리며 기도하기 때문에 이 벽을 일명 '통곡의 벽'(Wailing wall)이라고 부르기도 한다. 그러나 유대인들은 이 벽을 절대로 통곡의 벽이라고 부르지 않고 그 벽이 서쪽에 있다고 해서 '서쪽 벽'이라고 부른다.

나는 이 벽을 소망의 벽이라고 부르고 싶다. 왜냐하면 성전 재건의 꿈을 심어주는 벽이기 때문에 그렇게 부르고 싶다. 또한 유대인들에게 미래의 소원을 기도하는 벽이기 때문이다. 통곡의 벽이 아니라 소망과 꿈을 심는 벽이라고 하는 이유는 벽을 향하여 몸을 흔들면서 기도하는 유대인들뿐 아니라 그들의 소원을 담은 꾸깃꾸깃한 종이가 촘촘히 돌 틈에 끼어있는 것을 볼 수 있기 때문이다.

이미 위에서 언급한 대로 이 장소가 우리에게 더욱 주목되는 이유는 이곳이 아브라함부터 현대 유대인들에게 이르기까지 잊지 못할 장소라는 점에서라기보다는 하나님께서 이곳을 잊지 않고 소중하게 여기시기 때문이다. 유대인들 역시도 하나님께서 그 장소를 소중히 여기시기 때문에 잊지 못할 장소로 여긴다고 생각된다. 성전이 허물어진 지 오래되었고 성전 터만 남아 있는 장소를 하나님께서 잊지 않으신다는 점은 위에서 역대상 21:15을 근거로 하여 이미 부분적으로 설명하였다. 하나님께서 이 장소를 잊지 않으신다는 사실, 아니 앞으로도 잊지 아니하신다는 것을 역대하 7:15~16을 통해 더욱 확실하게 알 수 있다. 하나님께서 솔로몬의 기도를 들으시고 그 밤에 그에게 나타나 "이곳에서 하는 기도에 내가 눈을 들고 귀를 기울이리니 이는 내가 이미 이 전을 택하고 거룩하게 하여 내 이름으로 여기 영영히 있게 하였음이라 내 눈과 내 마음이 항상 여기 있으리라"고 하셨다.참조 12절

하나님께서 솔로몬이 건축한 성전과 그곳에서 기도 드리는 솔로몬을 바라보면서 오래 전에 모리아 산에서 이삭을 번제로 드리려고 한 아브라함과 그의 모든 행동들을 기억하고 보셨을 것이다.창 22장 동시에 다윗이 성전을 건축하고자 했던 소원을 나단 선지자에게 전하고 난 뒤 나단 선지자를 통하여 너(다윗)는 나(여호와)를 위하여 성전을 지을 수 없으나 "네 수한이 차서 네 조상들과 함께 잘 때에 내가 네 몸에서 날 자식을 네 뒤에 세워 그 나라를 견고케 하리라. 저는 내 이름을 위하여 집을 건축할 것이요 나는 그 나라 위를 영원히 견고케 하리라"는 여호와의 말씀을 듣고,삼하 7:12-13 다윗이 여호와께 감사 기도 드렸던 다윗의 기도 내용과 그 일을 기억하셨을 것이다. 성전 건축에 대한 다윗의 간절한 마음은 감사

기도 드린 것으로 끝난 것이 아니었다.

다윗은 아들 솔로몬이 성전 건축을 잘 감당하도록 미리 준비하고 왕위를 이양하면서 솔로몬과 이스라엘 모든 고관들에게 간곡하게 부탁하였다. 다윗은 솔로몬에게 "내가 환난 중에 여호와의 전을 위하여 금 십만 달란트와 은 일백만 달란트와 놋과 철을 그 중수를 셀 수 없을 만큼 심히 많이 예비하였고 … 금과 은과 철이 무수하니 너는 일어나 일하라 여호와께서 너와 함께 계실지로다"라고 간곡히 부탁하였다.대상 22:14~16 이미 위에서 언급한 대로 다윗은 솔로몬이 지을 성전 터까지 준비한 자였다. 다윗은 자신에게 땅은 빌려주고 제사드릴 제물들과 화목은 공짜로 드리겠다는 오르난의 말대로 그저 여호와의 사자가 명한 대로 그의 타작마당에 빌려 단을 쌓기만 하면 그만이었다. 그러나 다윗은 적절한 값을 치르고 땅을 구입하였다. 결과적으로 다윗은 성전 터를 준비한 자가 되었다. 아니 하나님께서 다윗으로 성전 지을 터까지 마련하도록 그의 마음을 준비시키셨다.

내가 이렇게 성전 터에 얽힌 이야기를 장황하게 늘여놓는 이유는 예루살렘은 하나님의 아들이 온 세상의 모든 죄인들을 위해 피 흘리신 장소이기 때문이다. 여기에서 우리에게 제기되는 또 하나의 질문은 예수 그리스도께서 우리의 죄를 대속하기 위하여 십자가에 달려 돌아가신 장소를 하나님께서 과연 어떻게 여기실까라는 점이다. 예수님께서 십자가에 달려 돌아가신 장소가 예루살렘이 어느 곳이라는 사실을 부인할 사람은 없다. 그러나 성전이 세워진 장소처럼 확실하게 예수님이 십자가에 달리신 장소에 대하여 모든 학자들이 인정하는 확정된 견해나 주장은 없다. 하나님께서 성전이 세워진 장소는 지금까지 알려지게 하셨음에도 불구하고 예수님이 십자가에 달린 장소만큼은 우리가 알지 못하도록 하신 뜻은 어디에 있을까? 하나님께 예수님이 십자가에 달려 죽으신 것은 성전보다 더 중요하지 않다고 여기셔서일까?

예수님께서 "너희가 이 성전을 헐라 내가 사흘 동안에 일으키리라"요 2:19라고 말씀하셨을 때 유대인들이 "이 성전은 사십육 년 동안에 지었거늘 네가 삼 일 동안에 일으키겠는가"라고 물었다. 이 물음에 대하여 요한복음 저자는 "예수는 성전 된 자기 육체를 가리켜 말씀하신 것"이라고 기록하였다.요 2:21 예수님께서 자신이 성전이심을 말하심이 분명하다. 그렇다면 예수님이 십자가에 죽으시고 부활하심으로 세우신 성전과 다윗과 솔로몬을 통하여 세우신 성전을 비교하여 볼 때 우리는 다음 두 가지 점을 분명히 말할 수 있다.

먼저 솔로몬이 세운 성전은 예수 그리스도가 성전 되심을 보여 주는 예표적인 그림자라고 말할 수 있다. 다음으로 하나님께서 솔로몬이 지은 성전 장소를 보시고 재앙 내림을 뉘우치실 정도로 감동을 받으셨다면 예수님께서 십자가에 돌아가신 장소를 보면서 더 큰 감동을 받으실 것은 자명하다는 사실이다. 위의 두 가지 점이 받아들일 수 있다면, 왜 하나님께서 솔로몬 성전 장소는 지금까지 알려지도록 하시면서 예수님께서 십자가에 달리신 장소는 알려지지 않도록 하셨을까라는 질문을 다시 던지지 않을 수 없다.

예수님께서 사마리아 여인과 대화 중에 "이 산에서도 말고 예루살렘에서도 말고 너희가 아버지께 예배할 때가 이르리라"고 하셨다.요 4:21 사마리아 인들은 사마리아에 있는 산에서만, 유대인들은 예루살렘에서만 하나님께 예배드려야만 했었다. 그런데 예수님은 어디에서든지 하나님께 예배드릴 수 있는 때가 온다고 하셨다. 어떻게 그런 말을 하실 수 있었을까?

예루살렘보다 더 하나님께서 잊지 않고 기억하며 감동을 받으시며 예배 받기를 원하시는 곳이 있었단 말인가? 만일 그런 곳이 있다면 그곳은 딱 하나 밖에 없다. 하나님께서 아브라함이 자신의 아들을 하나님께 제물로 드리려 했던 예루살렘 모리아 산보다 더 감동받을 곳은 오직 한 곳, 하나님의 아들이신 예수님께서 십자가에 달리신 골고다 언덕이라고 말할 수밖에 없다.

그런데 하나님께서 그 장소를 우리에게 알려지도록 하지 않으셨다. 바로 여기에 하나님의 놀라운 섭리가 있다고 생각한다. 하나님은 골고다 언덕의 감동을 극대화하시를 원하셨다고 생각한다. 한마디로 말해서 하나님께서 골고다 언덕의 감동을 골고다 언덕 한 곳에 고정시키기를 원하지 않으셨다는 것이다. 하나님께서 세계 어느 곳에서든지 예수 그리스도의 십자가 위에 세워진 그리스도의 몸 된 교회에서 드리는 예배를 보면서 골고다 언덕 십자가 위에 달리신 예수 그리스도를 보는 것과 동일한 감동 가운데 그 예배를 받으시기를 원하셨음이 분명하다.

아브라함이 어찌 모리아 산을 잊을 수 있었겠는가? 다윗이 어찌 오르난의 타작마당을 잊을 수 있었겠는가? 그럴 수는 없었을 것이다. 이사야서를 빌려 말한다면 혹시 아브라함이 모리아 산을 잊을지라도 다윗이 오르난의 타작마당을 잊을지라도 하나님은 골고다 언덕을 잊을 수 없을 것이다.참조. 사 49:15 그 감동이 옛날 일을 기억하면서 가지는 감동이 아니라 영원한 현재의 감동이 되기를 원하셨다고 생각한다. 온 세상 어디에서나 동일한 감동을 받으시기를 원하셨다고 생각한다. 그 장소가 어디이든지 간에 예수님의 십자가의 죽음을 믿는 자들이 함께 모여 예배드리는 곳이라면 바로 그곳이 골고다 언덕의 감동이 재현되는 자리인 것이다.

평양 장대현교회와 토마스 선교사

이제 평양 대부흥운동의 발원지인 평양 장대현교회를 생각해 보기로 하자. 이 평양 장대현교회는 대동강 백사장에서 한국 개신교 첫 순교자 로버트 토마스(Robert J. Thomas) 선교사의 순교와 그의 아내 케롤라인 갓프리 (Caroline Godfrey)의 순교적 죽음과 관계가 있다. 하나님께서 평양 대부흥운동을 위하여 그들을 준비하신 과정을 살펴보면 감동스럽다. 토마스 목사는 1840년 9월 7일 영국 웨일스 회중교회 목사의 아들로 태어났다. 1863년 5월에 런던대 뉴칼리지를 졸업하고 그 해 6월 4일 목사 안수를 받았다. 2주 후에 케롤라인 갓프리 양과 결혼하고 7월 21일 중국을 향해 선교의 길을 떠났다. 영국을 떠난 지 5개월여 만에 중국 상해에 도착하였다. 그들이 정착하기로 한 상해 기후는 아내가 감당하기에는 너무 더워 부적절하였다. 그가 아내와 함께 정착할 곳을 살펴보려 간 사이에 아내가 결혼 1년도 채우지 못한 1864년 3월에 천국으로 부르심을 받았다. 아내의 갑작스런 죽음은 토마스 선교사에게는 감당하기 어려운 쓰라린 고통이었다. 그러나 그것은 한국 선교를 위한 그의 순교의 문이 열리는 계기가 되었다.

아내를 잃은 상실감과 상해의 영국 선교부 책임자 무어헤드(Moorhead) 와의 불화는 그를 선교부에 사표를 내고 상해를 떠나게 했다. 그 후 그는 한국 서해안을 바라볼 수 있는 지푸라는 곳에 청국 해상 세관 통역관으로 취직하게 되었다. 거기에서 스코틀랜드 성서공회 소속 윌리엄슨을 만나게 되었다. 그의 충고와 격려로 선교의 비전을 되찾게 되었고 결국은 대동강 변에서 순교하기에 이르렀다. 결혼한 지 일 년도 안 되는 때에 그것도 이역만리 타국 땅에서 아내를 잃는 불행을 당했으니 그 고통은 말로 형언할 수 없었을 것이다. 그러나 바로 그것이 토마스가 한국교회를 위하여 땅에 떨어져 많은 열매를 맺는 밀알이 되는 계기가 되었고 그 아내는 그가 밀알이 되는 밑거름이 되었다. 온 인류의 구원을 위하여 아들을 십자가 위에 달려 죽게 하신 하나님께서는 케롤라인 갓프리의 죽음과 토마스 선교사의 순교를 헛되게 하지 않았다. 하나님께서 그들의 걸음걸음을 인도하여 한국교회를 위해 밀알로 사용하셨다.

어찌 감히 토마스 선교사와 그의 아내의 죽음과 예수 그리스도의 죽음과 비교할 수 있겠는가? 어찌 골고다 언덕과 대동강 백사장과 널다리골 예배당과 비교할 수 있겠는가? 그러나 나는 감히 토마스 선교사의 순교는 아들을 제물로 바치려 모리아 산에서 칼을 뽑아든 아브라함과 비교할 수 있다고 생각한다. 아니 하나님께서 예수 그리스도가 십자가에서 이루신 복음을 전하기 위하여 자신의 목숨을 드린 토마스 선교사의 순교와 그의 아내의 순교적 죽음을 어찌 잊을 수 있겠는가? 성경으로 도배한 곳에서 하나님께 예배를 드리는 최치량이나 박영식 그리고 그들과 함께 예배드리던 자들을 생각해 보기로 하자. 그들은 어떤 심정으로 예배를 드렸을까?

토마스 선교사가 순교당하기 전에 그가 조선 민족에 전하고자 했던 성경책 중에 세 권이 12세 소년 최치량에게 주어졌다. 그 세 권의 성경책은 우여곡절 끝에 당시 평양 영문주사(營門主事) 박영식의 손에 들어갔다. 박영식은 그 성경책으로 자신의 집을 도배하였다. 그런데 그 집터 위에 장대현 교회당의 전신인 널다리골 교회가 세워진 것이다. 바로 여기에 토마스 선교사의 순교와 평양 대부흥운동을 연관시키시는 하나님의 놀라운 섭리가 있었다.

박용규는 이 사실에 대하여 다음과 같이 증언한다. "인류 역사상 성경으로 도배한 최초의 집, 방안에 들어가면 보기 싫어도 보이는 것이 성경 말씀뿐인 그 집에서 어떤 일이 벌어졌을지 한 번 상상해 보라! 박영식은 예수님을 영접하고 구원을 얻었으며, 그의 집에 자주 출입했던 최치량도 예수님을 믿고 구원을 얻었다. 무엇보다 성경으로 도배한 그 집이 바로 지난 1907년 1월 14일과 15일에 놀라운 영적 대각성운동이 일어났던 장대현교회의 전신, 평양 최초의 장로교회인 널다리골 교회가 되었다는 사실이다. 토마스 선교사의 순교와 평양 대부흥운동은 이렇게 연결된다는 사실만으로도 놀라운 일이다.'48) 더욱 놀라운 일은 마포삼열 선교사가 최치량을 만나 장대현교회의 전신인 널다리골 교회를 개척하였다. 그곳에서 학생들을 모아 가르치기 시작했는데 그것이 숭실학교 모체가 되었다. 그 모체는 숭실전문학교, 숭실중학교, 숭실여학교로 크게 발전하게 되었다. 평양 대부흥운동의 역사가 퍼져 나갈 때 숭실학교들이 놀랍게 사용되었다.

이미 위에서 언급한 대로 토마스 선교사가 전한 성경으로 도배한 집이 장대현 교회가 될 줄이야 누군들 생각이나 했겠는가? 하나님께서 아브라함이 이삭을 번제로 드리려고 했던 장소를 기억하셨던 것 같이 아니 그곳에 성전을 세우실 것을 창세전에 계획하시고 아브라함으로 아들을 바치게 하는 시험을 하신 것이다. 그렇다면 하나님께서 어찌 그 장소를 잊겠는가? 하나님께서 1907년 평양 대부흥운동이 일어날 장대현교회에서 일어나는 말씀과 회개의 역사를 보면서 감동을 받도록 토마스 선교사를 준비하신 것이다. 하나님께서 장대현교회를 보면서 토마스 선교사의 죽음 보셨고 토마스 선교사의 죽음을 보면서 장대현교회를 보셨을 것이다. 하나님께서 그런 장대현교회를 1907년 평양 대부흥운동의 발원지가 되게 하셨다. 하나님은 장대현교회에서 시작된 평양 대부흥운동을 보시고 기뻐하셨을 것이다. 평양부흥운동을 보시고 기뻐하신 하나님은 또 다시 그런 부흥이 이 땅에 일어나기를 원하실 것이라고 상상해 본다. 정말 오늘의 한국교회는 하나님께서 기뻐하시고 원하시는 교회가 되도록 깨어 경성하여야 할 것이다. 한국교회를 위하여 토마스 선교사를 준비하신 하나님을 찬양한다.

네비우스 선교사

네비우스 선교사는 1829년에 뉴욕에서 태어나 프린스턴 신학교를 졸업하고 북장로교 선교사로 중국 산동성 지푸에서 사역하던 중에 1890년 6월 7일부터 17일까지 10여일 서울에 머물면서 자신의 선교 경험에 비추어 처음 선교 사역을 시작하는 후배들에게 중요한 선교 원리를 소개하였다. 그가 비록 서울에 머문 기간은 짧지만 그가 한국교회에 미친 영향은 너무나 지대하였다. 그가 한국을 방문할 때 나이가 만 61세이었다. 네비우스의 서울 방문 당시 한국에 와 있는 선교사들은 모두 20대의 젊은이들이었다. 제일 젊은 게일이 25세였고, 제일 나이 많은 스크랜톤은 불과 29세였다. 그들은 선교의 열정은 있었으나 선교 경험은 거의 전무하였다. 이런 시점에 30년 이상의 선교 경험이 있는 네비우스의 서울 방문은 젊은 선교사들에게는 기갈 중에 있는 자에게 쏟아지는 단비였다. 네비우스는 어쩌면 하나님께서 한국 선교를 위하여 미리 중국에 보내어 30년 이상의 선교 경험을 통하여 선교 원리를 체득하게 한 한국 선교를 책임질 여러 젊은 선교사들에게 전수하도록 준비시킨 자라는 생각이 든다.

한국의 젊은 선교사들이 네비우스의 선교 정책을 전적으로 받아들인 데는 네비우스의 오랜 경험에 의하여 체득된 원리에만 있는 것은 아니었다. 또 다른 이유는 네비우스의 신학 전통이 당시 한국에 와 있는 선교사들의 신학 전통과 그 맥을 같이 했다는 점이다. 당신 한국에 와 있는 선교사들은 주로 맥코믹 신학교 출신들이었다. 네비우스는 프린스턴 신학교 출신이었다. 그들이 수학한 신학교는 서로 달랐지만 두 학교는 구학파에 속한 신학교들로 목회자 양성과 신학 교육에 중점을 두었다. 성경의 영감과 권위를 철저히 믿고 고수하는 전통에 서 있었다. 물론 일반적으로 소개된 네비우스 선교 정책은 자립(self-support), 자치(self-government), 자전(self-program)이지만, 네비우스의 선교 원리 중에 핵심인 성경 중심, 성경공부 중심의 선교 원리는 이런 공통점을 토대로 하여 한국 젊은 선교사들로 하여금 전적 받아드리게 되었다.

평양 대부흥운동과 관련하여 주목되는 것은 선교 원리 중심은 성경 중심이다. 무엇을 하든지 성경에 근거하여 선교하는 것이다. 이 성경 중심 사상은 주일학교와 사경회를 통하여 큰 열매를 맺게 되었다. 네비우스는 주일학교에 대한 새로운 비전을 제시로 주일학교 부흥을 가져오는 일역을 담당하였다. 주일학교 부흥은 기독교학교가 세워지는 밑거름이 되었다. 이와 더불어 성경공부 중심의 사경회는 한국교회의 질적 성장에 큰 기여를 하게 되었다. 언더우드가 네비우스 선교 정책을 채택하여 곧바로 1890년 사경회를 개최하여 한국인 7명을 한 달 동안 훈련시켰다. 1894년부터 보편화되기 시작하였다. 연합 사경회에 참석한 자들은 자신들의 교회로 돌아가서 배운 것을 가르치고 설교에 적용하였다. 연합 사경회는 신학교가 태동하기 이전에 한국교회 지도자를 길러내는 산실이 되었다. 사실 평양 대부흥운동 역시 주일학교 교사들을 위한 연합성경교사 강습회 중에 일어났다. 이 때에 모인 사람들이 낮에는 천명에 이르렀다.

네비우스의 중국 선교 30년에 비하면 서울에 머물렀던 10여일은 아무

것도 아니다. 그러나 어쩌면 그 기간은 30년과 바꿀 수 없는 기간이라고 말할 수 있겠다. 마치 야곱이 가나안에서 보냈던 험악한 130년의 세월은 17년의 애굽 생활을 위하여 준비하는 기간인 것처럼 말이다. 네비우스의 서울에서의 10여일은 하나님께서 준비한 소중한 카이로스(약속)의 시간이라고 말할 수 있다. 평양 대부흥운동이 요원의 불길처럼 전국 각지로 번지게 된 것도 그의 영향에 의하여 생겨난 사경회와 기독교 학교들을 통해 의하여 전국적으로 퍼져나가게 된 사실을 생각할 때 더욱 그러하다.

마포삼열(Samuel Moffett) 선교사

나는 때때로 평양 대부흥운동을 말하면서 왜 그분의 이름이 거명되지 않을까 궁금하게 생각했던 분이 있다. 한국교회사에 문외한인 필자라 할지라도 아는 이름이다. 그는 평양신학교가 처음 존재하게 했던 분으로 나는 한국 신학교의 어머니 아니면 아버지라고 부르고 싶은 분이다. 이 만큼 말하면 그가 누군지 대개는 알 것이다. 그분은 바로 마포삼열 선교사이다. 마포삼열 선교사님은 박영식에게 토마스 선교사가 전해준 성경을 건네준 최치량을 만나 장대현교회의 전신인 널다리골교회를 개척하였다. 그곳에서 학생들을 모아 가르치기 시작했는데 그것이 숭실학교 모체가 되었다. 그 모체는 숭실전문학교, 숭실중학교, 숭실여학교로 크게 발전하게 되었다. 그는 다른 선교사들과 함께 1901년 평양신학교를 개설하였다. 평양신학교는 1907년에 최초로 7명의 졸업생을 배출하고 그들은 목사 안수를 받아 최초로 장로교 목사 7인이 되었다. 그중의 한 분이 평양 대부흥운동에서 말씀을 전했던 길선주 목사이다. 그중에 또 다른 하나는 마포삼열 선교사에게 돌을 던졌던 평양의 깡패였던 이기풍 목사이다. 그는 1908년 제주도로 복음을 전하러 간 최초 외지 선교사가 되었다. 마포삼열 목사님은 삼일운동이 일어났던 1919년에는 조선예수교장로회 8대 총회장으로 한국 교회를 지키셨다. 장대현교회를 개척하여 이길함 선교사와 함께 시무하던 그가 평양 대부흥운동에 주역으로 나타나지 이유는 어디 있을까 하는 의구심을 그동안 나는 떨쳐 버릴 수 없었다.

그 대답은 간단하다는 것을 나중에야 알게 되었다. 그것이 평양 대부흥운동이 그가 안식년 차 미국에 가 있는 동안 일어났기 때문이었다. 왜 하필이면 하나님께서 그가 없는 사이에 이런 놀라운 일이 일어나게 하셨을까? 그 진정한 대답은 하나님만이 하실 수 있을 것이다. 나의 소견에는 평양 대부흥운동은 전적으로 하나님께서 준비하시고 일어나게 하시고 그 결과가 전국으로 세계로 퍼져 나가게 하신 것을 보여주시기 위함이 아니었는가 생각해 본다. 평양 대부흥운동이 하나님의 주권 하에 이루어진 하나님 단독 사역이었음을 알리기 위함이라고 생각한다. 이런 하나님께서 다시 이 땅에 평양 대부흥운동과 같은 새로운 부흥의 역사를 주권적인 단독 사역을 통하여 이루어주시기를 간절히 간구한다.

성령의 역사는 평양 대부흥운동 사경회 2주간으로 끝나지 않았다. 비록 마포삼열 선교사는 그 현장에는 없었다. 그러나 그는 안식년을 마치고 돌아왔다. 그는 평양 대부흥운동이 다음 세대에게로 이어가는 일에 주역을 담당하였다. 외람되지만 어쩌면 사도 바울이 오순절 성령 강림의 현장에 없었으나 복음이 예루살렘으로부터 땅 끝에 이르는 데에 결정적인 역할을 하도록 부르심을 받았던 것처럼 마포삼열 선교사는 안식년을 마치고 돌아와 7명의 최초의 장로교 목사를 배출하였다. 그가 1930년 66세로 이 땅의 사역을 마치고 미국으로 돌아갈 때까지 40년의 세월을 이 땅에서 보내면서 복음의 결실을 바라보다가 75세 되던 해 1939년 10월 24일 주님의 품에 안겼다. 그러나 그의 다음 세대인 그 자녀들은 아직도 이 땅에 머물면서 복음 사역을 감당하였다.

자연스럽게 마지막 공통점으로 이어진다. 사도행전의 오순절은 그 날만을 위한 것이 아니었다. 그 날에 예루살렘에 있었던 자들만을 위한 것이 아니었다. 그 역사는 땅 끝까지 가야 한다. 주님 재림 때까지 연장되어야 한다. 성령의 바람을 타고 불같은 박해 때문에 흩어지면서 산 너머 물 건너 바다 건너 이방의 장벽을 허물어 가면서 '로마의 길은 세계로'라는 말대로 땅 끝을 향하여 갈 수 있는 로마로 쳐들어가 그 심장부를 점령하고 로마 나라를 바꾸어 놓았다. 다시 그 복음은 이곳에서 저곳으로, 이 사람에게서 저 사람에게로, 이 세대에서 다음 세대에게로, 경주의 바통이 이어지면서 결승점을 향하여 가듯이 최종 결승점인 주님의 재림 때까지 달려갈 것이다.

그 경주 선상에서 평양 대부흥운동은 사경회가 지난 뒤에도 성령의 불길은 장대현교회에서 꺼지지 않고 계속되었고 평양 시내 교회들로 학교들로 다시 전국각지로 번져나갔다. 그 바통은 백만인 구령운동으로 이어졌고 또 다시 그 바통은 다른 곳으로 다른 세대에게로 이어졌다. 그 동안 한국교회는 불같은 신사참배라는 박해의 터널도 지났다. 복음의 진보와 확산을 가져온 동족상쟁의 육이오 전쟁도 거쳤다. 한국교회는 70~80년대에 놀라운 부흥을 경험하였다. 그러나 아직도 평양 대부흥운동의 진원지가 복음의 불모지로 되어 있는 상황에 처하여 있다. 그럼에도 불구하고 평양 대부흥운동의 주역들을 준비하셨던 살아계신 하나님께서 북한 땅에 일어날 새로운 역사를 준비하시고 계시는 것을 믿고 그 날을 고대한다.

평양 대부흥운동의 새로운 재현에 대한 기대

평양 대부흥운동 백주년이 지난 지금도 나의 기대와 소망은 한마디로 평양대부흥와 같은 부흥의 역사가 또다시 이 땅에 새롭게 재현되었으면 하는 것이다. 그때의 성령의 불길이 다시 이 땅을 불태웠으면 하는 것이다. 각 교단마다 기독교 단체마다 1907년 평양에 있었던 성령의 불길이 남한을 한 번 더 불태우기를 염원하였었다. 그런 열망 가운데 기도회 형식의 집회들이 조직적으로, 마치 서로 경쟁적이나 하듯이 열렸었다. 그러나 지금은 그렇게 한국교회가 열망했던 백주년은 과거가 되었다. 그럼에도 불구하고 1097년 평양 대부흥운동의 재현을 위한 이런 집회들이 1907년 평양 대부흥운동이 왜 다시 재현되어야 하는지에 대한 분명한 이유를 가지고 진행되었었는가라는 물음을 던질 수 있다.

이 물음에 대하여 2007년은 평양 대부흥운동이 일어난 지 100년이 되는 해이기 때문이라고 대답할 수도 있을 것이다. 교회 성장이 정체되었기 때문이라고도 대답할 수도 있을 것이다. 물론 이러한 대답은 틀린 대답은 아니다. 왜냐하면 특별히 평양 대부흥운동이 일어난 이후 한국교회는 급격한 양적 성장을 가져왔기 때문이다. 그러나 혹자는 평양부흥운동이 몰역사적이고, 현실도피적인 운동이 되어 민족 지도자들로 교회를 떠나게 하는 오류를 범하였다고 주장도 한다. 사실 평양 대부흥운동은 교회밖에 있는 자들을 초청하여 구원하려는 전도를 중심한 운동이었다기보다는 당시 교회 안에 있는 자들을 성경의 바른 진리 위에 세우는 영적 각성운동이었다. 그러므로 근본적인 이유는 2007년이 100년이 되는 해이기 때문도 아니며 또한 교회성장이 정체되었기 때문도 아니다. 평양 대부흥운동의 재현이 필요한 근본적인 이유는 오늘의 한국교회가 평양 대부흥운동의 재현에 의한 영적 각성을 통하여 새로워져야 할 필요가 절실하기 때문이다.

1907년 평양 대부흥운동은 성경공부를 중심한 사경회와 기도회에서 시발되었다. 이 사경회와 기도회는 전도 중심의 집회가 아니었다. 물론 저녁 집회는 전도 집회 형식이었다. 그러나 저녁 집회 역시 불신자가 회개하고 돌아오는 집회가 아니라 믿는 자가 회개하고 죄를 고백하고 새로워지는 영적 각성 집회였다. 성경공부나 기도회에서도 마찬가지로 회개와 죄의 고백이 있었다. 만일 오늘의 한국교회가 1907년 평양에서 일어났던 것과 같은 영적 각성이 필요하다면, 평양 대부흥운동은 재현되어야 할 것이다. 이미 누누이 언급한 대로 평양 대부흥운동은 한국교회와 선교사들의 영적 각성을 위한 운동이었다.

이 영적 각성 운동은 무엇보다도 죄에 대한 각성 운동이었다. 그 예로서는 선교사들 사이의 죄, 선교사들과 한국교회 지도자들 사이의 죄, 한국교회 지도자들 사이의 죄, 교인들 사이의 죄, 비도덕적인 죄 등을 열거할 수 있다. 평양 대부흥운동의 성령의 강권적 역사로 말미암아 선교사들은, 특히 교만과 우월주의와 권위주의를 회개하였다. 반면에 한국 교인들은 선교사들에 대한 미움과 서로에 대한 시기와 질투와 더불어 비도덕적인 죄를 회개하게 되었다. 이러한 회개 운동은 각 교회 안에서 성도들을 하나되게 하였고, 나아가서는 교회와 교파를 초월하여 그리스도 안에서 하나되는 역사를 이루었다. 오늘의 한국교회는 평양 대부흥운동이 일어난 때보다 더 크고 추악한 죄악의 구렁텅이에 빠져 있다고 고백할 수밖에 없다. 그리스도의 몸 된 교회는 세상 안에 존재하나 세상과 구별된 거룩한 모임

이어야 한다. 그러기에 교회는 죄를 용납할 수 없고, 도리어 죄와 더불어 싸우되 피 흘리기까지 싸워야 한다.

한국교회가 추악한 죄악의 구렁텅이에 빠진 것이 어제 오늘의 일이 아니었다면, 백주년을 바로 앞에 둔 시점에서야 비로소 1907년 평양 대부흥운동의 재현을 외치는 것은 때 늦은 감이 있었다. 백주년이 지난 지금 역시 백주년의 재현을 부르짖을 때나 다를 바가 없다면 평양 대부흥운동의 재현은 계속적으로 간구하고 열망하여야 할 것이다. 평양 대부흥운동이 그러했던 것처럼 먼저 교회 지도자들이 마음을 찢는 회개함이 없이, 교파 간에, 교회 간에, 교회 안에서 교인들 사이에 도사리고 있는 죄악을 회개하고자 하는 간절하고 애절한 소원 없이 1907년 평양 대부흥운동의 새로운 재현을 열망하며 대대적인 집회를 진행한다는 것은 모래 위에 집을 세우려 하는 어리석은 일이라고 여겨진다.

이제 긍정적인 측면에서 평양 대부흥운동의 새로운 재현을 생각해 보기로 하자! 오늘의 시점에서 1907년의 평양 대부흥운동의 중요성을 인식하는 것만큼 당시 선교사들이나 한국교회 지도자들은 평양 대부흥운동이 한국교회와 세계 교회, 특히 세계 선교에 어떤 영향을 미칠 것인가를 상상할 수 없었다고 생각한다. 그렇다면 하나님은 어떤 계획을 가지시고 1907년 대부흥운동이 일어나도록 하셨을까? 하나님께서 나도 평양 대부흥운동이 이렇게 놀라운 결과를 가져올지는 상상도 못했노라고 말씀하실까? 바울의 말을 빌린다면 "그럴 수 없느니라"이다. 하나님은 토마스 선교사가 죽게 되었을 때, "미안하다, 나도 역부족이다!" 하셨을까? 평양의 영문주사 박영식이 성경을 찢어 자신의 방들을 도배하고 있었을 때 무슨 생각을 하셨을까? 상상의 날개를 펴본다.

당시의 상황을 살펴보면 마치 하나님께서 급하신 나머지 평양 대부흥운동을 위하여 신속하게 움직이신 모습을 그려볼 수 있다. 1904년에 영국 웨일스에 부흥이 있었다. 그 소식이 일 년 후 인도 크하시에 전해졌다. 그 정도의 기간에 영국에서 일어난 일이 인도에 전해진다는 것은 가능하다. 왜냐하면 당시에 인도는 영국의 식민지이었기 때문이다. 그러나 한국교회가 영국과 인도에서 일어난 운동을 그렇게 단 기간 내에 현장 답사를 하고 부흥의 주역들을 만나고 온 사람으로부터 그렇게 소상하게 전해들을 수 있었다는 것은 암만해도 우연이 아니라고 여겨진다. 그 부흥의 소식을 전해준 존스톤은 평양 대부흥운동을 위하여 하나님께서 준비하신 선지자라고 생각이 들 정도이다. 인간적인 측면에서 말한다면 평양 부흥운동에서 놀라운 회개의 역사를 가능케 한 통성 기도도 그에 의하여 한국교회에 도입되었다. 평양 대부흥운동의 밑거름이 된 길선주 장로가 시작한 새벽기도 역시 그의 예언적 예고에 감동받은 것이었다.

오늘의 시점에서 평양 부흥운동의 결과와 웨일스와 크하시의 운동의 결과를 서로 비교해 보면, 평양 부흥운동은 한국교회뿐 아니라 하나님의 구원 역사 특히, 세계 선교에 절대로 없어서는 안 될 운동이었음을 알 수 있다. 지난 2003~2004년에 영국에서는 2007년에 한국교회가 열망했던 것처럼 1904년 웨일스 부흥운동의 재현을 열망하는 그런 집회들을 열지 않았다. 아니 못했다는 말이 더 정확하다. 오늘의 웨일스 교회, 아니 영국교회는 조상들이 세워 놓은 예배당마저도 지탱하기에 숨이 차서 힘들어하는 서글픈 실정에 처하여 있기 때문이다. 외람된 말이나 하나님께서 웨일스 부흥운동을 보시면서 그것으로 만족하셨다면, 오늘의 세계 선교는 어찌 되었을까? 물론 하나님은 다른 계획을 진행시키셨을 것이라고 확신하면서 한 번 해보는 말이다. 나는 인도의 기독교 형편은 모른다. 내가 2005년에 인도 방갈로라는 도시에서 신학교 교수들의 모임이 있어 참석했을 때, 그 어느 누구에게서도 금년이 크하시의 부흥운동 백주년을 맞는 해라는 말을 들어보지 못하였다. 다만 여가 시간에 나는 그곳에서 열심히 사역하고 있는 한국 선교사의 선교 현장만 둘러보았을 뿐이었다.

1907년 평양 대부흥운동의 재현은 하나님의 주권에 달렸다는 것을 부인할 사람은 아무도 없다. 그러나 우리는 기를 쓰고 1907년 평양 대부흥운동의 새로운 재현을 열망하여야 하겠다. 오늘 한국교회는 언제 일어날지는 몰라도 성령의 놀라운 부흥이 평양 땅 아니 한국 땅에 일어나기를 열망하며 사경회와 기도회를 개최하고 평양 대부흥의 역사를 열망했던 선교사들과 한국교회 지도자들처럼 1907년 평양 대부흥운동의 재현을 열망하여야 하겠다. 하나님께서 이 재현을 위하여 부족하나마 자신을 한국 교회 지도자의 자리 앉혀 놓았다는 것을 인식하는 자라면 누구를 막론하고 먼저 회개하면서, 1907년 평양 대부흥운동의 새로운 재현을 열망하여야 할 것이다.

다른 사람들에게 회개를 촉구하기 이전에 자신이 가슴 찢는 회개를 하여야 할 것이다. 다른 사람들의 무릎이 하나님 앞에 꿇어지기를 바라기 전에 그들보다 앞서 무릎을 꿇어야 할 것이다. 다른 사람의 용서를 구하기 전에, 내가 먼저 다른 사람을 용서하고, 다른 사람을 품에 안아야 할 것이다. 이 일은 힘으로도, 능으로도 안 된다. 그러나 성령 안에서는 된다. 성령의 강력한 회개의 역사를, 한국교회를 새롭게 하시는 역사를 구하여야 할 것이다. 한국교회의 살길은 이 길밖에 없다.

만일 이 땅에 평양 대부흥운동과 같은 영적 각성 운동이 새롭게 재현된다면, 한국교회는 21세기에도 세계 교회를 귀하게 섬기는 교회가 될 것이다. 마치 오늘의 한국교회가 1907년 평양 대부흥운동의 재현을 열망하듯이, 하나님께서 그런 영적 각성 운동을 이 땅에 허락하신다면, 미래 22세기 한국교회는 아니 세계교회는 과거 21세기에 일어났던 한국 대부흥운동의 결과를 회고하면서, 그런 성령의 놀라운 역사가 22세기에도 재현될 것을 열망할 것이다. 1907년 평양 대부흥운동의 재현이 반드시 이 땅에, 한국교회 위에 임하기를 기대하며 열망한다. 미래 22세기 한국교회가 과거 21세기에 일어났던 한국교회의 부흥운동의 재현을 열망할 수밖에 없는 그런 1907년 평양 대부흥운동의 새로운 재현이 이 땅에 임하기를 설레는 가슴으로 열망한다.

10_ 일어나는 부흥

1907년 평양 대부흥운동 이후 민족복음화의 열정은 1909년과 1910년에 백만인 구령운동으로 이어졌다. 이 운동은 예측하지 못했던 한일합병으로 민족복음화를 이루는 운동으로서는 실패하였다. 그러나 백만인 구령운동은 한일합방으로 절망하는 한민족에게 소망의 씨앗을 심는 역할을 감당하였다.

이 씨앗은 세월이 지남에 따라 싹이 나기 시작하였다. 1915년에는 서울에서 전도집회가 열렸다. 1919년 독립만세 운동이 있은 후 1920년에서 1924년까지는 사람들이 교회에 대한 새로운 인식과 함께 교인 수가 급증하게 되었다. 물론 기독교인의 수가 감소하는 기간도 있었다. 그것은 반기독교적 운동과 정치적 핍박과 이단들의 활동이 그 배경 이유가 되었다. 그러나 1930년부터 다시 부흥하기 시작하였다. 하지만 그 부흥은 잠시였다. 주된 이유는 일본제국주의자들이 한국교회 부흥을 가만히 보고만 있을 그런 자들은 아니었기 때문이다. 그들은 신사참배 강요정책으로 교회를 탄압하였다. 그들의 탄압은 한국교회를 영적으로 강하게 하는 역할을 하였다. 그들의 탄압은 생각과는 달리 오래가지 못하였다. 일제의 탄압은 1945년 해방으로 끝을 맺고 한국교회는 쇄신운동을 전개하게 되었다. 불행스럽게도 이 쇄신운동은 성공보다 교파 내의 분열로 전개되었고 결국 한국교회의 총체적 분열이라는 비극을 가져왔다.

그럼에도 불구하고 이 비극은 한민족에게 극심한 시련과 고난을 가져다 준 6.25 전쟁과 함께 한국교회로 회개하는 계기가 되었다. 그 이후 한국교회는 새로운 부흥의 시기를 맞게 되었다. 물론 이 새로운 부흥은 부정적인 요소를 안고 있었다. 그럼에도 불구하고 한국교회를 한데로 묶는 초교파적인 복음화 운동이 추진되었다. 1960년대에는 초교파적인 복음화를 위한 대규모 부흥집회가 개최되었다. 1970년대에는 1973년 빌리 그래함의 전도집회와 1974년의 '엑스폴로 74'는 특기할만하다. 1980년대에도 대형 전도집회가 연례적으로 개최되었다. 한국교회는 60년대에서 80년대에 이르기까지 양적으로 성장하는 부흥을 가졌다.

그 동안 한국교회는, 비록 영적 성장에 대해서는 부정인 면이 있었음에도 불구하고, 양적인 성장을 가져왔다. 그러나 한국교회가 마이너스 성장하고 있다는 말을 들은 것이 한두 해가 아니다. 이와 같은 결과는 영적인 부흥보다 양적인 성장만을 추구해 온 것이 그 원인이라고도 말할 수 있겠다. 마이너스 성장하는 한국교회는 이대로 주저 앉고 말 것인가? 아니 하나님께서 그대로 보고만 계실 것인가? 우리는 한국교회사를 통하여 부흥의 시기도 있었고 부흥이 멈춘 시기도 있었음을 본다. 그러나 부흥을 원하시는 하나님은 부흥이 멈춘 시기에도 다음 세대에 일어날 부흥을 위하여 준비하게 계신다고 우리는 확신한다. 하나님께서 부흥의 파도를 준비하고 계심을 확신하고 그 부흥의 파도가 밀려 올 때 그 파도를 타기 위하여 파도타기를 준비하고 있는 자들이 있음을 보면서 부흥의 파도를 소망 중에 기다린다.

새들백교회의 릭 웨렌은 그의 책 『새들백교회 이야기』에서 '파도타기를 배우는 과목'은 있으나 '파도를 일으키는 법'을 가르쳐 주는 과목은 찾을 수 없다고 하면서 파도타기를 비유로 교회 부흥과 관련하여 다음과 같이 말한다.

> 파도타기는 하나님이 일으키시는 파도를 타는 기술이다. 하나님은 파도를 만드신다. 우리는 단지 파도를 타는 것이다. 어떤 파도타기 선수도 파도를 만들려고 시도하지 않는다. 만약 파도가 일어나지 않는다면 그 날은 파도타기를 못한다! 반면에 파도타기 선수가 좋은 파도를 보게 되면 비록 폭풍우 속에라도 그 파도를 최대한으로 활용할 것이다.[49]

파도타기를 배우는 사람들은 잔잔한 바다를 보면서도 파도타기 훈련을 한다. 왜냐하면 바다는 반드시 불원한 장래에 파도가 일어나기 때문이다. 그러나 반대로 아무리 파도타기에 좋은 파도가 몰려올지라도 파도타기 준비와 훈련이 되지 못한 자는 파도타기를 할 수 없다. 아니 그 파도에 휩쓸려 죽을 수도 있다. 파도타기는 준비된 자가 숙달된 만큼 탈 수 있다. 하나님은 반드시 부흥을 일으키신다. 왜냐하면 그 일을 위하여 예수 그리스도께서 십자가에 죽으셨기 때문이다. 2천 년 전 갑자기 이 세상에 오셔서 33년 살다가 십자가에 죽으신 것이 아니다. 하나님이 약속하신 것을 이루시기 위하여 2천년의 세월 동안 준비하셨다가 마지막에는 아들의 생명을 십자가에 죽게 하셨다. 바로 이것이 구원 역사이다. 이 구원 역사는 엄청난 대가를 치루고 이루어진 역사이다. 지구촌 한 구석에서 잠시 동안 일어났다가 꺼져버리는 장작불 같을 수는 없다. 비록 어느 때는 잔잔한 바다에서 파도가 영영 일어나지 않을 것처럼 보이듯, 교회의 부흥도 영영 일어나지 않을 것처럼 보일 때가 있다. 그러나 교회의 부흥은 반드시 일어나고야 만다. 하나님께서 부흥의 역사를 다시 일으키실 것을 확신하며 릭 웨렌의 파도타기 글을 부흥 패러디로 바꾸어 보았다.

부흥파도타기는 하나님이 일으키시는 부흥의 파도를 타는 기술이다. 하나님은 부흥의 파도를 만드신다. 우리는 단지 하나님의 만드시는 부흥의 파도타기를 타는 것이다. 그 어느 누구도 부흥의 파도타기를 만들려고 시도하지 않는다. 만약 부흥의 파도가 일어나지 않는다면 그 어느 누구도 부흥의 파도타기를 못한다! 반면에 부흥의 파도타기를 위하여 준비된 자는 거대한 부흥의 파도를 보게 되면 비록 폭풍우 속에라도 그 부흥의 파도를 최대한으로 활용할 것이다.

하나님이 이루신 구원 역사는 하나님이 일으키시는 부흥을 통하여 땅 끝까지 퍼져 나가야 한다. 또한 주님의 재림 때까지 계속되어야 한다. 이것은 근본적으로 우리의 일이 아니라 하나님의 일이시다. 하나님은 장본인이시요 우리는 하수인에 불과하다. 그러기에 하나님께서 이 일을 위해 바다에 파도가 일어나듯이 부흥을 일으키시기를 원하신다. 아니 일으키신다. 그래서 하나님은 오늘도 사람들을 택하여 영적파도타기 훈련을 시키신다. 나는 잔잔한 바다를 보면서 파도타기를 준비하듯이 하나님께서 부흥의 불소시게들을 준비하시는 것을 볼 수 있다. 하나님께서 마음에 소원을 두고 '말씀의 불소시게', '기도의 불소시게', '전도의 불소시게'들을 준비하고 계시는 것을 보고 있다. 오늘도 그 부흥을 위해 준비된 사람들, 모임들과 교회들을 보면서 그들과 함께 거대한 부흥의 파도를 열망한다. 하나님께서 부흥의 파도를 일으키시기를 계획하시고 부흥의 파도타기를 준비시키시는 모임들이라는 생각 속에 평양 대부흥운동과 같은 거대한 부흥의 파도를 열망한다.

하나님께서 부흥의 파도타기를 위하여 준비하는 자들이나 모임이나 교회들이 많은 줄 믿는다. 그러나 다음 세대의 중요성에 대한 나의 안목을 열어 준 몇 단체와 개인들을 소개하려고 한다. 이 땅에 이미 잘 알려진 교회들이나 선교 단체들을 통한 부흥은 언급하지 않겠다. 다음 세대를 위한 어린이 선교단체 중에 잘 알려진 단체를 말하자면 파이디온과 같은 단체를 예로 들 수 있다. 내가 파이디온을 소개하지 않은 것은 너무나도 잘 알려진 단체이기 때문이다. 또한 혹시 잘못 소개하지 않을까 하는 염려에서다.

이제 몇 단체들을 구체적으로 소개하는 이유는 그 단체들을 선전하기 위하여 하는 것이 아님을 이해해 주시기 바란다. 하나님께 그들만을 통하여 다음 세대를 위한 부흥을 준비하고 계신다는 의미에서도 아니다. 내가 알지 못하는 교회나 단체를 하나님께서 준비하고 계신 줄 안다. 나는 하나님께서 그런 준비를 하고 계시기를 간절히 바라고 있다. 다만 내가 이들을 소개하는 것은 하나님께서 우리가 알게 모르게 다음 세대로 이어지는 부흥을 위하여 준비하고 계시다는 사실을 알리고 싶어서다. 또한 나에게 다음 세대의 중요성을 일깨워 준 자들이요 단체들이기 때문이다.

어머니기도회

"이 땅의 백만 어머니를 깨우기까지"라는 비전(또한 책 이름)으로 어머니 기도회를 2004년부터 지금까지 계속해 오면서 전국 여러 교회에 어머니 기도회를 퍼트리는 교회와 목사님이 있다. 그들은 서울 중계충성교회 어머니 성도들과 김원광 목사이다. 김 목사의 말을 소개한다.

우리는 지극히 적은 소수로 '어머니 기도회'를 시작했다. 약 30여 명의 어머니들이 함께 교육관에 모여 자녀들을 위하여 기도하기 시작했다. 첫 모임부터 어머니들의 얼굴은 놀라운 감동으로 눈물에 젖어 있었다. 우리는 이 기도회를 통해 자녀를 사랑하는 어머니들의 간절한 마음을 알 수 있었다. 그래서 모임의 초점을 불신 어머니들을 초청하는 데 두기 시작했다. 그런데 놀랍게도 상당수의 불신 어머니들이 별다른 거부감 없이 초대에 응하는 모습을 보게 되었고, 이로 인해 기도회는 힘 있게 부흥하기 시작했다. 지금은 최다 회집인원이 1,000명에 이를 정도로 큰 부흥이 일어났습니다(2007년 9월 기준). 인원이 불수록 기대가 커지면서 전국의 모든 교회에서 백만의 어머니들이 매주 자녀를 축복하게 되면 한국의 미래에 놀라운 일들이 일어날 것이라는 뜨거운 마음을 품게 되어 '이 땅의 백만 어머니를 깨우기까지'라는 비전을 가지고 '어머니 기도회' 운동을 전개하고 있다.(김원광, 『이 땅의 백만 어머니를 깨우기까지』)

어머니 기도회의 유익은 여러 가지라고 한다. 불신 어머니들을 전도하는 획기적인 장이 되었다. 자녀 교육의 지혜를 얻게 되었다. 기쁨의 응답을 받았다. 가정이 회복되었다. 자녀를 위한 기도는 조국의 장래를 복되게 하는 것임을 알았다. 매주일 축제하는 교회가 되었다. 어머니 기도회의 구호는 '어기여차'이다. 이 말은 "어머니의 기도로 여호수아와 같은 차세

대 지도자를 키우자"의 줄임말로 '어기여차 송'을 만들어 복음송 "예수님
이 좋은 걸 어떡합니까" 곡조에 맞춰 부른다. 1절을 소개하면,

어기여차 어기여차 어머니 기도회
응답받고 축복받는 행복한 기도회
자녀 위한 나의 기도 들어 주시는 주
어기여차 어기여차 어머니 기도회

어머니 기도회 총무는 힘주어 다음과 같이 말한다.

하나님께서 우리에게 주신 가장 큰 선물인 자녀는 축복이며 은혜의 통로이다.
그러기에 어머니들은 열정과 갈망을 담아 하나님께 기도하고 있다. 제가 섬기
는 교회에서는 수요일 오전 10시 어머니가 자녀를 위해 기도하는 날로, 목요일
오후 8시 아버지와 어머니가 가정과 자녀를 위해 기도합니다. 지금도 어머니
기도회를 통하여 험난한 인생의 계곡에 젖과 꿀이 흐르는 기적을 창조하시는
하나님의 손길을 느낍니다. 영적인 파도를 경험하며 축복의 문이 활짝 열리는
순간마다 넘치게 부어 주시는 하나님을 체험하는 기도회가 되리라 확신합니
다. 오직 성령님께서 이 땅의 백만 어머니를 깨우기까지 어머니 기도회를 이끌
어 가실 것이다.(김원광, 『이 땅의 백만 어머니를 깨우기까지』)

김원광 목사는 어머니 기도회의 놀라운 축복된 역사를 보면서 비전을
갖게 되었다. 그것은 이 땅의 백만의 어머니들의 눈물의 기도가 한국 땅뿐
만 아니라 지구촌의 다음 세대를 책임지는 여호수아들을 양육하는 산실이
될 것을 확신하고 소망하며 어머니 기도회 운동을 중계충성교회 울타리
밖으로 퍼져나가게 해야겠다는 결심을 하기에 이르렀다.
    우선 어머니 기도회 성과와 자신의 비전을 전국 목회자들과 나누고

전국 교회로 확산시키기 위하여 2008년 봄 '제1회 어머니 기도회 전국 목회자 세미나'를 개최하였다. 또한 김 목사는 어머니 기도회 모임을 갖기를 원하는 교회나 교회 설교 초청을 받을 기회가 주어질 때마다 그 동안 자신이 경험한 어머니 기도회의 성과를 간증하는 중에 받은 비전을 열정적으로 소개하면서 어머니 기도회 운동에 동참할 것을 호소하였다. 한국교회 목회자들과 어머니 성도들이 김 목사님의 비전에 공감하면서 이 운동을 전개한 지 얼마 되지 않은 현 시점에 국내 60여 교회에서 어머니 기도회가 진행되고 있다. 이 어머니 기도회는 이미 지구촌을 향하여 발걸음을 내딛기 시작하였다. 미국 프랑스 중국 등 해외 한인교회 중심으로 어머니 기도회는 번져가고 있다.

김 목사는 2010년 오늘에 이르러 어머니 기도회는 자녀들의 축복된 미래의 씨앗을 심는 산실의 역할만이 아니라는 사실을 깨닫게 되었다고 한다. 어머니 기도회는 자녀들에게 유익을 주는 기도회인 것은 물론이거니와 먼저 기도하는 어머니들을 치료하는 종합병원과 같다. 어머니 기도회 중에 실시되는 강의와 기도회를 통해 기도하는 어머니들이 위로와 치료를 경험하게 된다. 오늘의 현실이 어떠하든지 간에 어머니들이 자녀들의 축복된 미래를 위한 어머니 기도회를 통하여 밝은 소망의 미래를 내다보게 되므로 어머니들의 심령이 새롭게 거듭나는 경험들을 간증하는 사례가 많아진다. 마치 어머니 기도회는 어머니들의 아픈 마음을 영적으로 치료해 주고 아름답게 성형수술해 주는 영적 종합병원과 같은 모임이라 하겠다.

김원광 목사에게 소원이 있다. 그것은 어머니 기도회가 시작된 지 10년째가 되는 2014년에 전국에서 자녀들의 미래와 다음 세대를 책임지는 여호수아들을 위해 눈물로 기도하는 어머니들을 한 곳에 모아 눈물의 강을 이루는 전국 어머니 기도회를 열 계획이다. 지금도 그러하지만 자녀들과 다음 세대를 위해 그 때에 드려지는 눈물은 예수님께서 아버지 하나님께 "심한 통곡과 눈물로 간구와 소원을 올렸고 그의 경외하심을 인하여 들으심을 얻었느니라"는 히브리서 말씀처럼 하늘에 "내 사랑하는 딸들아, 내가 너희들을 기뻐하노라! 내가 너희들의 기도를 들었고 너희들의 눈물을 보았노라"고 응답하실 것이다.

느헤미야 시대 유대인들이 수문 광장에 모여 하였던 것처럼 전국의 어머니들이 한 자리에 모여 하나님께 기도드리면, 하나님께서 그 기도의 응답으로 "영적으로 소경되었던 자녀들의 눈이 밝아질 것이며, 귀가 열릴 것이며, 저는 자가 사슴같이 뛸 것이며, 그들의 입에서는 찬양이 넘쳐날 것이며, 사막과 같았던 그들의 길에 시내가 흐르게 될 것이다." 그러기에 김원광 목사는 "이 민족과 지구촌의 미래를 밝히기 위해 100만 명의 기도하는 어머니를 달라고 기도하며 꿈꾸며 소망 중에 그 날을 내다보며 오늘도 쉬지 않고 그 날을 향하여 달리고 있다.

목양교사운동

하나님의 한을 품고 다음 세대를 키워야 한국교회가 살 수 있다고 몸부림치며 외쳐대면서 목양교사운동을 전개하는 목사가 있다. 그 분은 부산 주안선교교회 한성택 목사이다. 우선 '하나님의 한'이라는 그런 막말을 함부로 하느냐고 불쾌하게 생각하지 말기 바란다. 나도 처음 제자 목사에게서 하나님의 한을 말하는 목사가 있다는 말을 듣고 목사가 할 말도 많을 텐데 왜 그런 말을 할까? 무슨 사연이 있지 않고야 그런 말을 하지 않을 것이라는 생각 속에 만나보기로 하였다. 그 목사를 만나보기 전에 하나님의 한이 있다면 도대체 무엇일까 생각도 해 보았다. 자기를 부인하고 십자가를 지고 주님의 뒤를 따르는 자가 없어서 일까?

정작 만나 들어보니 하나님의 한은 다음 세대를 이끌고 갈 하나님의 사람들을 길러내는 일에 전심을 다하는 하나님의 사람들이 없는 것이라고 하였다. 그 목사는 한나가 자식이 없는 것이 한이 되어 통곡하며 기도하다가 엘리 제사장의 뒤를 이어 다음 세대를 이끌어 갈 자가 없어 탄식하시는 하나님의 한을 깨닫게 되었다고 역설하였다. 자신의 한을 품고 기도하던 한나는 하나님의 한을 깨달아 다음 세대를 이끌고 갈 사무엘을 하나님께 바치는 일을 하게 되었다는 것이다.

하나님의 한을 깨달은 후 그는 다음 세대를 위하여 살기로 서원하였다. 다음 세대를 위한 기름 부으심이 있었다. 그 순간부터 교인들과의 갈등과 목회에 대한 두려움, 부족함에 대한 염려, 그 모든 것이 사라지고 오직 하나님의 눈물만 흘렸다. 그 후3개월 동안 기도만 하면 아무 기도 제목도 생각나지 않고 다음 세대를 살려야한다는 절박한 마음과 한국교회의 미래에 대한 걱정으로 눈물이 마르지 않았다. 하나님은 모든 에너지를 다음 세대를 살리는 일에 집중하도록 하였다. 성도들이 처음에는 다음 세대를 살려야 한다는 비전을 신뢰하지 않았다. 청년들이 특히 신뢰하지 않아서 많이 울기도 하였다.

　한 목사의 이러한 깨달음은 자신의 장년 중심의 20년 목회가 부흥되는가 하면 흩어지고 마는 것이 한이 되어 하나님께 나아가 기도하는 중에 하나님의 한을 깨닫게 되었다고 하였다. 하나님의 한은 한국교회 장년이 부흥되지 않는 데 있지 않고 오히려 목회자들이 어른들에게만 관심이 있고 다음 세대를 책임질 주일학교 교육에 관심이 없다는 데 있다는 것을 깨닫게 되었다. 이 목사의 외침은 심지어 오늘날 하나님께서 한국교회의 장년 부흥을 막는 것은 목회자들의 관심을 다음 세대에게로 돌리기 위한 방편이라고까지 강조할 정도로 처절하다. 그는 지금 목양교사운동을 벌리고 있다. 목양교사운동의 핵심은 우선 평생 하는 목양교사를 양성하는 것이다. 평생을 하되 목숨을 거는 목양교사가 되어야 한다. 평생 목숨을 거는 목양교사라야 진정한 제자 삼는 목양교사가 될 수 있다.

　목양교사가 진정한 제자 삼는 목양교사가 되기 위해서 무학년제 교회학교이어야 한다고 역설한다. 무학년제의 핵심은 자신이 전도한 영혼을 자신이 책임지는 정신이다. 내가 낳은 아들이나 딸을 금년에는 앞집 아줌마에게 키우도록 맡기고 그 다음에는 아래 집 아줌마에게 맡겨 키우도록 하는 엄마는 있을 수도 없고 있어서는 안 된다고 잘라 말한다. 무학년제야 말로 자기가 낳은 자식은 자신이 일생토록 목숨 걸고 돌보는 것처럼 내가 전도한 아이를 내가 책임질 때에 비로소 그 아이를 위하여 계속 기도할 수 있고 양육할 수 있고 심방할 수 있다.

제자 삼는 목양교사의 전략은 네 가지이다. 그것은 기도, 전도, 양육과 심방이다. 목양교사는 반드시 1일 1시간 이상의 기도와 1주일 1시간 이상의 전도와 일대일 양육과 주중에 모는 제자들의 삶의 현장 심방이다. 특히 심방은 삶의 현장 심방 이외의 어떤 형태의 심방도 그것은 심방으로 인정하지 않는 것이 특징이다. 그 이유는 삶의 현장을 보아야 목양 제자의 영적 현주소를 알 수 있기 때문이다. 하나님은 우리가 알게 모르게 다음세대로 이어갈 하나님의 부흥을 여러 방면에서 주도해 가고 계심이 틀림없다. 우리 모두 어떤 모양으로든지 하나님의 부흥에 사용되는 자가 되기를 소원한다.

세계축도선교회

통독과 축도 사역을 중점적으로 하는 세계축도선교회가 있다. 이 단체의 대표는 박순환 선교사이다. 어느 기도원에서 그의 설교를 들을 수 있는 기회가 있었다. 나에게 깊은 감동을 주는 설교이었다. 그는 세계축도선교회 태동을 다음과 같이 소개하였다. 그가 중국 선교를 위하여 떠나기 직전에 성경 통독 테이프를 선물로 주는 후배가 있었다. 그 선물이 어떻게 쓰일지도 모르고 그 테이프를 들고 중국 땅을 밟았다. 조선족을 모아 열심히 성경공부를 시켰다. 어느 날 조선족 형제가 성경 통독 테이프 세트를 보고 그 중의 하나를 빌려달라고 해서 빌려 주었다. 그 다음 만났을 때 또 빌려달라고 해서 빌려 주다보니 테이프 전체를 빌려 주게 되었다. 테이프를 빌려간 그는 물론 그와 함께 들은 자들의 삶이 변하는 것을 보게 되었다.

박 선교사는 이 경험을 토대로 중국에 와 있는 탈북자에게 성경 통독 사역을 시작하였다. 탈북자들 중에는 친지가 굶어죽는 자를 본 자들도 있었다. 가족 중에서 고문으로 죽은 자들도 있었다. 이런 탈북자들은 불안에 떨 수밖에 없었다. 또한 마음이 거칠어질 대로 거칠어져 있었다. 감정이 메말라져 있었다. 그들의 영혼은 황폐해져 있었다. 그런 탈북자들에게 처음부터 성경공부를 시킨다는 것이 무의미하게 생각되었다. 하나님께서 그런 자들에게 성경공부를 할 수 있는 방법을 알려주셨다. 그 방법은 조선족 형제들을 통하여 체득한 통독 사역이었다. 탈북자들에게 통독 사역을 할 수 있었던 것은 그들이 밖으로 나갈 수 없는 상황에 처해 있었기 때문이었다. 오히려 그들이 당하고 있는 불행한 상황, 즉 갇힌 공간에서 불안에 떨면서도 집 밖으로 나갈 수는 없는 조건이 그들에게 통독할 수 있는 기회가 되었다. 성경을 1독 2독 할 때는 몰랐는데 50독 100독이 넘어가면서 그들 속에 변화가 일어나는 것을 보게 되었다. 이 통독 사역은 그들만의 사역이 아니라 성도와 교회를 새롭게 할 수 있는 사역으로 확신하게 되었다. 이런 과정 속에서 선교회는 영글러져 갔다. 세계축도선교회는 이 통독 사역을 세계적으로 펼쳐 나가면서 선교를 시작하게 되었다.

통독한 말씀을 삶에 적용하는 핵심 원리는 사랑이다. 원수까지도 축복해 주는 사랑으로 전 세계 사람들을 축복하는 축도 사역을 하게 되었다. 또한 매사를 감사하는 원리로 삶에 적용한다. 아무리 어렵고 불행한 일이라도 범사로 처리한다. 자식이 죽어도 범사다. 왜냐하면 나만 당하는 일이 아니기 때문이다. 범사라고 생각되면 감사해야 한다. 왜? 범사에 감사하라고 하셨기 때문이다.

한번은 조선족 어머니가 박 선교사를 찾아와 아들과 며느리가 이혼을 하려고 하는데 어떻게 하면 좋겠느냐고 물었다. 엉겁결에 주기도문을 천 번 외라고 하였다. 얼마 후 그 어머니가 찾아와 이제 아들과 며느리가 이혼을 취소하고 잘 살게 되었다고 하였다. 그 어머니가 또 물었다. 지금부터 어떻게 하면 좋겠느냐고 하였다. 그래서 주기도문을 일만 독 하라고 하였다. 백만 독 가까이를 하고 나니 성경을 이해하는 수준이 보통이 아니고 그 어머니를 찾아가면 문제들이 해결된다고 한다. 내가 작년 필리핀 바기오에 있을 때 그 지역 학교 통독 시스템을 설치해 주고 통독시키는 사역을 하는 선교사를 보았다. 통독을 통하여 놀라운 역사가 일어난다는 말을 들었다.

세계순회선교단

나에게 평양 대부흥운동의 재현의 중요성을 일깨워 준 단체가 있다. 그 단체는 세계순회선교단이다. 그들은 24.365 기도운동을 수년 동안 계속해 오고 있다. 이 운동은 하루 24시간 일 년 365일을 하루도 **빠지지** 않고 네트워크를 형성하여 릴레이식으로 기도하는 연속 연쇄 연합 기도 운동이다. 언제까지 하려고 하느냐고 물어보면 '그 날이 오기까지'라고 대답한다. '그 날'이 언제냐고 물으면 그 날이 언제인지는 모르나 주님이 오시는 날이 그 날이라고 한다. 이 선교단체는 기도운동과 더불어 복음학교, 중보기도학교와 선교사관학교를 통하여 한국교회와 세계교회와 특히 선교사들의 영적 필요를 채우는 일을 지원하는 일을 오직 믿음으로 하는 선교단체(faith mission)이다. 이제 이 선교단체 사역을 간략하게 소개하겠다.

복음학교

어느 날 선교회 대표인 김용의 선교사가 복음학교에 대한 사명을 받았다고 숙연한 모습으로 내게 말하였다. 복음학교는 또 무슨 복음학교인가라는 생각 속에 왜 복음학교를 하며 어떻게 진행할 것인가를 물었다. 복음학교를 열고자 하는 이유는 한국교회 성도들이 조각난 복음을 알고 있으면서 그것이 복음의 전부인양 착각하며 살기 때문이라고 하였다. 총체적인 복음을 알지 못하기 때문에 복음에 걸 맞는 능력 있는 삶도, 복음을 영화롭게 하는 삶도, 복음으로 인한 축복된 삶도 살지 못하기 때문이라고 하였다. 나는 김 선교사에게 복음학교에서 가르칠 과목과 기간과 강사에 대해 물었다.

과목은 딱 하나 복음이라고 대답하였다. 복음 하나면 충분하다는 것이었다. 그 하나만 가르치는 것도 시간이 부족하다는 것이었다. 그래서 기간에 대해 물었다. 기간은 월요일 오전 9시에 복음학교 문을 열고 닫는다고 하였다. 그 말이 무슨 말이냐고 했더니 오전 9시가 넘으면 복음학교에 입학할 수 없다는 의미라고 대답하였다. 그리고 토요일 오후 8시 전후해서 졸업식을 거행할 것이라고 하였다. 그래서 강사는 어떤 분들을 모실 계획이냐고 물었다. 강사는 무슨 강사 자기 혼자 다 하겠다고 하였다.

김 선교사님은 겸손한 분이다. 그러기에 '이 교만한 인간아!'라는 생각은 들지 않았다. 그러나 두 가지 생각이 번뜩 떠올랐다. 김 선교사님 얼마 못살겠구나! 그 열정적인 분이 하루에 8시간에서 10시간을 하루 이틀도 아니고 일주일을 강의하겠다니 말이다. 다음 생각은 사람들이 올까이었다. 이것은 나의 기우였다. 이 단체는 복음학교를 대대적으로 광고하지 않는다. 그럼에도 불구하고 복음학교 신청자들이 자리가 없어 혹시 신청했다가 참석 못하는 사람이 있으면 그 자리를 차지하려고 월요일 아침 일찍 복음학교가 시작하는 장소에 줄을 서 있는 것을 보았다. 지금은 그 학교에 참석해 본 지가 오래 되어서 확실히는 모르나 한 번 개설하면 몇 백 명 이상씩 모인다는 말을 들었다. 현재는 지구촌 여러 곳에서 복음학교가 진행되고 있다.

나는 복음학교를 통하여 총체적 복음을 강의하는 김용의 선교사가 전하는 말에 충격을 받았다. 그가 복음학교를 진행하면서 "나를 전적으로 움직일 수 없는 복음은 복음이 아니다. 나를 전적으로 움직일 수 없는 믿음은 믿음이 아니다. 99%를 헌신하면서 나는 복음대로 산다고 말하는 것은 복음대로 사는 것이 아니다. 왜냐하면 나머지 1%에 나를 움직일 수 있는 모든 것이 집중되어 있기 때문이다. 바울은 "하나님의 은혜의 복음을 증거하는 일을 마치려 함에는 나의 생명을 조금도 귀한 것으로 여지지 않는다"고 하지 않았던가? 실제 상황에서 복음을 위하여 생명을 바칠 수 있다고 믿는가? 만일 그렇다면 복음을 위하여 생명을 바칠 수 있다고 믿는 그런 사람이 어떻게 자기의 옛 자아 하나 버리지 못하고 그 자아를 조금만 건드리면 상처입고 시기하고 질투하며 믿는 사람들끼리 원수가 되어 살 수 있단 말인가?

복음이면 다냐

김 선교사는 계속해서 다음과 같이 외쳤다. "복음이면 다냐? 하고 물으면 그래 다다! 어쩔래 라고 대답할 수 있겠는가? 복음이면 다다! 할 수 있는 것은 하나님이 '나는 너 하나로 만족한다. 나에게는 네가 다다! 나는 너 하나를 위하여 예수 그리스도가 십자가에 죽도록 했노라.'고 하시기 때문이다. 복음이면 다다라고 대답할 수 없는 복음이 과연 어떻게 절대적이고 영원한 복음이 될 수 있겠는가? 어떻게 그 복음을 위하여 목숨을 바칠 수 있단 말인가? 복음이면 다 다 해놓고 실제로는 복음만으로는 안 된다고 하면서 그런 '다'가 아닌 조각난 복음을 전하고 있지는 않는가? 어찌 그런 복음을 절대적인 복음인 것처럼 전할 수 있겠는가? 나에게 복음이 아닌 것은 아무리 목이 터져라 소리쳐도 그것이 다른 사람에게 복음이 될 수 없다. '하나님! 나 탈진했습니다. 더 이상 나에게 헌신을 요구하지 마십시오!'라고 하면서 어떻게 복음을 전하는 자라고 말할 수 있단 말인가? 하늘에 속한 사람이라고 자처하면서 이 세상 것에 그렇게 집착하여 살 수 있단 말인가?"

한번은 김 선교사가 같은 내용을 몽골에서 외치고 난 후 식사 시간이 되었다. 그 식사 자리에서 몽골교회 젊은 지도자인 한 목사님이 김 선교사에게 "지금 목사님이 전하는 복음은 바울이 전하는 복음과 동일한 복음입니까? 아니면 다른 복음입니까?"라고 물었다. 김 선교사는 "어찌 바울이 전하는 복음이 따로 있고 내가 전하는 복음이 따로 있을 수 있겠는가?"라고 대답하였다. 그 현지 지도자는 "김 선교사님! 김 선교사님은 방금 전에 우리에게 설명한 복음 그대로 사십니까?"라고 다시 물었다. 김 선교사는 "살다마다요. 사는 대로 전하지 어떻게 살지도 않는 것을 다른 사람에게 그렇게 살라고 전할 수 있겠는가? 형제는 바울이 자신이 말한 것을 책임지기 위하여 말한 대로 살려고 기를 쓰고 살았다고 생각하는가? 아니면 자신이 그렇게 살아보니 복음에는 능력이 있고 축복이 있고 복음은 영광스런 것임을 체험하고 '복음으로 살아라!'고 권면한다고 생각하는가?"라고 물었다.

그 젊은 목사는 "그 동안 저는 한국 신학교에서 복음에 대하여 배웠고 또한 몽골에 돌아와서 복음에 대하여 가르쳤습니다. 그런데 김 선교사님의 말씀이 사실이라면 나는 바울이 전했던 복음을 전혀 알지 못하는 자임이 틀림없습니다. 이제 복음을 모르는 자로 총제적 복음을 바로 알아 복음을 영화롭게 하는 삶을 살고 싶습니다."라고 진지하게 고백하였다. 바울이 전하는 복음을 아니 성경이 말하는 복음을 알지 못하였다는 몽골 현지 교회의 지도자의 이 진솔한 고백을 들으면서 나는 그가 부러웠다. 하나님께서 몽골교회의 밝은 내일을 위하여 복음의 일꾼을 세우려 하심이라고 생각되었다. 그의 고백은 동시에 그렇게 믿지도 않고 살지도 않는 나의 복음이 아닌 복음을 전하는 나 자신을 고발하는 말로 들렸다.

위에서 언급한 대로 복음의 내용은 복잡하고 어려운 것이 아니다. 복음을 전하는 자가 특별한 능력이 있어야만 되는 것도 아니다. 누가 전해도 상관없다. 그러나 중요한 사실은 복음을 총체적인 복음으로 체험하고 전하느냐 전하지 못하느냐에 따라 복음이 복음으로 전해지느냐 그렇지 못하느냐가 달려 있다는 점이다. 복음은 영원히 사느냐 죽느냐의 문제이다. 복음을 듣고 순종하면 생명이다. 못 들으면 영원한 죽음이다. 복음을 들어도 믿음으로 순종하지 않으면 죽음이다. 복음이 어렵고 복잡한 것이 아닐 뿐 아니라 듣고 믿기만 하면 영원한 영생을 얻게 된다.

복음이 복음 되게 하라

하나님의 말씀에 목숨을 걸 수 있는 믿음으로 반응할 때에만 하나님의 말씀은 말씀답게 역사하며 복음이 복음답게 역사한다. 우리는 믿는다는 말을 너무 쉽게 하고 있다. 그러기에 믿음의 결과를 기대하지도 아니할 뿐 아니라 믿음의 결과가 없는 것을 지극히 당연한 것으로 치부한다. 과연 자신이 믿는다고 말한 것에 얼마나 목숨 걸 자신이 있는가? 성경은 "너희가 믿음에 있는가 너희 자신을 시험하고 너희 자신을 확증하라"고 한다.[고후 13:5] 사실 나를 움직일 수 없는 믿음은 그때부터는 믿음이 아니다. 입으로는 믿는다고 자신 있게 말하면서도 그 믿는 일에 목숨을 걸어야 할 경우에는 믿지 않는 것은 믿음이 아니라는 사실을 설명하는 좋은 예가 있다. 다음은 세계순회선교단 소식지 "그날이 오기까지"에 실린 내용이다.

세계적인 줄타기 선수인 찰스 브론돈(Charles Brondon)이 나이아가라 폭포 위에 천 피트나 되는 줄을 걸어놓고 줄타기를 하였다. 그가 폭포 위를 건너는 장관을 보려고 수많은 사람이 모여들었다. 사람들은 숨을 죽이고 바라보다가 그가 줄을 타고 캐나다 쪽으로 건너자 일제히 탄성을 질렀다. 폭포를 건넌 브론돈은 자기 어깨에 한 사람을 태우고 되돌아가겠다는 제안을 하였다. 그 말을 들은 사람들은 찰스! 찰스! 하면서 거의 비명에 가까운 환호성을 질렀다. 그 환호성은 모두가 찰스의 제안을 믿는다는 의미에서의 환호성이다. 환호성이 조금 줄어들자 브론돈은 "여러분 제가 한 사람을 업고 되돌아 갈 수 있다고 믿으십니까?" 라고 재차 물었다.

그러자 거기에 있는 모든 사람들이 깊은 신뢰심을 갖고 그에게 갈채를 보냈다. 그러자 그는 "저를 믿으신다면 두려워 마십시오! 그렇다면 여러분 중에 누구든지 나오셔서 제 등에 업히실 분이 안계십니까?" 순간 청중은 물을 끼얹은 것처럼 조용해졌고 아무도 나서지 않았다. 결국 그는 친구인 콜코드(Colcord)에게 의뢰했고 그는 흔쾌히 응하였다. 물론 그는 친구를 등에 업고 줄을 무사히 건넜다. 이 사건을 소개하면서 소식지는 다음과 같이 말한다.

믿어준다거나 믿어보는 것은 참된 믿음과는 다른 것입니다. 분명한 믿음은 가치관과 삶의 태도를 바뀌게 하고 인생을 거는 선택을 요구합니다. 의지적인 결정은 믿음의 결과입니다. 그러나 거짓 믿음은 지적 동의도 하고 감동을 받기는 하여도 결코 자신의 운명을 맡기는 전적인 신뢰는 하지 않습니다. 그래서 믿음은 감정적인 문제라기보다 의지적인 문제입니다. 이는 믿을만한 한 인격적인 대상을 향해 내적인 자세가 바뀌는 것을 의미합니다. 믿는 자는 성령을 통해 자녀 됨을 보증하신다고 말씀하셨습니다. 당신은 성령의 확신케 하심을 따라 하나님을 아바 아버지라 부를 수 있는 새로운 신분을 가지셨습니까?("그날이 오기까지", 41호. 2005. 5)

복음의 능력을 체험하고 복음의 축복을 누리며 복음의 영광을 바라볼 수 있는 총체적인 복음이 아닌 조각난 복음에 대하여 전하는 나 자신을 바라보면서 그런 내가 전하는 복음이 듣는 자에게 어떻게 총체적인 복음이 될 수 있을까 하는 생각을 하지 않을 수 없었다. 김용의 선교사의 말을 듣지 않은 상태에 복음이란 무엇인가라는 물음을 받았다면 저는 여전히 나의 삶을 총체적으로 주장하지도 않고 또한 나의 삶의 전부가 아닌 조각난 복음에 대하여 열을 올리며 설명하였을 것이다. 물론 내가 지금까지 알고 있는 복음은 전적으로 복음이 아니었다는 말은 아니다. 나는 이제부터 구원의 복음이요 하나님의 복음이요 그리스도의 복음일 뿐 아니라 바울의 복음이요 나의 복음이 되도록 깨닫고 그렇게 살기를 소원하는 그런 복음을 소개하기를 원한다. 복음에 대한 이런 확신을 가진 자는 사도 바울처럼 "하나님의 은혜의 복음 증거하는 일을 마치려 함에는 나의 생명을 조금도 귀한 것으로 여기지 아니하노라"고 고백할 수 있을 것이다.

한국교회가 복음을 부끄러워하지 않고 조각난 복음이 아닌 총체적인 복음, 즉 복음의 능력과 영광과 축복을 전하는 교회가 되기를 소원하며 복음학교를 개설하여 월요일 아침부터 토요일 저녁에 이르기까지 총체적인 복음을 전하는 복음학교를 보면서 하나님께서 부흥의 파도를 주실 것을 확신하며 부흥을 기다려 본다.

기도 24.365

순회선교단은 복음학교를 개설한 지 얼마 후에 기도 24.365 운동을 전개하기를 결심하고 2003년 4월부터 실행에 옮겼다. 김용의 선교사는 모라비안 선교회가 100년이 넘도록 세계 선교를 위하여 연속 기도한 것과 출애굽기 17장의 모세의 기도를 통하여 도전과 영감을 받고 세계 선교 완성과 주님의 재림을 위한 이 기도 운동을 제창하였다. 이 기도 운동의 특징은 '연속'과 '연합'과 '연쇄'에 초점을 맞추어 집중적으로 기도하는 것이다. 연속은 하루 24시간 일 년 365일 하루 한 시간씩 끊임없이 기도하는 것이다. 연속은 주님 재림 때까지 계속하는 기도를 의미한다. 연합은 이스라엘이 출애굽하여 가나안을 향하여 가다가 아말렉을 만나 싸울 때 모세가 손을 들면 이스라엘이 이기고 손을 내리면 아말렉이 이기는 것을 보고 돌을 가져다가 모세를 돌 위에 앉게 하고 아론과 훌이 모세의 손을 붙들어 올리고 그의 손이 해가 지도록 내려오지 않게 하므로 아말렉을 쳐서 파한 것을 읽고 한 사람이 아닌 여러 사람이 연합할 때에만 가능하다는 것을 깨닫고 연합기도운동을 전개하였다는 것이다. 연쇄는 장소나 지역에 한하지 않고 전 세계적으로 여러 거점을 두고 동시다발적으로 하는 연쇄 기도 운동을 전개하게 되었다. 이 기도 운동은 하나님 나라 부흥과 선교 완성에 집중적으로 초점을 맞춘 열방을 위한 기도이다.

이 기도 운동은 2003년 처음 120명으로 시작하였다. 2009년 11월 현재 1만 여명의 기도자 돌파를 눈앞에 두고 있으며 65개의 교회 팀, 4개의 단체 팀, 26개 해외 팀 그밖에 개인이 선교단체가 주관하는 팀에 소속되어 전 세계 81개국에 흩어져 기도로 하나님 나라의 확장 부흥과 선교 완성을 꿈꾸며 7년을 하루와 같이 기도해 오고 있다. 기도자들을 위한 훈련 방법은 기도 일일 학교, 인터넷을 통한 온라인 기도 학교, 셀프 CD를 통한 교육 훈련 등이 있다. 이 기도 운동은 기본적으로는 기도자들의 기도 내용과 정보는 세계 선교 완성을 위하여 출간되고 있는 "세계기도정보"이다. 이 기도 운동이 전개되면서 "그(여호와)로 쉬지 못하시게 하라"는 말씀을 통하여 그들의 기도가 하나님으로 끊임없이 일하시게 하는 데 귀하게 사용되는 것을 깨닫게 됨으로 이 기도 운동은 더욱 가속을 받게 되었다.사 62:6~7

24.365 기도 운동과 더불어 중보기도학교가 열방을 품고 기도하게 되었다. 특히 2009년도에는 "2009 느헤미야 52기도" 운동을 전개하고 있다. 우선 느헤미야의 기도는 자신을 위한 기도가 아니다. 그는 (유다에) 남은 자가 환란과 능욕을 당하며 예루살렘 성이 훼파되고 성문들이 불에 탄 소식을 듣고 울며 금식하며 기도하였다. 이는 마치 모세가 여호수아가 아말렉과 싸울 때 드린 기도와 비견할 수 있다. 느헤미야 기도의 특징 중에 주목을 받는 것은 하나님을 사랑하고 그의 계명을 지키는 자에게 언약을 지키시며 긍휼을 베푸시는 하나님께 기도한 것이다. 이것은 느헤미야가 자신의 간구가 응답될 것을 확신하고 기도하고 있음을 보여주는 것이다. 느헤미야가 말하는 언약은 "너희가 내(하나님) 말을 잘 듣고 내 언약을 지키면 열국 중에 내 소유가 되고 제사장 나라가 되고 거룩한 백성이 될 것"이라는 약속을 말한다. 느헤미야는 하나님의 언약 백성이 능욕당하고 있고 하나님 나라와 하나님의 영광이 훼손됨을 신원해 달라고 간구하고 있다. 하나님께서 하나님의 나라를 원수에게서 보호하시며 통치해 달라는 기도이다. 느헤미야는 기도만 한 것이 아니라 사람들을 동원하여 결국 하나님의 보호와 도우심으로 성벽을 재건하였다.

이와 같이 순회선교단이 주관하는 "2009 느헤미야 52기도" 역시 이 음란하고 패역한 세대 속에서 교회가 세속화되어 가지 않고 교회가 진정 하나님이 기뻐하시는 교회가 되고 그곳에 드려지는 예배가 성령과 진리로 드려지는 예배되도록 기도하자는 운동이다. 이것은 몇몇 사람들의 힘으로 되는 것이 아니기에 이 기도 운동을 전개하게 되었다. 느헤미야의 말을 듣고 하나님 앞에 나아가는 자들이 있었던 것 같이 이 기도 운동은 2009년 한 해 52주 100개가 넘는 교회와 단체가 참여하여 하나님 나라와 열방을 위한 기도를 계속하고 있다.

"2009년 느헤미야 52 기도" 운동을 주관한 순회선교단은 "2010 느헤미야 52 기도" 운동을 전개하기로 하고 "하나님 나라의 부흥과 선교 완성을 목표로 열방을 파수하는 교회를 세우기 위해 2010년 한 해 52주 동안 연속 · 연쇄 · 연합하는 기도 운동을 전개할 것이라고 천명하고 이 운동에 참여를 독려하고 있다. 나는 하나님께서 이 땅에 순회선교단을 세워 1907년 평양 대부흥운동을 재현하려고 기도하도록 감동을 주심과 동시에 복음학교와 여러 기도 운동을 통하여 하나님 나라 부흥과 선교 완성의 놀라운 축복의 파도타기를 준비하실 것이라고 확신한다.

맺는 말

하나님께서 이런 저런 경유로 나에게 다음 세대에 대한 하나님의 한을 각인시켜 주셨다. 이제 20년이 넘게 몸을 담았던 정든 교단을 물러서는 마당에 지금까지 부족한 자를 사용하여 주신 하나님께 감사드린다. 더욱이 다음 세대를 마음에 품고 설레는 마음으로 떠나게 하시는 하나님께 찬양과 감사를 드린다. 다음 세대를 마음에 품고 사는 한 과거의 추억 속에 사는 자가 아니라 미래를 향한 소망과 기대 속에 살 수 있다는 것을 깨닫게 되었다. 소망과 기대만 품고 사는 것이 아니라 그 소망과 기대에 걸 맞는 삶을 살아야 한다는 소명을 갖게 되었다. 성경에 기록된 신앙 인물들처럼, 요셉처럼, 죽음의 문턱에서라도 소망과 기대 속에 하나님을 찬양하고 다음 세대 역시 그 소망과 기대 속에 살도록 하나님의 한을 심어주는 삶을 살다가 주님 앞에 서기를 소원한다.

지금까지는 어떻게 살아왔든지 간에 우리 모두 다음 세대로 이어지는 부흥을 위하여 다음 세대를 책임지는 일꾼들이 수없이 일어나기를 소망하며 말씀을 신실히 가르치는 일과 기도하는 일을 전무하는 자들이 되기를 소원한다. 주의 종으로 부름 받은 자는 모름지기 추억 속에 살다가 죽음을 맞이할 자들이 절대로 아니다. 오늘의 현실이 어떠하든지 다음 세대의 놀라운 부흥을 꿈꾸며 하박국 선지자처럼 "물이 바다를 덮음같이 여호와의 영광을 인정하는 것이 세상에 가득하게" 되는 세대가 일어날 것을 소망하며 믿음으로 살아야 하겠다. "주는 주의 일을 이 수년 내에 부흥케 하옵소서 진노 중에라도 긍휼을 잊지 마옵소서"라고 소망 중에 기도하며 살아가야 하겠다. "비록 무화과나무가 무성치 못하며 포도나무에 열매가 없으며 감람나무에 소출이 없으며 밭에 식물이 없으며 우리에 양이 없으며 외양간에 소가 없을지라도 나는 여호와로 인하여 즐거워하며 나의 구원의 하나님을 인하여 기뻐하리로다"라는 고백의 찬양을 드리며 살아가야 하겠다. 왜? 이것들은 놀라운 부흥을 알리는 새벽이기 때문이다.

오늘의 하박국 선지자들이여! 다음 세대의 부흥을 위하여 '1907년 평양부흥운동'의 새로운 재현을 믿음으로 내다봅시다. 부흥의 파도를 일으키실 하나님을 찬양합시다. 그런 놀라운 부흥을 위하여 각자에게 주신 부흥의 불소시게 사명을 찾으십시다. 말씀의 불소시게, 기도의 불소시게, 전도의 불소시게 등 각자가 찾은 사명을 다짐하며 믿음으로 살아갑시다. 하나님께서 '1907년 평양부흥운동'과 같은 놀라운 부흥의 역사를 재현시켜 주시기를 기도합시다.

과연 1907년 평양 대부흥운동이 재현될 것인가? 아무리 재현을 부르짖을지라도 하나님이 허락지 않으시면 어떤 재현도 일어날 수 없다. 엘리야 시대의 바알의 선지자들 사백오십 인과 아세라의 선지자 사백 인의 부르짖음이 생각난다. 그들이 "아침부터 낮까지 바알의 이름을 불러 가로되 바알이여 우리에게 응답하소서 하나 아무 소리도 아무 응답하는 자"도 없었다. ^{왕상 18:26} 그런 그들에게 엘리야는 조롱까지 하였다. 그들은 큰 소리로 부르고 피가 흐르기까지 칼과 창으로 그 몸을 상하게 하였다. 그 일을 정오에서 저녁 소제드릴 때까지 했으나 아무 응답이 없었다. ^{왕상 18:27~29}

그들과는 반대로 엘리야는 "아브라함과 이삭과 이스라엘의 하나님 여호와여 주께서 이스라엘 중에서 하나님이 되심과 내가 주의 종이 됨과 내가 주의 말씀대로 이 모든 일을 행하는 것을 오늘날 알게 하옵소서 여호와여 내게 응답하옵소서 내게 응답하옵소서 이 백성으로 주 여호와는 하나님이신 것과 주는 저희의 마음으로 돌이키게 하시는 것을 알게 하옵소서" 하였을 때 여호와의 불이 내려와 엘리야의 기도에 응답하였다.^{왕상} ^{18:36~38} 여기에서 주목되는 것은 첫째로 엘리야가 자신의 영적인 능력을 믿고 그렇게 한 것이 아니라 "주의 말씀대로 이 모든 것을 행하였다"는 고백이다.^{왕상 18:36} 엘리야의 담대함과 확신은 여호와의 말씀에 비가 지면에 내리게 하겠다는 약속의 말씀에 있었다. 하나님의 약속은 "많은 날이 지나고 제 삼년에 여호와의 말씀이 엘리야에게 임하여 가라사대 너는 가서 아합에게 보이라 내가 비를 지면에 내리리라"이었다.^{왕상 18:1} 엘리야는 하나님의 말씀에 대한 확신 가운데 죽음을 무릅쓰고 숨었던 자리에서 박차고 일어섰다.

둘째로 주목되는 점은 엘리야가 하나님을 "아브라함과 이삭과 이스라엘의 하나님 여호와"라고 부른 사실이다. 이것은 엘리야가 삼년 동안이나 오지 않던 비를 내리게 하겠다는 하나님의 약속의 말씀을 믿을 수 있는 근거였다. 하나님은 아브라함에게 약속하신 것을 부도낸 적이 없으신 하나님이시다. 이삭과 야곱에게도 마찬가지이시다. 그러기에 엘리야는 하나님의 말씀을 믿을 수 있었다. 혹자는 그러하지 않아도 엘리야는 믿을 수 있다고 말한다면 더욱 감사할 뿐이다. 엘리야가 하나님께서 아브라함과 이삭과 이스라엘에게 약속하신 것을 이루시는 것을 보았던 것처럼 우리 또한 구약과 신약을 통하여 동일하게 행하시는 하나님을 보았다. 아니 지금도 행하시고 계시는 하나님을 보고 있다.

본서의 주제인 부흥과 관련하여 말한다면 우리는 구약에서 수많은 부흥의 역사를 보았다. 구약의 모든 부흥은 옛 언약의 약속들을 다음 세대로 이어가게 하는 부흥의 역사라고 말할 수도 있다. 옛 언약은 짐승의 피를 언약의 피로 하여 세운 언약이다. 옛 언약 하에 모든 역사는 새 언약 성취를 위한 준비이며 예표이었다. 새 언약은 옛 언약의 약속과 예표를 성취시키는 언약이다. 새 언약은 옛 언약과 아무 연관이 없는 언약이 아니라 옛 언약의 약속을 성취하는 의미에서 새 언약이다. 새 언약은 옛 언약에 근거하여 맺어진 하나님과 이스라엘의 관계이다. 즉 "나는 너희 하나님이요 너희는 내 백성"이라는 언약 관계를 영원토록 변치 않도록 하기 위하여 맺은 언약이다.

　새 언약은 하나님께서 이스라엘과의 언약 관계를 영원불변하시도록 하기 위하여 짐승의 피가 아닌 독생자 예수 그리스도의 피로 세우셨다. 예수님은 최후 성만찬에서 그의 피를 상징하는 포도주로 새 언약 예식을 거행하신 후 십자가에서 피를 흘려 죽으심으로 전날 밤에 세우신 새 언약을 확증하셨다. 죽으신 지 삼일 만에 부활하신 예수님은 제자들에게 "그러므로 너희는 가서 모든 족속으로 제자를 삼아 아버지와 아들과 성령의 이름으로 세례를 주고 내가 너희에게 분부한 모든 것을 가르쳐 지키게 하라 볼지어다 내가 세상 끝 날까지 너희와 항상 함께 있으리라 하시니라"고 하셨다.^{마 28:19~20} 이 말씀을 새 언약의 관점에서 말한다면 예수 그리스도의 증인은 하나님의 새 언약 백성을 창조하기 위하여 새 언약을 세우신 예수 그리스도의 피, 즉 십자가의 죽으심을 증거하는 자들이다. 새 언약 백성은 더 이상 유대인들로 국한되지 않는다. 모든 족속이 새 언약 백성이 될 수 있다. 아니 모든 족속 중에 반드시 새 언약 백성이 나와야 한다.

　부활의 주님께서 승천하시기 전에 "오직 성령이 너희에게 임하시면 너희가 권능을 받고 예루살렘과 온 유대와 사마리아와 땅 끝까지 이르러 내 증인이 되리라"고 하셨다.^{행 1:8} 우리는 사도행전을 통하여 성령의 놀라운 부흥의 역사가 오순절 성령 강림으로부터 시작하여 로마의 심장부에 이르기까지 계속적으로 이어져 갔음을 본다. 사도행전의 역사는 성령의 역사이다. 우리의 주제의 관점에서 보자면 사도행전은 부흥행전이라고 말할 수 있다. 이 부흥행전은 주님의 명령과 약속에 근거하여 모든 족속에게로 나아갈 것이요, 나아가야 한다. 또한 주님의 재림 때까지 세대를 이어가면서 증인들은 계속 존속될 것이며 또한 존속되어야 한다.

이것은 내 개인의 주장이 아니라 예수님의 지상 명령임^{마 28:19~20}과 동시에 약속의 말씀^{행 1:8}에 근거한 것이다. 이 명령적 약속의 말씀을 처음 들은 자들은 사도들과 제자들이었다. 그들은 마치 엘리야가 하나님의 약속의 말씀을 듣고 분연히 일어선 것같이 담대히 일어나서 증인의 삶을 살았다. 그러나 주목할 것은 그들과 엘리야 사이에는 다른 점이 있다. 엘리야는 놀라운 일을 행하였음에도 그 일 후에 탈진하고 말았다. 그는 로뎀나무 아래서 죽기를 구하였다.^{왕상 19:4} 사도들과 제자들은 정반대였다. 오순절 성령 강림 이후 그들은 목숨이 걸린 박해 중에도 공회 앞에서 "하나님 앞에서 너희 말을 듣는 것이 하나님 말씀 듣는 것보다 옳은가 판단하라"고 하였다.^{행 4:19} 헤롯과 빌라도 그리고 이스라엘 백성들이 합동하여 총체적으로 제자들을 대항할 때도 그들은 "주여 이제도 저희의 위협함을 하감하옵시고 또 종들로 담대히 하나님의 말씀을 전하게 하옵시며"라고 간구였다.^{행 4:29}

엘리야와 사도들의 차이는 옛 언약의 일꾼과 새 언약의 일꾼의 차이라고 말할 수 있다. 달리 말한다면 성령의 강력한 역사의 차이이다. 새 언약의 약속은 모든 족속과 땅 끝까지 이르러야 할 약속이기에 족속을 넘어갈 때마다 지역의 경계를 지나 확장될 때마다 그 경계와 장벽을 넘어설 때마다 성령의 역사로 놀라운 부흥이 일어났던 것을 볼 수 있다. 바로 사도행전이 그런 역사의 기록이다. 사마리아 성에서 그러하였고 고넬료 가정과 에베소에서 그러하였다. 사도행전은 바울이 복음을 들고 로마의 심장부에 입성하여 자유롭게 복음을 전함으로 끝을 맺는다. 그렇다고 그곳이 땅 끝은 아니다. 다만 땅 끝으로 통하는 길이 있는 곳에 도달하였을 뿐이다. 그 이후 복음 전파의 역사는 성령의 능력으로 지역, 언어, 종교, 관습, 전통과 문화의 장벽을 넘어 오늘까지 계속되었다.

한국 교회들의 부흥 역사를 소망하면서 이 땅에서의 부흥행전을 다시 회고해 보고 싶다. 주님의 지상 명령과 약속의 말씀을 들고 이 땅에 처음 찾아온 선교사들에게 이 땅이 어떻게 비쳐졌을까? 또한 그런 현실 속에서 그들은 어떤 기대와 소망 가운데 복음 전파 사역을 감당하였을까? 분명히 그들의 현실은 사도행전의 현실과 다름이 없었을 것이다. 또한 그런 현실 가운데 성령님의 도우심을 간구하며 사도 바울처럼 하나님께 받은 사명인 은혜의 복음을 전하는 일에 자신들의 생명을 복음 전파 사역을 위하여 바쳤다. 한강변 양화진에 있는 선교사들의 무덤들이 이에 대한 산 증거이다. 작가 정연희는 자신의 책『양화진 이야기 선교사』에서 최초의 장로교 선교사인 언더우드의 선교 초기 기도 내용이 어떠했을까를 다음과 같이 그려본다.

지금은 아무것도 보이지 않습니다. 주님, 메마르고 가나한 땅, 나무 한그루 청청하고 시원하게 자라 오르지 못하고 있는 땅에 저희들을 옮겨와 앉아 있습니다. … 지금은 아무것도 보이지 않습니다. 보이는 것은 고집스럽게 얼룩진 어둠뿐입니다. 어둠과 가난과 인습에 묶여 있는 조선사람 뿐입니다. 그들은 왜 묶여 있는지도 모르고 묶여 있는 것이 고통이라는 것도 모르고 있습니다.

… 조선 남자들의 속셈이 보이지 않습니다. 이 나라 조정의 내심도 보이질 않습니다. 장옷을 쓰고 다니거나 가마를 타고 다니는 여자들을 영영 볼 기회가 없으면 어찌하나 하는 생각도 듭니다. … 조선의 마음이 보이지 않습니다. … 지금은 우리가 서양귀신 양귀자(洋鬼子)라고 손가락질을 받고 있사오나 저들이 우리의 영혼과 하나인 것을 깨닫고 하늘나라의 한 백성 한 자녀임을 알고 눈물로 기뻐할 날이 있음을 믿습니다. 지금은 예배드릴 예배당도 없고 가르칠 장소, 학교도 없고 그저 경계와 의심과 멸시와 박대만이 가득한 곳이지만 이곳이 머지않아 은총의 땅이 되리라는 것을 믿습니다. 주여 오직 제 믿음을 붙잡아 주소서.

언더우드 선교사는 1884년 부활절 날 인천항을 통하여 조선 땅에 첫발을 내딛었다. 상황적으로나 시기적으로 볼 때 1907년 평양 대부흥운동과 같은 부흥의 역사를 조선에서 기대하기란 꿈에서라도 불가능한 것이었다. 그러나 그 불가능하게만 보였던 기대와 소망은 성령의 역사로 상상할 수 없는 대부흥의 역사로 이 땅에 나타났다. 평양 대부흥운동이 백년이 지난 오늘 그 때와 같은 놀라운 부흥 역사의 놀랍고 새로운 재현을 기대하는 것은 불가능하게만 보일지 모르겠다. 그러나 예수 그리스도는 어제나 오늘이나 영원토록 동일하시듯이 성령의 역사 역시 동일하시다. 그러기에 더 큰 기대와 소망을 갖고 부흥의 역사를 바라보는 것은 지극히 당연하고 바람직하다. 아니 우리는 지금 엘리야가 보았던 '손 만한 작은 구름'이 일어나는 것을 본다.

농촌 목회가 어렵다는 이때에 충남 당진 시골 한 구석 고추밭에 비닐하우스를 예배당 삼아 개척한 교회가 13년이 지난 오늘날 오천 명이 넘는 성도들이 모여 함께 예배드리는 교회가 있다. 농촌 목회뿐 아니라 도시에서 개척하여 목회하는 것이 어렵다는 것도 오늘의 현실이다. 서울 강동에

서 교회를 개척하여 10여년 지난 뒤 네 가정만 남아 폐쇄하려던 교회에
부임하여 팔 년 만에 30억이 훨씬 넘는 예배당으로 이전하는 교회도 있다.
물론 양적인 부흥만을 근거하여 하는 말은 아니다. 양과 질이 함께 가는
것은 지극히 당연하다. 이 사실은 성령께서 이 땅에 부흥을 원하신다는
산 증거임이 틀림없다.

'당진 동일교회' 부흥의 모델은 사도행전 16장이었다. 사도 바울이
마케도니아 환상을 보고 선교의 방향을 소아시아에서 유럽으로 향하였듯
이, 동일교회 이수훈 목사 역시 도시 목회를 꿈꾸고 개척지를 찾아 헤매이
던 중 농촌으로 방향을 돌렸다. 그는 도시 목회지를 찾아 헤매던 중 시골
농로에서 택배 차에 치어 자신의 품에서 한 움큼의 모 이삭을 쥔 손을
끝내 펴지 못하고 눈도 제대로 감지 못한 채로 이 세상을 떠나는 한 노인네
의 불쌍한 영혼을 만났다. 그 만남의 순간이 그를 도시에서 농촌으로 복음
사역의 방향을 돌리는 순간이 되었다.

이 목사는 바울이 빌립보에서 '루디아'를 만났듯이 시골 촌구석에서
오늘의 루디아를 만났다. 바울이 만난 루디아는 주님께서 바울을 돕도록
이미 마음이 열려 있는 재력가 루디아였다. 물론 이 목사가 만난 루디아
역시 주님께서 이 목사의 농촌 목회를 위하여 준비한 루디아였다. 그러나
이 목사가 만난 루디아는 재력가도 아니요 마음이 열린 자도 아니었다.
마음이 굳게 닫힌 자이었다. 직업병으로 죽음의 문턱을 해매고 있는 태백
광산의 광부의 딸이었다. 스물네 살에 태중에 아이를 가진 가정도 없는
소망을 잃어버린 여인이었다. 이 목사는 하루 백 명 전도를 목표로 한
전도의 현장에서 이 루디아를 만났다. 그는 복음 전파 사역을 통하여 이
여인의 굳게 닫힌 문을 열어젖히고 잃어버린 소망을 찾아 주었다. 루디아

로 바뀐 이 자매는 오십 명이 넘는 사람들을 전도하여 교회로 인도하였다.

　　바울은 빌립보에서 귀신들린 처녀 때문에 말씀을 전할 수 없어 그 여자를 고쳐 주었다. 그는 그 일로 감옥에 갇히게 되었다. 그러나 빌립보의 감옥의 문이 열리면서 전도의 문도 열렸다. 이 목사 역시 귀신들려 갈 곳이 없어 강제로 보내진 한 청년 때문에 예배를 제대로 드릴 수가 없었다. 그는 이 문제를 해결하기 위하여 목숨 건 기도를 드렸다. 기도 중에 영의 세계가 열리는 체험을 하였다. 그 청년은 고침을 받았다. 이 소문이 퍼져 한 동안 귀신들린 자들이 너무 많이 교회로 찾아와 전도에 지장되는 것 같았다. 바울과 실라가 기도와 찬송을 드림으로 굳게 닫힌 빌립보 감옥의 문이 열림과 동시에 빌립보에 놀라운 부흥이 일어났듯이 목숨 건 기도를 통하여 영의 세계가 열린 이 목사의 목회 사역을 통하여 당진 동일교회의 놀라운 부흥은 계속되고 있다.

　　서울 거여동의 '좋은나무교회' 부흥은 마태복음 28:18~20의 명령에 대한 순종과 사도행전 1:8에 대한 확신에 근거한 목회이었다. 또한 이강우 목사의 목회는 부부가 함께 한 제자 훈련에 목숨을 건 목회였다. 이 목사는 42세에 신학의 문을 두드린 후 자신과 아내의 기도의 후원을 받아 큰 교회 중등부 전도사로 목회 사역을 시작하였다. 그러나 중등부 교사들이 담임목사님에게 찾아가 전도사를 해임해 달라고 부탁할 정도로 그의 사역은 어려웠다. 당시 섬기던 교회 교육위원장인 선배 목사님이 한심스런 이 전도사를 조용히 불러 일생동안 스트레스 받지 않고 목회하도록 성도가 25명 넘지 않는 교회를 섬기는 것으로 만족하라는 충고를 받았던 자이었다.

　　선배 목사의 충고를 받은 이 전도사는 자신이 살고 있는 두 평의 방에 들어가 맥없이 장롱을 기대고 앉아있는데 "너는 원래 그런 정도야! 그러나 문제는 네가 신뢰하는 자가 다르다. 너는 네 안에 살아 있는 나를 신뢰한다."는 말씀이 심장에 꽂혔다. 이때부터 이 전도사는 "나는 내 자신을 신뢰하지 않는다. 내 안에 예수 그리스가 살아계신다. 나는 내 안에 살아계신 예수님을 신뢰한다."는 믿음의 고백을 되뇌면서 목회의 길을 새롭게 시작하게 되었다.^{갈 2:20} 제자훈련에 목숨 건 이 목사 부부의 제자훈련은 예수님의 지상명령^{마 28:18~20}에 근거하였다. 그러나 그들은 제자훈련의 모델을 바울에게서 찾았다.^{딤후 2:1~2}

이 목사는 제자를 삼는 제자훈련에서 가장 중요한 요소는 목회자가 제자훈련을 시작하기 전에 바울이 디모데에게 교훈한 것같이 자신이 먼저 말씀에 (목숨 건) 충성된 제자가 되어야 한다고 고백한다. 그들의 제자훈련은 훈련이 목적이 아니라 제자를 삼는 것이다. 그는 "내가 예수님의 제자가 되지 않는 한 다른 사람을 주님의 제자로 만들 수 없다"고 외친다. 그는 제자훈련에 미친 목회자에게 "제자훈련에 미치기 전에 제자에 미쳐라!"고 권면한다. 그는 "제자훈련 받은 자들은 제자훈련 시키는 자가 자신들에게 미친 목회자인지 아니면 제자훈련에만 미친 자인지 너무도 잘 안다"고 충고한다. "제자훈련에 미친 자는 훈련생을 길러낼지는 몰라도 진정한 제자는 길러낼 수 없다"고 잘라 말한다. "훈련받은 자는 훈련이 끝나면 얼마가지 않아 훈련받기 전의 상태로 되돌아가거나, 아니면 훈련을 받지 않았으면 좋았을 뻔한 경우가 있다"고 말한다. 그는 "주님과 먼저 깊은 소통의 관계가 이루어지면 주님이 목회하신다"는 체험적인 고백을 한다. 사모와 함께 길러낸 제자들의 참 제자로서의 삶이 오늘의 좋은나무교회의 부흥을 있게 하였다.

우리에게 임한 부흥의 역사는 다음 세대로 또한 '미전도 종족'에게로 흘러가야 한다. '미전도 종족'이라는 용어가 우리 입에서 오르내리는 한, 아니 주님 재림의 그날이 오기까지 복음 전파 사역은 계속되어야 한다. 복음을 들고 그곳을 향하여 나아가야 한다. 복음 전파 사역이 계속되는 한 성령의 놀라운 부흥의 역사가 기대된다. 성령의 놀라운 부흥의 역사는 필연적이다. 또한 이미 복음을 전수받은 지역과 종족은 그 받은 복음에 걸맞은 삶을 살아야 한다. 그 복음을 다음 세대에 전하여 주어야 한다. 물론 이런 사명 의식이 희미해지는 세대도 있었다. 그럴 때마다 하나님께서 미리 부흥을 위하여 준비를 하시다가 때가 되면 부흥을 일으키신다.

새 언약은 예수 그리스도의 십자가의 피 값을 치르고 세운 언약이다. 예수님이 십자가에 죽으심으로 성취하신 새 언약의 축복은 퍼져 나가다가 중단될 수가 없다. 이 새 언약의 축복은 그 최종적 완성의 때인 주님의 재림의 때까지 이 세대에서 다음 세대에게로, 이 지역에서 저 지역으로 뻗어나가야 한다. 이것은 우리의 소망이 아니라 새 언약을 자기 피로 세운 예수님의 명령적 약속이다. 그리스도 영이신 성령님께서 이 일을 위하여 때를 따라 부흥을 일으키신다. 삼위일체 하나님께서 이 일을 이루어 가시는 중에 탈진하시는 법은 절대로 없다. 1907년 평양 대부흥운동과 같은 축복된 부흥의 역사가 이 땅에 놀랍고 새롭게 재현되기를 소망한다.

성령이여, 다시금 이 땅을 새롭게 하소서!
성령이여, 다음 세대를 위한 부흥을 주시옵소서!

주註

제9장 일어난 부흥

1) 본 심포지엄은 2007년 5월 25일과 5월 26일에 서울 사랑의 교회에서 개최되었다.

2) 권문상, 『부흥, 어게인 1907』(경기, 성남: 브니엘, 2006). 권문상은 이 책에서 1907년의 부흥의 재현은 공동체적 "가족교회"를 이루는 데 있다고 주장한다. 가족교회의 영원한 모델은 삼위일체 하나님이시며 성경적 모델로서 사도행전 2장의 오순절 날에 성령 강림으로 탄생된 예루살렘교회를 제시한다.

3) 이병수, "1907년 평양 대부흥운동의 요인규명,"「한국기독교와 역사」, 2003년 19호, 78-79.

4) 박용규,『평양 대부흥운동』(서울: 생명의 말씀사, 2000년 9월). 박용규 교수의 본서는 장장 700페이지 이르는 것으로 한국교회사 학계의 원로이신 민경배 교수는 본서가 평양 대부흥운동에 대해 더 이상 연구가 필요 없을 만큼 모든 면에서 완벽한 우리 신학계에 길이 남을 기념비적 저서라고 찬하하였다.

5) 이병수는 선교사들은 선교사역보고에서 좋은 면만 부각시키거나 사역을 과장하는 경우가 많다고 지적하였다. 그의 주장을 수긍하면서도 선교사 자신들의 교만과 우월주의 및 권위주의를 회개함이 평양 대부흥운동의 발흥의 중요한 요소가 된 점을 감안한다면 적어도 평양 대부흥운동에 대한 선교사들의 사역보고는 사실에 근접한 보고가 아니겠는가!

6) W. Blair & B. Hunt, *The Korean Pentecost & The Sufferings Which Followed* (Edinburgh: The Banner of Truth Trust, 1977).

7) George McCune, *Letter to Brown*, Jan., 16, 1907.

8) George McCune, "The Holy Spirit in Pyeng Yang," KMF III:1(Jan., 1907), 1.

9) Ibid.

10) William Blair & Bruce Hunt, 69.

11) George McCune, "The Holy Spirit in Pyeng Yang," 1.

12) William Blair, *Gold in Korea*, 100.

13) W. B. Hunt, "Impressions of a Eye Witness," *KMF* III:3 (Mar., 1907), 37.

14) Ibid.

15) Ibid.

16) William Blair, *My Two Crooked Fingers* (Durate, CA: W. N. Blair, 1964), 15-16.

17) Graham Lee, How the Spirit Came to Pyeng Yang: The Korean Mission Field, V. III (1907), 33-38. 길 장로는 그 돈을 다음 날 미망인에게 돌려주기로 약속한 대로 돌려주었다.

18) W. L. Swallen, *Letter to Dr. Brown*, Jan., 18. 1907.

19) William Blair & Bruce Hunt, 71.

20) William Blair, *Gold in Korea*, 101.

21) George McCune, "The Holy Spirit in Pyeng Yang," 1.

22) Graham Lee, *Letter to Brown*, Jan., 15, 1907.

23) 백낙준,『한국개신교사』(서울: 연세대학교 출판부, 1990), 387.

24) William Blair & Bruce Hunt, *The Korean Pentecost & The Sufferings Which Followed* (Edinburgh: The Banner of Truth Trust, 1977).

25) Ibid., 42.

26) Graham Lee, "How the Spirit came to Pyeng Yang," 34.

27) J. H. Wells, *Letter to Brown*, Jan., 16. 1907.

28) James S. Gale, *Korea in Transition* (N.Y.: Laymen's Missionary Movement, 1909), 205.

29) W. N. Blair, *My Two Crooked Fingers*, 18.

30) Blair, *Gold in Korea*, 103.

31) Ibid., 104.

32) Gale, *Korea in Transition*, 207-208.

33) William Blair & Bruce Hunt, 74.

34) *Annual Report*, PCUSA(1907), 27.

35) 박용규, 『평양 대부흥운동』, 240.

36) 나의 성경신학적 해석방법은 게할더스 보스(Geerharus Vos)의 성경신학적 해석방법에 근거한다. 게할더스 보스(Geerhardus Vos, 1862-1949)는 1893년 가을 프린스톤 신학교에서 새로 설치된 성경신학 과목의 첫 교수로 취임한 이후 1932년 은퇴하기까지 성경신학을 강의하였다. 성경신학에 대한 주요저서는 Biblical Theology: Old and New Testaments(1948)로 기독교문서선교회에서 『성경신학』(이승구 번역)이라는 이름으로 출판하였다. 그는 이 책에서 계시의 특성으로서 역사적 점진성, 실제적 실현성, 유기적 특성과 실제적 적용성을 강조한다. 보스가 인간을 구원하시는 하나님의 구원행위와 관계된 계시의 일반적인 순서는 먼저 말씀계시가 나오고, 다음에 그 말씀계시를 확증시키는 행위(사건) 계시가 나오고, 그 행위(사건)를 해석하는 말씀계시가 따른다고 피력한다. 보스가 말하는 계시의 순서는 말씀(계시) - 사건(계시) - 말씀(계시)이다. 여기에서 첫 번째 말씀계시는 사건이 일어날 것을 미리 약속하는 약속(예언)을 말한다. 다음에 사건은 과거에 약속한 것을 성취하는 성취의 사건이다. 마지막 말씀은 약속되어진 것이 성취되었음을 해석(설명)하는 말씀이다. 때때로 마지막에 나오는 해석의 말씀은 또다시 앞으로 성취될 사건을 약속하는 첫 번째 말씀(계시)이 되어진다. 구약은 예언적이고 예비적인 말을, 복음서들은 구속계시사건을 그리고 서신서들은 계시사건에 대한 최종적 해석을 기록한 것이라는 견해에 근거하여 오순절 사건과 평양 대부흥운동을 비교 고찰하려고 한다.

37) World Mission Conference, *Carrying the Gospel to all the non-Christian World*, V. I(New York: Fleming H. Revell Company, 1910), 77.

38) 위와 같은 관점을 반대하는 견해가 있다. 한국교회 부흥운동은 선교사들에 대한 반감을 무마하기 위한 비정치화 현상 혹은 몰 역사화 현상으로 대부흥운동을 도구로 하여 한국인들의 관심을 종교적으로 바꾸려는 목적의 일환인 것으로 주장한다. 이에 대한 반론은 박용규의 "평양 대부흥운동의 성격과 의의"를 참조하기 바란다(「성결교회와 신학」 10호 [서울신학교 성결교회역사연구소, 1997], 10-35).

39) 초기 선교사들이 산동성에서 사역하던 네비우스 선교사 부처를 1890년에 초청하여 2주간 집회를 갖고, 그의 선교 방식을 자신들의 한국 선교 방식으로 채택하고 도입하였다. 본 논문과 관련하여 주목되는 것은 네비우스 선교 원리 중에 중요한 요소는 선교지에서 체계적인 성경공부를 시키는 것이었다.

40) 당시 선교사들이 부흥운동이 일어나도록 기도하고 영적 각성을 갈망하게 된 원인을 절망적인 정치 상황과 혼란 속에서 미국의 간접적인 역할에 대한 한국인들의 반미감정을 걱정한 나머지 한국인의 관심을 절망적 정치적 상황에서 비정치적 상황으로 돌리고자함에 있었다고 주장하기도 한다. 그 결과 한국 사회를 선도할 지도자들이 교회를 떠나게 되는 현상이 일어나게 되었다고 지적하기도 한다. 비록 평양 대부흥운동이 일어난 1907년을 전후하여 반미감정이 고조되었다는 사실을 인정한다 하더라도 이러한 주장은 몇 가지 측면에서 받아들일 수가 없다. 첫째로 원산과 평양을 중심한 선교사들의 부흥과 영적 각성의 갈망은

본국 정부의 정치적 처사로 말미암은 반미감정을 무마시키기 위한 것으로 볼 수 없다. 무엇보다도 평양 대부흥운동은 한국교회를 새롭게 하여 하나님의 구원 역사에 귀하게 사용하시기 위한 하나님의 놀라운 계획 가운데 일어난 운동이기 때문이다. 이와 더불어 몇 가지 이유를 더 첨가할 수 있다. 첫째로 선교사들이 자신들의 교만함과 우월주의에 대한 회개와 선교 사역의 무력감을 탈피할 수 있는 유일한 길은 영적 각성에 있다고 확신했기 때문이다. 둘째로 평양 대부흥운동은 한국 성도들의 무력하고 외적인 신앙이 성령의 능력으로 영적 각성이 일어나기를 열망한 선교사들의 기도 중에 준비된 집회였다. 셋째로, 평양 대부흥운동은 그 이전의 사경회와 밀접한 관계가 있었음을 부인할 수가 없다. 이 사경회는 갑자기 반미감정을 무마하기 위해 급조된 것이 아니라 반미감정이 일어나기 훨씬 이전부터 계속된 연례행사였다. 다섯째로 평양 대부흥운동은 몰 역사적 운동이 아니라 역사적 현실 앞에 오히려 죽음을 두려워하지 않고 사회 참여할 수 있는 영적 원동력을 제공하여 주었다. 마지막으로 평양 대부흥운동은 신앙인인 이유가 아닌 다른 이유로 교회를 찾은 자들, 그들이 민족적 지도자이든지 아니든지 불문하고 교회를 떠남으로는 오히려 교회를 교회다워지게 하는 참된 영적 각성운동이 계속적으로 전개되는 계기가 되었다.

41) 물론 예수님께서 그들에게 구체적으로 10여 일 동안 기다리라고 하신 것은 아니다. 다만 "몇 날이 못 되어 성령으로 세례를 받으리라"고 하셨다.

42) 초기 선교사들이 네비우스 성경공부 방식을 채택한 것은 자신들의 신학적 배경과 연관되었다. 네비우스는 중국 산동성을 중심으로 선교 활동을 하였으나 중국에서는 그의 선교정책이 선교사들에게 호응을 받지 못한 것은 당시 네비우스와 함께 중국에서 선교하던 선교사들이 한국에서 선교하던 선교사들과는 신학적 배경에서 차이가 있었던 점과도 관련이 있다.

43) Edwin Orr, *The Flaming Fire* (Chicago: Moody Press, 1973), 193. 그는 "웨일스 부흥운동 시 기도하는 소리를 '태풍과 같은 통성기도'(a hurricane of audible prayer), 인도부흥운동에서의 기도소리는 '먼 곳에서의 천둥과 같은 소리'(a noise like distant thunder), 그리고 아프리카에서의 기도를 '엄청나게 몰려오는 바람소리'(the sound of a rushing wind) 라고 묘사하였다 (이병수, "1907년 평양 대부흥운동의 요인 규명", 97 재인용).

44) 영국 웨일스 부흥운동과 인도 크하시 운동은 100년이 지난 지금 그 결과를 평양 대부흥운동과 비교하여 볼 때 엄청난 차이를 발견할 수 있다. 이미 위에서 언급한 대로 웨일스와 크하시의 부흥은 오늘까지 그 영향을 미치지 못하고 있다. 나는 그 중요한 이유가 부흥운동을 방해하는 보이지 않는 요소가 있다는 사실을 체득하지 못한 것과 성경공부의 부재로 인하여 믿는 자들을 성경말씀 위에 세워 생명력 있는 자들로 만들지 못했기 때문이라고 생각한다. 이런 점에서 13일 주일 저녁집회의 냉랭함은 한국교회를 위한 놀라운 축복이었다고 감히 강조하고 싶다. 이미 위에서 언급한 대로 만일 평양 대부흥운동이 일부 교회사 학자들이 주장하는 대로 시대적 역사적 상황에 걸맞은 부흥운동이 되었다면 그 부흥운동의 결과는 웨일스나 크하시의 부흥운동과 같은 결과를 가져올 가능성을 배제할 수 없다는 것이다.

45) 사도들이 예루살렘에 머문 사실을 전적으로 부정적인 시각에서 보는 것은 아니다. 모든 사도들이 흩어졌다면 초대교회 시대 모교회적인 역할을 할 수 있는 교회가 존재하지 않음으로 인한 피해가 막중할 것을 예상할 수 있기 때문이다. 위의 언급은 다만 사도행전 1장 8절에 근거한 복음전파 사역에 대한 제자들의 긍정적인 인식이 부족하였음을 지적하기 위함이다.

46) "The Million movement and its results in Kora," *Korea Mission Field*, Jan., 1911, 5, 이병수, "1907년 평양 대부흥운동의 요인규명," 한국기독교와 역사, 2003년 19호, 105-106 재인용.

47) 브루스, 『신약사』 (기독교문서선교회, 1979), 21, 각주 7.

48) 박용규, "토마스 선교사의 순교와 평양 대부흥운동", 「목회와 신학」 (두란노 2005년 2월), 197.

49) 릭 웨렌, 『새들백교회 이야기』 (서울: 디모데, 1995), 21-22.

합신출판부의 신약학 도서

성경해석의 원리
박형용 지음 | 신국판(양장) | 340면 | 13,000원

신약성경총론
조병수 지음 | 신국판 | 665면 | 24,000원

사복음서주해
박형용 지음 | 신국판 | 495면 | 17,000원

사도행전주해
박형용 지음 | 신국판 | 400면 | 12,000원

에베소서주해
박형용 지음 | 신국판 | 326면 12,000원

빌립보서주해
박형용 지음 | 신국판 | 277면 | 6,500원

데살로니가전후서주해
박형용 지음 | 신국판 | 377면 | 14,000원

신약성경신학
박형용 지음 | 신국판 | 441면 | 15,000원

하나님 나라와 비유
홍창표 지음 | 신국판 | 404면 | 14,000원

바울신학
박형용 지음 | 신국판(양장) | 479면 | 16,000원

권세있는 자의 가르침 _ 산상보훈 강해
박형용 지음 | 신국판 | 334면 | 11,000원

감옥에서 부르는 사랑의 노래
_ 에베소서 찬송시 여행
유영기지음 | 신국판 | 336면 | 10,000원

천년왕국
홍창표 지음 | 신국판 | 334면 | 13,500원

길선주 1869~1935
도교에 심취해 있던 한의사가 대부흥사가
되어 1907년 평양장대현교회에서 능력
있는 부흥설교를 통해 평양 대부흥운동을
이끈 주역이 되다

하나님은 부흥이 다음세대로 이어지기를 바라신다

"나는 부흥이라는 단어를 좋아한다. 아니 사모한다. 그렇
다고 부흥에 대한 정의나 부흥에 관한 모든 것을 쓰려는 것
은 아니다. 부흥에 대하여 꼭 쓰고 싶었던 바는 하나님은
나보다 내 자녀, 더 넓히면, 내가 살고 있는 이 세대보다 다
음 세대가 더 나은 세대가 되기를 바라고 계신다는 깨달았
기 때문이다.

나는 수년 전, '1907년 평양대부흥운동'을 성경신학적인
관점에서 고찰해 달라는 논문을 부탁 받은 적이 있다. 그것
을 계기로 부흥은 다음 세대로 이어져야 한다는 사실을 발
견하였고 그것이 본서의 주제가 된 것이다. 한 세대를 향해
약속하신 축복은 그 다음 세대로 이어질 뿐 아니라 그 축복
은 더욱 구체화되고 그 범위도 확대되어 나간다.

하나님은 부흥이 다음 세대로 이어지기를 바라시고 그 대
열에 동참하는 사람들이 여기저기서 나오기를 간곡히 원하
신다."

값 12,000원

93230
ISBN 89-86191-96-7
9788986191967